梦山书系　"新时代课堂教学深化改革"丛书　丛书主编◎余文森　陈国文

跨学科主题学习的实践探索

莆田市荔城区梅峰小学◎编写

海峡出版发行集团 | 福建教育出版社

丛书编委会

主　　　任：彭鲤芳　余文森
副 主 任：曾国顺　柯健俊
委　　　员：陈国文　刘家访　章勤琼　李功连　龙安邦
　　　　　　刘洪祥　方元山　胡　科　杨来恩　郑智勇
　　　　　　李政林　蔡旭群　丁革民　白　倩　程明喜
　　　　　　陈国平　魏为燚
总 主 编：余文森　陈国文
副 总 主 编：刘洪祥　胡　科　杨来恩　李政林　郑智勇
总主编助理：陈国平　魏为燚

本书编写人员

主　　　　编：陈华元　游艳萍　王福瑞
核心编写人员：欧欣欣　陈惠炀　陈东旭　陈蕴钰　吴幼萍
　　　　　　　黄海涵　林之晖　许慧珊　林培华　廖荔珊

总　序

余文森

  2022年3月，教育部印发了国家义务教育阶段新的课程方案和16门课程标准。福建省莆田市教育局为了落实新课标，推进基础教育高质量发展，决定与福建师范大学联合开展新课标样本学校和领头雁培育项目研究，在全市遴选20所学校和100名教师作为样本，在福建师范大学专家团队的引领下开展新课标实施研究，打造一批落实新课标的示范学校，造就一支落实新教学理念的名优教师队伍。

  我荣幸地担任福建师范大学专家团队的负责人，每个月带领团队成员分赴20所样本校开展调研与指导。我曾从2014年开始全程参与了普通高中和义务教育阶段的新课标修订，对新课标新理念新精神新追求充满了憧憬和期待，现在正好借着这个项目来变理想为现实、变理论为实践、变蓝图为成果。这个过程同样是充满挑战的过程，是课程改革更为重要的阶段。目前这个项目就成为我当下的主要科研工作了。

  作为一个项目，它一定有其任务和目标的指向性。具体来说，就是如何有效指导样本校的改革，让新课标真实、深刻地在学校发生，使之尽快地出经验出成果出品牌，尽早地成长为实施新课标的样本和典范，从而发挥示范和引领作用并带动其他学校发展。

  如同大学教授带研究生一样，我们认为做好这个项目最关键的环节是帮助各个学校确立自己的研究方向和主题。这些研究方向和主题从哪里来呢？毋庸置疑，它们来自新课标——是新课标教学改革的重点、难点和支点。我们从中梳理了以下问题：如何确立和编写核心素养教学目标？如何基于核心素养教学目标开展教学？如何推进从以教为主走向以学为主、建立新型的学习中心课堂？如何构建适应学生差异的个性化教学体系？如何实现育人方式从"坐而论道"转向"学科实践"、构建基于学科实践的课堂新样态？如何实现教学内容的统整化、实现基于大概念的大单元教学？如何有效推进跨学科主题学习？如何构建全学科整本书阅读体系？等等。显然这些问题是新课标深化改革的"关键环节和重点领域"。

我们在深入各校调研的基础上，结合学校已有的改革经验和优势，围绕上述问题，指导学校从中确立自己的研究方向和主题。比如莆田实验小学确立了"以大概念为本的大单元教学实践探索"、莆田第二实验小学确立了"基于学科实践的课堂教学新样态"、莆田市教师进修学院附属小学确立了"核心素养教学目标的确立、编写与使用"、莆田梅峰小学确立了"跨学科主题学习的实践探索"、莆田市城厢区第一实验小学确立了"基于读思达的学习中心课堂建设"、莆田市荔城区黄石中心小学确立了"全学科整本书阅读体系构建的实践探索"等等。确立研究方向和主题之后，我们基于理论和实践的有机结合引领学校进行了全方位和全过程的探索，并指导学校对探索的成果进行及时的提炼和归纳，在多次反反复复的讨论和修改之后，完成了书稿。

应该说，这只是完成了研究工作的初始目标，接下来我们要指导和推进学校的改革逐步走向细化、深化，提炼和总结更出彩的案例、课例和文章，使改革成为学校的特点、品牌，并向外进行传播和辐射，带动越来越多的学校和地区真正走进新课标。

前　言

　　跨学科主题学习是新课标确立的一种新型的课程形态,新课标要求每一门学科都要拿出10%的课时开展跨学科主题学习。这是新课标的一个规定、一个指令,对我们来说就是一个必须执行和完成的任务。我们要让新课标落地,首先得让跨学科主题学习落地。余文森教授告诉我们,跨学科主题学习是最能体现新课标理念和精神的一种课程形态。首先,它强调的是学习而不是教学,从以教为主转向以学为主,建立学习中心课堂是新课标的核心诉求。简单地说,跨学科主题是学生的学习对象,而不是教师的教学对象,是学生以及学生共同体自己思考和探究的课题。其次,它强调学习的对象是"主题",而不是具体的知识点,这是新课标强调知识结构化和统整化的最高表现。最后,它强调不仅知识要打通,学科与学科之间也要打通,学生的主题学习要在不同学科之间的交叉和融合中进行。余教授说,一所学校能够做好跨学科主题学习,就一定能够做好在课堂里落实和体现新课标。我们在余教授的感召下,选定"跨学科主题学习"作为我校推进新课标落地的主攻方向和研究课题。

　　所有的课题研究都必须从学习开始。毕竟跨学科主题学习是新内容,我们要实践它,首先得了解它。余教授专家团队每到学校一次,我们对其了解就更进一步。实际上,我们也正是在慢慢了解和不断尝试实践的过程中,逐步喜欢上了跨学科主题学习,将其做好的信心也越来越强。

　　一年多来,我们在余教授团队的具体指导下,边学习、边实践、边总结、边反思,不知不觉之中也就形成了现在的书稿。刚开始,我们觉得这是一件几乎不可能完成的任务,余教授鼓励说,我们就是要一起完成一件不可能完成的任务。这个任务有挑战、有价值，我们在推进跨学科主题学习的实践中，不仅完成了该课题的研究任务，更重要的是我们形成了跨界教育和融通学习的理念，这种理念已经渗透在我们学校教育教学的全过程和各项工作中，"跨学科""跨界""融通"已经成为我们学校的特色、亮点，是我们学校培养学生综合素质特别是创新素质的重要支点和凭借，相信不久的将来一定会成为我们学校的品牌！

具体来讲，本书内容主要包括以下几个板块：

第一板块含第一章和第二章，主要解决认识问题：跨学科主题学习是什么？它是一种什么样的课程形态？其内涵和特点是什么？这种课程形态究竟有什么独特价值和意义？跨学科主题学习有哪些形态或类型？不同类型的跨学科主题学习各有什么特点和要求？我们应该如何循序渐进地组织和开展跨学科主题学习？

第二板块含第三章和第四章，主要解决策略问题：跨学科主题学习不仅要解决理论和认识问题，而且还要解决路径和方法问题。跨学科主题学习究竟该怎么做？从学生的角度说，跨学科主题学习的主要学习方式有哪些，也就是说跨学科主题学习与其他的学习有哪些不同？从教师的角度说，跨学科主题学习怎样设计和组织，才能确保学生的跨学科主题学习有效果有质量地进行？

第三板块就是第五章，主要解决实践探索问题，简单地说就是跨学科主题学习怎么做。本章介绍了我们基于对跨学科主题学习的理论认识和策略研究的基础上，探索实践，并整理出的相关案例。

本书旨在分享我们在实施跨学科主题学习过程中的认识、思考和经验。当然，我们的实践探索时间不长，经验积累还不够丰富，思考还不够深入，所以书中的缺漏与不当乃至错误之处一定还有很多，恳请各位读者和专家批评指正。我们会继续学习和实践，不断深化、细化。书中参考了众多专家和同行的研究成果，在此深表谢意。

目 录

第一章　跨学科主题学习的意义 …………………………………… 1
 第一节　跨学科学习：从知识走向主题 …………………………… 1
 第二节　跨学科主题：从教学走向学习 …………………………… 6
 第三节　主题学习：从单学科走向跨学科 ………………………… 10

第二章　跨学科主题学习的主要类型 …………………………… 14
 第一节　以单学科为本（基于本学科）的跨学科主题学习 ……… 14
 第二节　以学科之间的交集为主题的跨学科学习 ………………… 16
 第三节　超越学科的跨学科主题学习（综合实践活动）………… 19

第三章　跨学科主题学习的学习方式 …………………………… 22
 第一节　问题式跨学科主题学习 …………………………………… 22
 第二节　任务式跨学科主题学习 …………………………………… 28
 第三节　项目式跨学科主题学习 …………………………………… 32

第四章　跨学科主题学习的实施策略 …………………………… 37
 第一节　跨学科主题确立 …………………………………………… 37
 第二节　跨学科主题学习设计 ……………………………………… 40
 第三节　跨学科主题学习探究 ……………………………………… 43
 第四节　跨学科主题发布 …………………………………………… 44
 第五节　跨学科主题学习复盘 ……………………………………… 46

第五章　跨学科主题学习的实践

第一节　单学科案例

举办秋日童谣会
　　——"童眼细观察，为秋天献礼"主题学习 …………… 48

跟着课本去旅行之大美莆田 ……………………………… 59

诗史互鉴　精神洗礼
　　——《示儿》《题临安邸》跨学科教学案例 …………… 66

图形王国大探索 …………………………………………… 72

探秘数字编码 ……………………………………………… 80

四上 Unit 8 The Spring Festival …………………………… 90

第二节　多学科案例

莆仙文化薪火传
　　——"话祖国山河美丽，说莆仙地域文化"主题学习 …… 96

争当妈祖文化小小宣讲员
　　——"采撷神话之花　传播妈祖文化"四年级语文跨学科主题学习活动设计 ……………………………………………………… 102

卫生区合理分配我做主 …………………………………… 112

"时"不宜迟，做时间小主人 …………………………… 121

Unit 3 Numbers and Animals ……………………………… 130

窗花中的年味 ……………………………………………… 139

秋天的歌 …………………………………………………… 149

兴化元宵
　　——小学美术跨学科主题学习 ………………………… 158

小小气象员 ………………………………………………… 168

学做支援小武警
　　——排球正面双手垫球跨学科主题学习 ……………… 181

我喜欢的昆虫
　　——画图软件综合活动教学设计 ……………………… 190

我的电子报刊 ·· 199
第三节　超学科案例 ·· 212
　　寻家乡红色记忆，燃强国爱家之志
　　　　——"让'家国情怀'根植于心"主题学习 ············ 212
　　"增设运动会集体项目"跨学科教学设计 ··················· 223
　　"数"说剪纸 ··· 230
　　旅游节
　　　　——莆阳宋城 ·· 240
　　超级造船师 ··· 248
　　争做优秀小战士
　　　　——操控性技能跨学科主题学习 ····················· 260

第一章　跨学科主题学习的意义

第一节　跨学科学习：从知识走向主题

跨学科学习的宗旨是要从关注学科的碎片、零散知识，走向背后的结构、联系、规律，追求知识、能力的应用和迁移。但普通意义的跨学科学习和跨学科主题学习有什么区别呢？跨学科学习为什么要走向跨学科主题学习？

综观以往的中国基础教育课程改革，2001年第八次课程改革《义务教育课程设置实验方案》指出课程设置的原则之一是加强课程的综合性，具体包括：注重学生经验，加强学科渗透；设置综合课程；增设综合实践活动。其中明确指出各门课程都应重视学科知识、社会生活和学生已有经验的整合，改变课程过于强调学科本位的现象。综合实践活动强调使学生通过亲身实践，发展收集与处理信息的能力、综合运用知识解决问题的能力以及交流与合作的能力，增强社会责任感，并逐步形成创新精神与实践能力。[①] 这也意味着学科本位的课程逐渐向学生本位课程转变，学科课程向综合课程转变，教师讲、学生听的课堂授受的学习方式向研究性学习、跨学科学习等综合性、实践性学习方式转变。2011年，教育部印发的义务教育语文等学科课程标准中强调鼓励自主、合作、探究式学习，倡导综合性学习和跨学科学习，例如语文学

---

① 教育部关于印发《义务教育课程设置实验方案》的通知. http://www.moe.gov.cn/srcsite/A26/s7054/200111/t20011119_88602.html(2024/4/10).

科课程标准中指出综合性学习主要体现为"语文知识的综合运用、听说读写能力的整体发展、语文课程与其他课程的沟通、书本学习与生活实践的紧密结合"。① 2014年以核心素养为纲的第九次课程改革由《教育部关于全面深化课程改革落实立德树人根本任务的意见》开始，该文件提出要发展学生的核心素养，改进学科教学的育人功能，全面落实以学生为本的教育理念，"在发挥各学科独特育人功能的基础上，充分发挥学科间综合育人功能，开展跨学科主题教育教学活动，将相关学科的教育内容有机整合，提高学生综合分析问题、解决问题的能力"。② 这是首次在文件中将"跨学科学习"和"主题教育"联系起来，尝试以"主题"为抓手整合课程内容，实行跨学科学习。此后，2017年普通高中课程方案和语文等学科课程标准，以及2020年的修订版本都强调学生的学习要始终贯穿发展学生学科核心素养这一任务，注重课程的关联，不仅是学段间的关联，学科内部的关联，还要注重与其他学科课程的关联，力图使其相关课程发挥整体作用，共同促进学生核心素养的发展。

2022年4月，中国义务教育课程方案和各学科课程标准正式发布，课程方案明确指出本次课程标准修订的"主要变化"之一是"设立跨学科主题学习活动，加强学科间相互关联，带动课程综合化实施，强化实践性要求"③，并要求各门课程用不少于10%的课时设计跨学科主题学习。另外，各学科课程标准要求跨学科主题学习要紧密结合学科本质和特征，其中历史学科课程中对跨学科主题学习的定义是"引导学生围绕某一研究主题，将所学历史课程与其他课程的知识、技能、方法以及课题研究等结合起来，开展深入探究、解决问题的综合实践活动……跨学科主题学习活动的设计思路、情境素材和教学策略应聚焦发展学生解决问题的能力，并秉承以下原则：综合性、实践

---

① 中华人民共和国教育部. 义务教育语文课程标准（2011年版）[M]. 北京：北京师范大学出版社，2011：24—25.

② 教育部关于全面深化课程改革落实立德树人根本任务的意见. http://www.moe.gov.cn/srcsite/A26/jcj_kcjcgh/201404/t20140408_167226.html(2023/4/21).

③ 中华人民共和国教育部. 义务教育课程方案（2022年版）[M]. 北京：北京师范大学出版社，2022：前言4.

性、多样性、探究性、可操作性"①。自此，跨学科主题学习超越了以往课程改革中的综合性教学形式，而是作为"跨学科学习"和"主题学习"的结合体出现在课程改革中，"在坚持学科立场的基础上打破学科界限，围绕特定主题将两门及以上学科的内容进行整合，以中心主题统筹教学目的、内容、资源、方式及评价诸要素，通过问题导向的整体性设计与实施，促进学生在意义建构中实现全面发展的教学理念与实践"②。

跨学科主题学习是以主题为对象、载体和抓手的，而不是以具体的知识内容为对象的。从知识的角度说，跨学科学习一直是存在的，因为很多学科在内容上都是有交集的，物理常常用到数学的公式，生物与化学合称"生化"，文史哲不分家，语文课程内容更是涉及众多学科，《看云识天气》这篇课文就涉及地理的内容，音体美同样也是你中有我、我中有你的关系，各学科教师在教学之中都会涉及一些跨学科的知识。但是，这不是我们所倡导的跨学科学习。新课标所强调的跨学科学习是以主题的方式进行的，主题与知识（知识点）有什么区别呢？我们首先来看看主题究竟指什么。主题一词来自文学艺术，一般指文艺作品中所表现的中心思想。主题是文章和作品的灵魂，决定文章和作品的质量高低、价值大小、作用强弱，是文章和作品的统帅。主题具有客观性、主观性、观念性和时代性四大特征，主题的确立和凝练要做到正确、集中、深刻、新颖。这是主题的本义，我们在任何时候使用这个概念都必须遵循和体现本义的内涵和精神。但是，新课标所说的主题显然不局限在"文艺作品"，它涉及所有的学科范畴，而且其内涵也不是指向"中心思想"，它所要表达的意思其实就是字面上的意思，就是一个主要的问题、重要的问题（或者话题、议题），从学生学习的角度说是一个相对比较大的问题（大问题），当然是跟学科有关联的问题。这样的问题当然也要体现主题的客观性、主观性、观念性和时代性，对其提炼同样也要做到正确、集中、深刻、新颖。否则，它就不能成为主要的问题、重要的问题、大的问题。

---

① 中华人民共和国教育部. 义务教育历史课程标准（2022年版）[M]. 北京：北京师范大学出版社，2022：39—40.

② 任学宝. 跨学科主题学习的内涵、困境与突破[J]. 课程·教材·教法，2022（4）：59—64+72.

跨学科学习以主题作为载体和学习对象，意味着教师要突破教材单元知识的时序，围绕一个具体的主题或问题对学习内容进行结构化处理，引导学生通过自主合作探究建立起知识概念与学习内容之间的联系，帮助学生加深对主题的理解。跨学科学习的主题可以是学科内包容性较强的主题，也可以是多个学科共有的主题。教师需要根据不同学段学生的生活经验、学习兴趣和能力，精心选择学习主题和内容。对于跨学科学习而言，主题具有整合性、情境性、实践探究性，能引导学生通过深度探究与实践，加深对知识整合方法的运用，深化对主题意义的理解与体会。因此，跨学科主题的确定是进行跨学科主题教学设计的起点，也是跨学科课程整合的桥梁。主题的选择要根据学科课程标准，结合学校发展特色和地方资源，学生学习兴趣、生活经验以及学生已有的知识和能力，将学科与生活、学科与学科进行有效结合。在跨学科主题学习过程中，主题的任务贯穿于整个学习环节和流程，教师需要在规定时间范围内依序推进任务进程，将问题链条、知识图谱、资源清单等学习支持条件穿插其中，运用和整合其他学科的相关知识和方法解决问题，开展综合性学习活动，发展学生的跨学科核心素养。

那么究竟如何提炼跨学科学习的主题呢？首先，我们得明白主题从何而来。有研究指出，主题主要来自四个渠道："第一个渠道来自新课程方案中要求进行学科渗透的教育专题，包括社会主义先进文化、革命文化、中华优秀传统文化、国家安全等重大主题。第二个渠道来自某一学科，但可辐射至相关学科的学习主题，如历史课程标准中的'中华英雄谱'主题很容易拓展到语文和道德与法治学科。第三个渠道是两个以上学科共有的学习主题，如数理工科类中的'物质'主题。第四个渠道则是学生的生活情境，学生所关注的日常生活中的很多问题都可以成为跨学科学习的主题。"[1] 这是我们提炼主题的路径和视角。其次，我们得清楚主题到底包括哪些核心要素。从以上的阐述之中，我们认为，构成一个主题有三个要素是不可缺少的、最重要的，它们是问题、知识、价值。主题本身就是一个问题（或其表现形式如一个议题、一个话题或一个任务、一个项目），一个有待于解决的问题是构成一个学

---

[1] 李群，王荣珍. 中美课程标准中跨学科学习规划的比较与审思［J］. 比较教育研究，2023（3）：32—39.

生主题学习的核心，当然这个问题不是教科书里的习题，更不是一般作业里的练习题。对学生而言，一方面这个问题是有挑战性的，从心理学的视角说它是处于最近发展区的，它是超越教科书的，不是简单用课本里的知识可以应对的，是需要学生有创意地探究和持续地劳作才能解决的；另一方面这个问题具有一定的开放度，它意味着不同学生解决这个问题可以有不同的视角、不同的路径、不同的思路，因而最终会呈现多元的答案、方案或结论、结果。知识是主题的基石，要是没有相关知识，特别是相关学科的核心知识和重要原理的支撑，主题必然就会虚化、浅化和空化，知识既是构成主题的要素，也是解决问题的依据。主题学习要体现"少而精"的理念，因而，在选择和提炼主题时一定要紧扣相关学科的核心、关键的知识和原理，如果主题是围绕相关学科的一般性的知识内容进行构建的，这样的主题含金量就不高，迁移性和拓展性也不大，对学科核心素养的形成助力不大。价值是主题的灵魂，这里的价值包含主题本身的价值内涵以及对学生的价值导向，正如化学课程标准里推荐的十个跨学科学习主题（①微型空气质量"监测站"的组装与使用；②基于特定需求设计和制作简易供氧器；③水质监测及自制净水器；④基于碳中和理念设计低碳行动方案；⑤垃圾的分类与回收利用；⑥探究土壤酸碱性对植物生长的影响；⑦海洋资源的综合利用与制盐；⑧制作模型并展示科学家探索物质组成与结构的历程；⑨调查家用燃料的变迁与合理使用；⑩调查我国航天科技领域中新型材料、新型能源的应用），就是化学学科科学态度与责任的积极体现，通过强化化学与生活、化学与科技发展、化学与社会和环境的关系，引导学生逐步形成对化学促进社会可持续发展的正确认识以及所表现的责任担当。对每个学科而言，"少而精"的跨学科学习的主题一定要在引导学生感悟、体验学科的价值和意义上做好文章。

总而言之，主题是跨学科学习的关键要素。主题不同于知识，主题学习明显区别于知识学习，主题之中当然会涉及或包括相关的知识，这些知识可能还是学科的重要概念或基本原理，但是知识只是构成主题的一个要素或工具，主题的核心是需要解决的问题、需要完成的任务、需要实施的项目、需要论证的一个命题，或者需要确立的一种价值观、需要寻找的一种意义。主题学习会获得相关的知识，但这不是主要的目的，主题学习的目的是知识的运用、思维的创新、实践的推进、问题的探究、价值的构建、意义的形成。单纯就知识而言，知识学习的目的在于获取、理解、掌握和记忆知识，主题学习的目的在于运用、迁移、建构和组织知识。

第二节　跨学科主题：从教学走向学习

跨学科主题不是用于教学，而是学习，它要从注重教走向注重学，从教的设计走向学的设计。跨学科主题的实施为什么强调学习？从根本上说，这是由跨学科主题及其实施的定位、性质决定的。跨学科主题学习作为课程综合化实施的手段之一，注重培养的是学生在真实情境中综合运用知识解决问题的能力，强化的是课程的协同育人功能。在课时方面，新课程方案也明确规定了各门课程要用不少于10%的课时设计跨学科主题学习。在推进综合学习方面，新课程方案指出："整体理解与把握学习目标，注重真实学习与价值教育有机融合，发挥每一个教学活动多方面的育人价值。探索大单元教学，积极开展主题化、项目式学习等综合性教学活动，促进学生举一反三、融会贯通，加强知识间的内在关联，促进知识结构化。"[①] 由此可以看出，跨学科主题学习作为综合性学习的一种，它的定位和目的是促进知识结构化，提高学生举一反三、融会贯通，运用多学科知识解决真实情境问题的能力。

首先跨学科主题是以解决问题为核心的，不是以求知为中心的，解决问题的主体是学生，其目的是让学生尝试在真实的情境中综合相关知识解决实际问题，所以学习内容和学习过程的设计是围绕一个重要的问题进行的，学生面对问题进行独立思考、深度思考、创新思考和综合思考，可以说，大问题、大思考是跨学科主题实施的支柱，大问题的特征是综合性、交叉性、跨界性，大思考的特征是深刻性、持续性、创意性，大问题、大思考是跨学科主题实施区别于传统知识教学的根本特性。跨学科主题学习的最重要的使命

[①] 中华人民共和国教育部. 义务教育课程方案（2022年版）[M]. 北京：北京师范大学出版社，2022：14.

就是培养学生面对大问题的复杂思维、整体思维和深度思维的能力,并从中滋养学生的大视野、大格局的学习观。

其次,跨学科主题实施是以完成任务(项目)为载体和抓手的,它不是纸上谈兵,而是要真刀真枪;它不仅仅需要动脑,更需要动手。可以说做中学、用中学是跨学科主题实施的主要方式。传统学科教学重学轻做轻用,把获得知识作为目的和归宿,即便有做有用也是为了知识的理解和掌握。跨学科主题学习强调做中学、用中学,倡导动手实践、亲身经历、以用为本、以用定学。用中学是一种基于用、通过用、为了用的育人模式。基于用强调用是学的起点和基础,表现在感性认识是理性认识的起点,直接经验是间接经验的基础,正如陶行知先生所言:"接知如接枝。"他强调指出:"我们要有自己的经验做根,以这经验所发生的知识做枝,然后别人的知识方才可以接得上去,别人的知识方才成为我们知识的一个有机部分。"[1] 实践出真知,跨学科主题实施过程就是让学生通过实践活动而获得知识,这样才是真正属于学生的知识。通过用强调用是学的重要的方式和手段,正如毛主席所说:"读书是学习,使用也是学习,而且是更重要的学习。"这是跨学科主题实施中学生获得知识的主要方式。为了用强调的是以用为学的目的和归宿,这实际上就是培养学生的实践能力和应用能力,学而无用的知识使人迂腐,使人软弱;学而有用的知识使人聪慧,使人有力。跨学科主题学习就是让学生在学以致用之中获得知识的力量感和成就感。

跨学科主题实施虽然有课时的保障,但是它不完全是在课堂之中进行的,其基础性甚至关键性的活动和过程主要是在课外进行的。这是因为跨学科主题的实施往往是在调查、观察、访问、查阅、制作、实验、设计等活动之中进行的,总之,跨学科主题的实施也是需要"跨"课堂"跨"老师的,诸多的跨学科主题实施过程都不是在课堂里老师的眼皮底下进行的,这就特别需要学生的主动性、自觉性和独立性。从这个角度说,跨学科主题学习真正打通学生的学习空间,把课内与课外、生活与学科、学习与研究、理论与实践有机地统一起来。进一步说,跨学科主题学习给予了学生更大的学习自主权和学习主动权,同时也大大激发了学生的创意和想象力。可以说,跨学科主

---

[1] 陶行知著,陈彬编. 优秀教师的自我修养[M]. 长沙:湖南人民出版社,2019:16.

题学习最本质的价值和意义就在于它有力地促进了学生的创造性成长,让学生在创造中成长是跨学科主题学习的宗旨,也是跨学科主题学习与学科知识学习的根本区别,可以说没有一种其他的学习方式会像跨学科主题学习那样既需要学生的创造性又培养学生的创造性。我们知道,创造性能力是核心素养之"关键能力"的关键,实施跨学科主题学习本身不是目的,培养人的创造性能力才是其归宿。可以说,新课标倡导的跨学科主题学习是我们培养学生创造性能力的一个有力支点。

跨学科主题学习的主体是学生,并不意味着教师在这个过程当中就可以无所事事、无足轻重,学生跨学科主题学习的优劣和质量的高低与教师对跨学科主题的凝练和设计是直接相关的。这里面的边界我们还是需要加以澄清的,教师和学生各应该承担什么职责是必须明确的。正如吴康宁先生所言:"跨学科主题学习说的是'学习',学习这一行动的主体是'学生';但从老师们的展示来看,说的却是老师。这就不对了。因为,老师所进行的不是跨学科主题学习,而是跨学科主题整合。跨学科主题整合说的是教育,说的是教学,是教师的整合、教师的行动。而跨学科主题学习说的是学习,是学生的学习、学生的行动。我们是通过跨学科主题整合来促进学生的跨学科主题学习,使学生通过跨学科主题学习来实现他的创造性成长。简言之,我们是通过跨学科主题整合引导学生的跨学科主题学习,进而支持他们的创造性成长。"当然,作为学习的主体,学生在跨学科主题学习中不是被动地等待教师的主题设计和任务安排,学生可以以各种方式参与主题设计。所以,吴康宁强调指出:"教师最厉害的地方,不仅仅在于他能进行跨学科主题整合,也不仅仅在于他的这种整合能够促进学生的跨学科主题学习,而且在于他能促进学生对于自己的跨学科主题学习也能有那么一点自主的'设计'的成分(当然会因年龄阶段而异),那才是最厉害的。"[①]

跨学科学习以学生为中心,以学生核心素养的提高为宗旨,强调学生对知识的迁移应用、问题解决能力以及创新能力的提高,因此根据学生身心发展的规律,在跨学科主题学习活动设计过程中,要根据学生的认知发展水平,

---

① 吴康宁. 让"跨学科主题学习"支持"创造性成长"[EB/OL]. https://mp.weixin.qq.com/s/x4Ep3aeUkazJhgf3FbT4aA.

从感知到理性,从知识到素养进行层次化设计,细化任务安排。具体体现在以下两方面。一是不同学段的层次安排。新课程方案和课程标准在学习内容和学业质量水平部分均有详细的分学段论述,在时间线性的纵向设计中,根据学生生活范围和能力选择合适的主题,围绕主题设置这一阶段的跨学科关键目标,并与下学段的目标和能力形成层次递进关系。从简单的生活观察记录到参与文化体验活动,再到集体策划跨学科活动方案,学会运用跨媒介分享展示成果,最后能够针对热点问题组成问题小组,学会选择材料进行分析和探索,这种计划性和目标性使得学生的跨学科主题学习水平能得到渐进式培养。例如语文新课标在教学提示中也提醒教师考虑跨学科主题学习周期和难度,肯定学生的发现和创造。这种从设计到评价的人性化分层安排给了教师自主探索的空间,使其得以根据具体情况设置跨学科学习的难度,防止跨学科学习超越学生的认知范围和接受能力,成为学生的学习负担。语文课程标准教学提示中明确指出:"充分发挥跨学科学习的整体育人优势,增强跨学科学习的计划性和目标意识。根据不同学段学生生活的范围、学习兴趣和能力,精心选择学习主题和内容,组织、策划多样的学习活动。考虑每学期的课时安排,把握活动周期和难度。第一至第三学段以观察、记录、参观、体验为主,第四学段以设计、参与、调研、展示为主。"[1] 二是不同学生的层次安排。跨学科主题学习的开展需要综合考虑学生的差异化学习能力,在课程设置和评价上留出一定的弹性空间。新课程方案在课程标准编制方面明确指出:"原则上,各门课程用不少于10%的课时设计跨学科主题学习。可设计拓展内容,供学有余力或有兴趣爱好的学生选学,不作统一考试要求。合理规划和科学设计实践活动,注重让学生经历活动过程,强化情感价值体验,提出素养导向、切实可行的教学建议。体现正确的学业质量观,明确核心素养发展水平与具体表现,注重对价值体认与践行、知识综合运用、问题解决等表现的考查,建立有序进阶、可测可评的学业质量标准。"[2] 以终为始,只有

---

[1] 中华人民共和国教育部. 义务教育语文课程标准(2022年版)[M]. 北京:北京师范大学出版社,2022:36.

[2] 中华人民共和国教育部. 义务教育课程方案(2022年版)[M]. 北京:北京师范大学出版社,2022:11—12.

透彻分析学生的差异，依据跨学科主题学习正确的学业质量观，明确学习成果所要体现的素养发展水平和具体表现，才能开展好跨学科主题学习。

第三节　主题学习：从单学科走向跨学科

新课标倡导从知识点教学走向主题（统整）教学，主题学习有两种类型，一是单学科的主题学习，它实际上就是单元整体教学（学习）；二是跨学科的主题学习，它是研究性学习的升级版。从单学科走向跨学科是新课标的重大突破，也是主题学习的进一步发展。

学科的重要性是不言而喻的。任何一门学科都是人类数十年、上百年乃至于上千年认识发展的结晶，都有其独特的价值和意义。更重要的是，学科本身就是最好的知识归类，它为人们的学习和认识提供了便捷的路径。当然，这是学问或学术意义上的学科，学校开设的各门学科则是教育和学习意义上的学科，后者是前者的精华浓缩，是其最基础、最重要的部分。所以，学校通过一门门学科进行的教育，会有效地帮助学生打好学科基础，实现跟人类认识的对接，并参与到人类认识的进程中去。

通过学科进行教育是学校的优势，也是学校实现高质量、高效率育人的必要条件。但是，物极必反，过度的学科化将使学生陷入越来越狭隘的学科知识训练，丧失理解现象和分析问题所需的复杂思维能力和整体视野。这严重偏离了学校的育人方向，特别是核心素养的形成和发展。

从中小学教育教学现况来说，我们的老师习惯于固守学科本位，心安理得地在自己经营的一亩三分地上耕耘，不敢越雷池半步，生怕"种了别人的田，荒了自己的地"。一位知名的中学语文特级教师深有感触地说："许多教师将学科或某一知识系统视为神圣不可侵犯的东西，容不得一点改变和突破。殊不知，这样的固守，恰恰隔绝了学科或知识之间原本融通的联系，阻碍了学科的进步，更可怕的是禁锢了学生本来活泼的思想，关闭了跨界之门。其实学科之间是可以也应该跨界融通的。"① 这位老师在引导学生学习议论文论证推理时,要求学生找找数学推理的感觉,结果发现学生"一脸懵"。原来学生在传统的分科学习过程中建立起了严格的学科壁垒,长时间的分科学习已经把学生的脑子切割成彼此孤立的几个部分,真的是"各人自扫门前雪,莫管他家瓦上霜",彼此老死不相往来,学科之间缺少沟通和整合。这种状况也是背离时代发展要求的。

克服学科壁垒,打通学科的界限,培育学生跨越固有学科藩篱的整体视野和思维能力,是核心素养培育的关键问题。核心素养本质上是跨学科的,核心素养的突出表现就是应对现实复杂的真实情境和问题的能力和品质。这种能力和品质不是一门门孤立的学科可以单独培养出来的,它们是需要在多学科的贯通和协作之中才能滋养出来的。为此,必须把跨界的理念引入学科,解放学科;也必须重建学科之间的关系,让不同学科、不同知识相互渗透、相互融合,激发学生的灵魂火花和奇妙创意,培养学生的跨界思维意识和整体思维能力。

诚然,跨学科并不是否定学科,跨学科学习的基本要义是:其一,要通过或借助其他学科(或学科之外的生活、社会、科技、文化等)来学习本学科;其二,用本学科的知识(思想方法观点)解决相关学科或生活等实际存在的问题;其三,综合利用或统整多学科的知识思想方法解决复杂的相关问题。可以说,本学科是跨学科学习的起点、支点和归宿点,它是1,也被称为主学科或载体学科,其他相关学科是X,是跨的对象,基于本学科跨越本学科是跨学科学习的特点,跨学科学习要以1为根基,这样才能有聚焦感和核心点,从而防止其出现拼盘和杂乱现象。

因此,跨学科主题学习必然是基于学科立场下的跨学科学习,是基于学科、通过学科、由学科教师进行的学科融合过程。从跨学科主题学习在新课标中的定位可以看出,跨学科主题学习是学科内综合学习和综合课程学习的中间样态,既不在学科内也不是完全超越学科界限,而是基于学科的跨学科学习,"跨学科主题学习的学科立场正是从学科课程作为基础教育课程体系主体这一现状出发,将跨学科主题学习纳入国家课程而不仅是地方和校本课程,

---

① 徐思源."跨界"与教学[J].基础教育课程,2013(7—8):114.

纳入必修课程而不仅是选修课程，纳入学科课程而不仅是课外活动课程之中，如此便可改观长期以来关于跨学科主题学习实践的各种'虚化'倾向，从而实现对其更为务实的表达和把握"。①

综上所述，跨学科主题学习是一种以主题为学习对象和导向、以学生实践探究为学习路径和过程、以本学科为根基联系和整合其他学科为学习范畴和取向的一种新型学习方式。跨学科主题学习的基本特征是：

一是综合性。 跨学科主题学习要体现学科间的有机整合，包括不同学习领域的知识整合，不同学习方法的综合运用，不同基本技能的相互配合。同时，还要将知识掌握与运用有机结合，校内学习与校外活动有机融合，课堂学习与社会实践有机配合，从而培育和发展学生的核心素养。例如，一个关于环境保护的主题可能涉及地理、生物、化学、社会学等多个学科领域的知识。同时，学生在解决问题的过程中也需要综合运用不同的学习方法和技能，例如调查研究、实地考察、设计实验等。这种综合性的学习过程能够促进学生的综合能力的发展，培养他们的综合思维和综合应用能力。

二是实践性。 跨学科主题学习要聚焦社会发展的现实问题，提高学生运用知识的能力，引导学生将所学知识用来研究和解决实际问题，促进学生开展自主性、合作性、探究性学习，破解学科知识与问题解决相互割裂、知识学习无助于实践改进的困境。例如，一个关于食品安全的主题可能要求学生调查当地食品安全情况、设计食品安全检测实验等。通过这样的实践活动，学生不仅能够加深对知识的理解，还能够培养解决问题的能力和实践能力。

三是探究性。 跨学科主题学习是对学科课程的综合探究，学生是跨学科主题学习的主体。在跨学科主题学习中，学生以已有经验和知识为基础，对主题进行积极探索、亲身体验、实践探究，进而发现知识、获得知识、掌握方法、解决问题、发展技能。通过跨学科主题学习，学生的主体意识和主体能力得到进一步发展，思维品质和思考能力得到进一步提升，学习兴趣和实践意识进一步增强。例如，一个关于可持续发展的主题可能要求学生参观当

---

① 温小军. 基于学科立场的跨学科主题学习：必要、诉求与实践样态[J]. 中国教育学刊，2024（2）：35—39；徐思源. "跨界"与教学[J]. 基础教育课程，2013（7—8）：114.

地的可持续发展项目，与专业人士交流等。通过这样的探究活动，学生能够进一步发展自己的思维品质和思考能力，提高学习兴趣和实践意识。

四是开放性。跨学科主题学习并不拘泥于某一学科知识的学习，而是强调将学生的学习置于开放的社会情境中，将单一学科知识与相关学科的学习进行联动，借助丰富多样的课程资源，为学生学习知识和提高实践能力搭建多维度平台，提供多样化的学习途径，鼓励学生探索多种解决问题的方案，使学生在社会实践、解决问题的过程中得到多方面的发展。例如，在一个关于人类健康的主题中，学生不仅可以学习生物学知识，还可以学习医学、心理学、社会学等相关学科的知识。这种开放性的学习环境能够促进学生的综合发展，培养他们的创新精神和批判性思维能力。

五是可操作性。跨学科主题学习活动的设计要便于教师教和学生学，问题不能过于抽象和宏大，要贴近学生的生活实际，真实、具体，从学生身边的事物、场景入手，让学生真切感受到问题的存在以及解决问题的重要性。同时，教师要引导学生运用多学科、多领域的知识和方法解决实际问题，如此才能切实发挥跨学科主题学习的优势。例如，在一个关于设计学校午餐菜单的主题中，学生可以通过实地考察、访谈等方式来询问同学的意见，利用相关图表收集数据，通过设计健康受欢迎的午餐菜单，解决午餐浪费的问题。这种可操作性的学习设计能够有效地引导学生进行实践活动，提高他们的学习效果和学习兴趣。

第二章　跨学科主题学习的主要类型

第一节　以单学科为本（基于本学科）的跨学科主题学习

本学科与跨学科的关系是有主次、目的和手段的关系，不是平行和对等的关系。具体而言，本学科是跨学科的基础、基点和出发点，也是跨学科的目的和归宿，跨学科只是媒介、手段和工具。这是一种基于学科立场的跨学科学习，学科是"皮"，跨学科是"毛"，"皮之不存毛将焉附"。

这是最常规的跨学科主题学习，实际上也是新课标倡导的跨学科主题学习，新课标的跨学科主题学习是通过各门学科来组织和实施的，占用的是各学科的课时，它本质上也是学科学习的组成部分，只是要求不要局限于本学科来学习，而是要向外延伸，联系或通过其他学科或生活实际来学习本学科。当然，之所以强调跨学科学习，那是因为这样的学习可以更好地促进学生对本学科的理解和掌握，也可以说会促进学生学得更深更活，否则就失去跨的意义和价值，这也是我们检验跨学科的标准。学校组织开展跨学科学习，也是以各学科为起点和立足点的。

这种跨学科主题学习与单学科主题学习关系最为密切，彼此是相互融合的关系，是可以相互转化的关系，这种跨学科主题学习可以穿插在单学科主题学习之中进行，也可以将单学科主题进行重组升级使之成为跨学科主题学习。可以说，这是目前最流行的跨学科主题学习。各课标所安排和推荐的跨学科主题学习大多属于这种类别。如语文新课标将"跨学科学习"定位为拓展性学习任务群，"本任务群旨在引导学生在语文实践活动中，联结堂内外、学校内外，拓宽语文学习和运用领域；围绕学科学习、社会生活中有意义的话题，开展阅读、梳理、探究、交流等活动，在综合运用多学科知识发现问题、分析问题、解决问题的过程中，提高语言文字运用能力"。[1]总之，语文跨学科学习的出发点是语文，落脚点也是语文，其要旨就是引导学生在广阔的学习和生活情境中学语文、用语文，增强语文学习的综合性和开放性，不能把学语文、用语文局限于语文教科书和语文课程里。

也就是说，我们要以语文本学科为基点，以跨学科为半径，不断拓展语文学科学习的范围和内容。如历史新课标推荐的"在身边发现历史"跨学科主题学习指出："在每个学生身边都有大量的历史遗存和信息，如博物馆的藏品、道、建筑、家中的老照片或老物件，以及亲历者的回忆等。本主题活动设计的出发点，是通过引导学生从身边的事情出发，探寻其中反映的历史，拉近学生生活与历史之间的距离，提升学生对历史的认知，发展历史思维。"[2]地理新课标要求跨学科学习"学习目标的制订要以地理知识和方法为基础，以地理学习方式和过程为支撑，融入多学科的知识和方法，重在利于学生增长知识见识，提升综合认知和解决问题的能力，并达到学以致用、知行合一的目的"。[3]

单学科为本的跨学科主题学习是一种教学方法，既符合常规跨学科学习的特点，也是新课标所倡导的跨学科主题学习的一部分。在新课标的理念下，跨学科主题学习通过各门学科的组织和实施，利用各学科的课时来完成学习任务。它不是要求学生局限于本学科的范畴，而是要求学生在学习过程中能够向外延伸，联系或通过其他学科或生活实际来学习本学科的内容。这种跨

---

[1] 中华人民共和国教育部. 义务教育语文课程标准（2022年版）[M]. 北京：北京师范大学出版社，2022：34.

[2] 中华人民共和国教育部. 义务教育历史课程标准（2022年版）[M]. 北京：北京师范大学出版社，2022：48.

[3] 中华人民共和国教育部. 义务教育地理课程标准（2022年版）[M]. 北京：北京师范大学出版社，2022：22.

学科学习的本质是将各学科之间的知识和技能进行整合，促进学生对学科内容的更深入理解和掌握。

跨学科主题学习强调了学科之间的相互联系和交叉应用。它要求学生不仅要掌握本学科的知识和技能，还要能够将这些知识和技能应用到其他学科或生活实际中去。这种学习方式有助于学生形成更加全面和综合的知识结构，提高他们的综合素养和解决问题的能力。因此，跨学科主题学习被认为是一种更加有效的学习方式，能够促进学生学得更加深入和活跃。

在学校组织开展跨学科学习时，各学科都是起点和立足点。虽然跨学科学习要求学生跳出单一学科的局限，但各学科仍然是跨学科学习的基础和支撑。学校应该充分利用各学科的资源和课程安排，为学生提供丰富多彩的学习体验和机会。只有通过各学科的有机结合和协作，跨学科学习才能真正发挥其教育的价值和作用。

跨学科学习的核心是要促进学生对学科的理解和掌握。通过将各学科的知识和技能进行整合和应用，学生能够更加全面地了解学科的内涵和意义，进而提高他们对学科的兴趣和热情。跨学科学习也是一种能力培养的过程，它要求学生具备批判性思维、创造性解决问题的能力和团队合作精神。只有通过跨学科学习，学生才能真正成为具有综合素养和创新能力的未来人才。

综上所述，单学科为本的跨学科主题学习是一种教学方法，既符合常规跨学科学习的特点，也是新课标所倡导的跨学科主题学习的一部分。在这种学习方式下，各学科相互联系，相互促进，共同推动学生的全面发展。

第二节　以学科之间的交集为主题的跨学科学习

这是一种以不同学科都涉及的共同主题为学习对象的跨学科学习，在这种跨学科学习之中，各学科之间没有主次和目的手段之分，彼此之间相对独立，各自从学科立场学习这个主题，各学科的学习构成了这个主题学习的相对完整性和全面性。学生对这个主题的学习和认识不再局限于单一学科单一视角,而是跨学科多学科的,它的表现形式就是多学科聚焦同一主题协同开展,使其达成单一学科无法达到的学习效果。这种学习也是当前中小学比较普遍的一种跨学科学习方式。比如有个学校组织各学科教研组系统梳理初中学段与"青藏高原"主题相关的学习内容,适当调整学习顺序,在六年级学生中开展"青藏高原"主题学习周活动,语文、历史、地理、音乐等多门学科同时开展与"青藏高原"主题相关的内容学习。例如,语文学科学习《在长江源头各拉丹冬》一课,感受雪域高原的壮美,了解游记的写作特点;音乐学科欣赏藏族音乐《阿玛勒俄》,了解藏族音乐的风格特点;历史学科开展"辽宋夏金元时期"单元学习,知道西藏自古以来是中国不可分割的一部分;地理学科学习"青藏高原地区"单元,理解青藏高原地区的高寒气候、雪域文化等。[①] 有人批评各学科在这种学习之中缺少互动和整合,因而质疑其价值,甚至否认这是一种跨学科学习。我们认为,首先,如果仅仅是从学科自身的角度来看,这的确算不上一种跨学科学习;但是如果从主题的视角来看,它的学习涉及多学科,是从多学科视角和立场进行学习的,当然是一种跨学科学习。其次,各学科立足自身立场和视角独立进行同一主题学习,发挥学科独特的价值,完成本学科应有的任务,把该主题学深学透,这是必要的前提和基础。如果能够在这个前提和基础上加强各学科的互动和整合,提出或产生对该主题的综合性的跨学科的观点和认识,那就是跨学科学习的更高的体现了。也就是说,学科之间既要进行物理反应又要进行化学反应,这是我们要加强和改善的地方。从这个案例来说,我们在组织多学科协同学习"青藏高原"这个主题时,要引导学生基于不同学科之间的协同性、互补性,培育学生跨学科思维形成跨学科理解,从而对主题形成更全面、更完整、更深刻的认识。这也是课程协同育人的表现。各学科交集的主题有的是"社会性(自然性)"的,有的是"学科性(学术性)"的。学科性的主题如"生命",它是很多学科都会涉及的概念和命题,可以以此提炼主题进行跨学科学习。如生物会从细胞和遗传的学科概念展开学习这个主题,语文会从对生命的欣赏、赞美、体验等角度学习这个主题,道德与法治会从尊重、安全、环保等

[①] 张玉华. 跨学科主题学习的水平分析与深化策略 [J]. 全球教育展望,2023 (3):48—61.

视角学习这个主题。围绕这一主题，这些相关学科之间形成了内在关联，从而让学生对生命形成一个相对完整的认知，进而形成分析和解决与生命相关的综合性问题的思维和能力。

这一类的跨学科学习强调的是"主题"，是由主题引导和决定的，其价值取决于主题的意义。也就是说，我们决定是否以主题进行跨学科学习，其依据是看这样的主题学习会给学生带来什么样的收获，以及会对相关学科的学习带来什么样的益处。

首先，以学科之间的交集为主题的跨学科学习突出了主题的重要性。选择一个富有意义和深度的主题是跨学科学习的关键。这样的主题应该具有一定的复杂性和广泛性，能够涵盖多个学科的知识和技能。例如，一个关于可持续发展的主题既涉及地理、生物、化学等自然科学学科，也涉及经济学、社会学等社会科学学科。通过这样的主题学习，学生能够从多个学科的角度深入了解可持续发展的相关问题，培养综合素养和解决问题的能力。

其次，以学科之间的交集为主题的跨学科学习突出了学生的参与和探究过程。在这样的学习过程中，学生扮演着积极的角色，他们需要通过自主探索、合作研究等方式来深入探究主题。例如，学生可以进行实地考察、调查研究、实验设计等活动，通过这些实践活动来获取知识、发展技能、解决问题。这种探究性的学习过程能够激发学生的学习兴趣和动力，培养他们的独立思考和创新能力。

再次，以学科之间的交集为主题的跨学科学习突出了知识的整合和应用。在这样的学习过程中，学生需要将各学科的知识和技能进行整合和应用，解决复杂的实际问题。例如，在一个关于环境保护的主题中，学生不仅需要了解生物学、地理学等自然科学学科的知识，还需要了解政治学、法律学等社会科学学科的知识。通过将这些知识进行整合和应用，学生能够更好地理解和解决环境保护问题，培养综合素养和解决问题的能力。

最后，以学科之间的交集为主题的跨学科学习突出了学科之间的相互促进和协作。在这样的学习过程中，各学科之间不再是孤立的存在，而是相互联系、相互促进的关系。例如，在一个关于健康生活方式的主题中，生物学可以提供关于身体结构和功能的知识，化学可以提供关于营养物质的知识，社会学可以提供关于健康行为和社会影响的知识。通过这些学科之间的交流和合作，学生能够更全面地理解和应用相关知识，提高学习效果和学习兴趣。

综上所述，以学科之间的交集为主题的跨学科学习强调了主题的重要性、学生的参与和探究过程、知识的整合和应用以及学科之间的相互促进和协作。这种学习方式能够帮助学生更好地理解和掌握知识，培养综合素养和解决问题的能力，提高学习效果和学习兴趣。

第三节　超越学科的跨学科主题学习（综合实践活动）

这种跨学科学习不再局限或受限于学科，而是超越了学科，指向的不是学科知识的学习和理解，而是真实情境问题和任务的实际解决。这种跨学科学习类似于之前的综合实践活动或研究性学习。如一所学校组织开展以"给学校食堂设计一份菜谱"为主题的跨学科学习，其任务情境为：最近发现学校午餐浪费现象严重，请你为学校食堂设计一份"一周菜谱"，并提供一份采购清单。驱动性问题为：如何解决学校午餐浪费严重这一问题？表现性任务为：为学校食堂设计一份一周菜谱，提供一份采购清单。表现性任务目标为：整合运用读写及调查、统计、分析、设计等学习方法，创意设计菜单。通过表现性任务，引导学生解决午餐浪费严重这一问题，同时需要将表现性任务分解为调查午餐浪费问题、调查学校菜谱、调查学生喜欢的菜品、了解菜品营养结构、调查菜品单价、统计学生人数、设计搭配菜单、罗列采购清单8个子学习任务，8个连续性子学习任务，实为8个学习步骤，层层深入地推进问题解决与任务达成。在这一任务学习过程中，学生需要通过调查、记录、统计、整理获取数据，需要依托数据进行分析、计算、设计，通过阅读与表达、梳理与探究等语文实践活动，实现语文与数学、科学的整合运用。[1] 这个

---

[1] 林其雨. 小学语文跨学科学习的逻辑与设计[J]. 教学与管理，2023（11）：29—32.

主题学习虽然牵涉到相关学科，但它不是为学科学习服务的，虽然学习过程涉及语文、数学、科学，但它不是为学习语文、数学、科学而设立的主题学习，是语文、数学、科学的相关知识和能力为学习这个主题提供依据和方法。这个主题和相关问题的学习和解决才是学习的中心和目的。可以说，这类跨学科主题学习"完全突破了学科界限，把人生经历、科学前沿、社会问题、世界动态、人类命运等引入教学当中，开发这些具有超学科特征主题的育人价值，使学生对这些方面保持敏感，激发自觉，以超越学科的态度和方式去开展学习和探索，增强认识、理解和处理真实情境中复杂问题、综合问题的能力。超学科主题学习在一个不确定的学科界域系统中以项目或问题的形式展开，注重对各学科知识的创造性综合……这种主题学习强调学生合作及实践学习，对形成审辨式思维、协同与共享的价值观、社会性品格等有重要意义"[1]。

这种跨学科学习的特点是：主题来自真实而有价值的并具有挑战性的问题；相关学科知识是解决问题的手段，问题解决才是目的；以完整的问题探究和解决过程或任务完成过程贯穿学习始终；以培养学生解决实际问题的综合性能力、跨界思维以及有关的精神和品质为学习的目的。

超越学科的跨学科主题学习是一种高度综合性和挑战性的学习方式，其核心在于以真实而有价值、具有挑战性的问题为主题，将相关学科知识作为解决问题的手段，强调问题解决过程和任务完成过程贯穿整个学习过程，旨在培养学生解决实际问题的综合能力、跨界思维以及相关精神和品质。这种跨学科学习的特点和意义体现在以下几个方面。

首先，跨学科学习的主题来自真实而有价值的问题。这些问题通常与现实生活密切相关，具有一定的挑战性和复杂性。例如，全球气候变化、粮食安全、城市交通拥堵等都是现实社会面临的重大问题，而这些问题也常常需要多个学科的知识和技能共同解决。通过选择这样的问题作为学习主题，可以激发学生的学习兴趣和探索欲望，使他们更加积极地投入到学习中去。

其次，跨学科学习强调相关学科知识是解决问题的手段。在跨学科学习

---

[1] 伍红林，田莉莉. 跨学科主题学习：溯源、内涵与实施建议[J]. 全球教育展望，2023（3）：42—43.

中，各学科的知识和技能并非孤立存在，而是相互关联、相互支持的。学生需要通过整合和应用各学科的知识，来解决复杂的问题。例如，解决气候变化问题既需要地球科学的知识来了解气候系统的运行规律，也需要社会科学的知识来研究人类活动对气候的影响，以及政策制定和社会管理的措施。因此，跨学科学习的关键在于将各学科知识进行整合和应用，实现问题的综合解决。

再次，跨学科学习以完整的问题探究和解决过程或任务完成过程贯穿学习始终。在跨学科学习中，学生不仅需要掌握各学科的基础知识，还需要运用这些知识来解决具体问题或完成特定任务。这种学习过程是一个连续的、循环的过程，涵盖了问题的提出、信息的搜集、分析和评估、解决方案的设计和实施、结果的反思和评价等多个环节。通过这样的完整过程，学生能够逐步提高问题解决能力和跨学科思维能力。

最后，跨学科学习的目的在于培养学生解决实际问题的综合性能力、跨界思维以及相关精神和品质。这种学习方式旨在培养学生的创新能力、批判性思维、团队合作精神、责任意识等综合素养，使他们成为具有创造力和竞争力的未来人才。通过解决真实的、有价值的问题，学生能够更好地理解学科知识的应用和意义，同时也能够培养跨学科思维和解决问题的能力，为未来的学习和职业发展打下坚实的基础。

总的来说，超越学科的跨学科主题学习是一种高度综合性和挑战性的学习方式，其核心在于以真实而有价值、具有挑战性的问题为主题，将相关学科知识作为解决问题的手段，强调问题解决过程和任务完成过程贯穿整个学习过程，旨在培养学生解决实际问题的综合能力、跨界思维以及相关精神和品质。这种学习方式能够激发学生的学习兴趣和探索欲望，培养他们的创新能力和解决问题的能力，为他们未来的学习和职业发展奠定坚实的基础。

对跨学科学习进行分类是为了我们能够更好地理解跨学科学习的特点，并因地制宜地做好跨学科学习的设计和组织。实际上以上三种分类不是绝对的，它们之间是可以相互转化的，彼此之间也是相互促进的关系。

第三章　跨学科主题学习的学习方式

第一节　问题式跨学科主题学习

问题式跨学科主题学习是一种以实际问题或任务为载体，通过引导学生运用多学科知识和技能解决问题，实现跨学科知识整合和综合能力提升的学习方式。这种学习方式强调学生的主动性和实践性，倡导学生在解决问题的过程中实现自我成长和知识建构。然而，如何在实践中有效实施问题式的跨学科学习方式，是我们需要关注和研究的问题。

问题式跨学科主题学习是一种教学方法，其核心理念是通过解决实际问题或任务来促进学生跨学科知识和技能的整合与应用。这一方法的重要性在于它不仅仅强调学科知识的传授，更着眼于培养学生的综合能力和解决问题的能力。本文将探讨问题式跨学科主题学习的实施方法及其效果评价。

首先，问题式跨学科主题学习的实施需要合理的课程设计和任务设置。教师应该根据学生的学习水平和兴趣，选取具有一定挑战性的实际问题或任务，确保其涉及多个学科领域，从而激发学生的学习兴趣和动力。同时，任务设计应该具有一定的开放性和灵活性，以便学生能够根据自己的思维方式和学科背景进行创造性思考和解决问题。

其次，问题式跨学科主题学习的实施需要教师在课堂教学中扮演引导者和促进者的角色。教师应该提供必要的学科知识和方法论指导，引导学生从不同学科角度分析和解决问题。同时，教师还应该鼓励学生进行团队合作，共同探讨和解决问题，培养学生的沟通和合作能力。

此外，问题式跨学科主题学习的实施还需要借助现代教育技术手段。教师可以利用多媒体教学资源和网络平台，为学生提供丰富的学习资源和交流平台，促进学生在跨学科学习过程中的信息获取和分享。同时，教师还可以利用虚拟实验和模拟软件等工具，帮助学生进行实验设计和数据分析，提高学生的实践能力和科学素养。

最后，问题式跨学科主题学习的实施需要进行有效的评价和反馈。教师应该根据学生的任务完成情况和解决问题的能力，及时给予个性化的评价和建议，帮助学生发现和克服学习中的困难和问题。同时，教师还应该借助各种评价工具和方法，全面评价学生的综合能力和学科素养，为学生的学习提供有效的指导和支持。

综上所述，问题式跨学科主题学习是一种促进学生综合能力提升和跨学科知识整合的重要教学方法。其实施涉及课程设计、教学指导、教育技术应用和评价反馈等多个方面，需要教师和学校共同努力，为学生提供丰富多彩的学习体验和成长空间。

在实践中，问题式跨学科主题学习是一种综合性的学习方法，它涉及两种不同类型的问题，即综合性问题和专题性问题。专题性问题通常是针对具体话题的，它们引导学习者去理解和探索某个特定领域或主题的局部性内容。与之相反，综合性问题则更加宏观，它们超越了特定话题和技能的范畴，而是指向更通用、更可迁移的理解。

专题性问题是学习过程中经常遇到的，它们引导学生深入研究某个特定领域或话题。举例来说，一个专题性问题可能是："气候变化对极地生态系统的影响是什么？"这个问题会促使学生去了解气候变化的影响，以及这些影响对极地生态系统的具体表现是什么。通过解答这类问题，学生可以建立对特定主题的深入理解，掌握相关的知识和技能。

然而，综合性问题则更具挑战性，因为它们要求学生跳出特定话题的范畴，去思考更为普遍和通用的概念。这种类型的问题可能会是："持续发展的关键因素是什么？"或者是："科学方法如何帮助我们理解世界？"这些问题引导学生思考抽象的概念和原则，超越具体的学科和话题，培养他们的批判性思维和综合性思考能力。

综合性问题的价值在于它们不仅仅是关于特定学科的知识，还在于它们能够将这些知识应用于更广泛的情境和问题上。通过解答这类问题，学生不仅可以加深对知识本身的理解，还能够培养出解决复杂问题的能力。这种能力是跨学科学习的核心，因为现实世界中的问题往往不受限于特定学科的范畴，而是需要综合运用多种学科的知识和技能来解决。

综合性问题还可以促进学生的创造性思维的发展和创新能力的培养。当学生被要求思考跨越单元和课程的大概念时，他们需要运用自己的想象力和创造力来探索解决方案。这种过程不仅可以激发学生的求知欲和好奇心，还能够培养他们解决未知问题的勇气和信心。

此外，综合性问题也有助于培养学生的批判性思维和批判性判断能力。当他们面对复杂问题时，需要审视各种信息来源，并对其进行评估和分析，以确定最佳的解决方案。这种能力对于培养学生成为未来领导者和决策者至关重要，因为他们需要能够独立思考，并做出明智的决策。

因此，问题式跨学科主题学习中的综合性问题是非常重要的，它们不仅能够帮助学生建立深入的学科理解，还能够培养他们的综合性思维能力、创造性思维能力和批判性思维能力。通过解答这些问题，学生可以更好地应对现实世界中的复杂挑战，并为未来的学习和工作做好准备。

1. 综合性问题，或者称之为大问题，是指具有综合性、复杂性和实际应用价值的大型问题。这些问题跨越多个学科领域，要求学生综合运用不同学科知识和技能来解决。它们是学习过程中的挑战，但同时也是一个重要的学习机会。

首先，综合性问题的特点之一是综合性。这意味着这些问题涉及多个学科领域，需要学生综合运用不同学科的知识和技能来解决。举个例子，一个综合性问题可能涉及数学、科学、历史和文学等多个学科领域，要求学生从不同角度去思考和解决问题。

其次，综合性问题具有实践性。这意味着这些问题通常与实际应用密切相关，需要学生通过实践操作来解决。例如，一个综合性问题可能涉及设计一个城市的可持续发展方案，要求学生通过实地考察、调查和模拟来解决。

同时，综合性问题也具有挑战性。这意味着这些问题具有一定的难度和挑战性，需要学生不断地探索和创新。这种挑战性激发了学生的求知欲望和学习动力，促使他们去思考和解决问题的各种可能性。

最后，综合性问题通常具有一定的开放性。这意味着这些问题不是单一、确定的，应鼓励学生从不同角度思考和解决问题。这种开放性培养了学生的批判性思维和创造性思维，使他们能够更好地适应不断变化的环境和挑战。

2. 小问题，或者称之为专题性问题，是指针对某个具体知识点或技能点的小型问题。它们通常与大问题相关联，旨在帮助学生掌握基本知识和技能。

首先，小问题具有针对性。这意味着这些问题针对特定的知识点或技能点设计，旨在帮助学生掌握核心内容。举个例子，一个小问题可能是针对数学中的一个特定概念或技巧，要求学生掌握和运用它。

其次，小问题也具有实践性。这意味着这些问题同样需要学生通过实践操作来解决，但难度相对较低。这种实践性有助于学生将理论知识转化为实际应用能力，加深对知识的理解。

此外，小问题通常具有一定的趣味性。这意味着这些问题设计得足够有趣，以吸引学生的学习兴趣。通过增加趣味性，可以激发学生的学习兴趣和积极性，提高他们的学习效果。

最后，小问题通常需要教师给予及时的反馈和指导。这意味着教师需要及时地评价学生的答案，指出错误并提供正确的指导，以帮助学生纠正错误并提高学习效果。这种反馈性有助于学生及时了解自己的学习情况，及时调整学习策略。

综合来看，综合性问题和专题性问题在学习过程中都起着重要的作用。综合性问题促进学生跨学科思考和解决问题，培养了他们的综合性思维能力和创造性思维能力；而专题性问题则帮助学生掌握和应用具体的知识和技能，加深了他们对学科内容的理解和掌握。通过合理设计和结合使用这两种类型的问题，可以更好地促进学生的全面发展和综合素养的提升。

总的来说，大问题和小问题在跨学科主题学习中都起着重要作用。大问题激发了学生综合运用各种知识和技能的能力，培养了其解决复杂问题的能力；而小问题则有助于学生逐步掌握基础知识和技能，并通过实践操作进行巩固和提高。这两种类型的问题相辅相成，共同促进了学生的综合素养和学习效果的提升。

在实施大问题—小问题的教学过程中，教师起着至关重要的作用。下面将详细探讨这一过程，并对每个步骤进行扩展，以确保学生能够充分理解和掌握所学内容。

（1）确定大问题是整个教学过程的第一步。教师需要根据教学目标和实际需求，选择一个具有综合性和实际应用价值的大型问题。这个问题既要能够激发学生的兴趣，又要涉及多个学科领域，以便让学生综合运用各种知识和技能来解决。例如，可以选择一个关于可持续发展的大问题，旨在引导学生思考如何平衡经济增长、社会公平和环境保护之间的关系。

（2）分解小问题。教师需要将大问题分解为若干个小问题，每个小问题都针对特定的知识点或技能点进行设计。这样做有助于学生逐步理解和掌握复杂问题的解决步骤，并可以更加有针对性地进行教学。在可持续发展的例子中，教师可以将大问题分解为小问题，如"探讨可再生能源的种类和优缺点""分析城市化对环境的影响"等。

（3）引导自主学习。一旦小问题确定，教师就可以引导学生自主学习相关知识点和技能点，为解决问题做好准备。这可以通过课堂讨论、小组合作、实地考察等方式来实现。教师可以提供相关的教材、网络资源和案例分析，让学生自主探索和学习，培养其自主学习和问题解决能力。

（4）解决问题。学生以个人或团队形式开始解决问题，他们需要运用所学知识和技能，分析和解决实际问题，并提出可行的解决方案。在这个过程中，教师扮演着指导者的角色，给予学生及时的反馈和指导。教师可以通过定期的讨论和答疑环节，帮助学生解决遇到的困难，并指导他们进一步地思考和探索。

（5）总结与评价。教师引导学生对解决问题的过程进行总结和评价，以便改进和提高学习效果。学生可以通过小组展示、个人报告或写作等方式，总结他们的研究成果，并对解决问题的过程进行评价。教师可以根据学生的表现和反馈，对教学内容和方法进行调整和改进，以更好地满足学生的学习需求。

综上所述，大问题—小问题的实施是一个循序渐进的过程，需要教师和学生共同努力。通过这样的教学模式，学生不仅能够掌握所学知识和技能，还能培养解决复杂问题的能力，并提高自主学习和批判性思维能力。

以探索"未来城市"跨学科主题学习问题式学习方式为例。

案例背景：

随着科技的飞速发展，未来的城市将如何演变？为了培养学生的创新思维和解决问题的能力，学校组织了一次以"未来城市"为主题的跨学科问题式学习。

学习目标：

让学生了解未来城市的发展趋势和挑战。

培养学生的跨学科思维和创新能力。

提高学生的团队合作和问题解决能力。

学科整合：

该主题涉及科学、技术、工程、数学、艺术和社会科学等多个学科。学生需要从不同学科角度思考未来城市的建设和发展。

学习活动：

分组与选题：学生被分成若干小组，每个小组选择一个与未来城市相关的子主题，如智能交通、绿色建筑、可持续发展等。

调研与资料收集：学生通过查阅文献、网络搜索、实地考察等方式收集相关资料和信息。

跨学科研讨：学生定期召开跨学科研讨会，分享各自的研究成果，并从不同学科角度提出问题和建议。

创意设计：学生根据研讨结果，设计未来城市的模型或方案，可以是建筑、交通系统、能源系统等。

成果展示：学生将设计方案以报告、模型展示、视频等形式呈现给全校师生。

评价方式：

过程评价：评价学生在调研、研讨、设计等环节中的表现。

成果评价：评价学生的设计方案的创新性、实用性和跨学科性。

自我评价与同伴评价：鼓励学生自我评价和同伴评价，促进他们的反思和学习。

案例亮点：

跨学科整合：该案例成功地将多个学科整合在一起，培养了学生的跨学科思维。

问题导向：通过学习过程中的问题研讨和解决方案的设计，提高了学生解决问题的能力。

实践操作：学生不仅进行了理论学习，还通过模型制作和成果展示等方式进行了实践操作，加深了对知识的理解和应用。

通过"未来城市"的跨学科问题式学习，学生不仅了解了未来城市的发展趋势和挑战，还培养了他们的创新思维和解决问题的能力。这种学习方式不仅提高了学生的学习兴趣和参与度，还为他们未来的学习和职业发展打下了坚实的基础。

第二节　任务式跨学科主题学习

任务式跨学科主题学习是一种基于建构主义学习理论和认知负荷理论的教学方法，其核心在于为学生提供真实的任务情境，通过将较大的任务分解成一系列小任务，降低学生的认知负荷，促使他们在实践中主动建构自我知识体系。这种教学模式具有多重意义。

首先，大任务—小任务模式有助于学生更好地理解和掌握知识。将复杂的大任务分解为一系列简单的小任务，有助于学生逐步深入理解并掌握所需的知识和技能。每个小任务的完成都是一个里程碑，带来的成就感能够激发学生的学习热情和动力，从而提高他们的学习兴趣。

其次，在完成任务的过程中，学生需要自主寻找和整理信息，解决问题，这有助于培养他们的自主学习能力。任务式学习强调学生的主动参与和探索，鼓励他们通过实践和体验来构建知识，而不是被动接受教师的传授。此外，许多小任务需要学生进行团队合作，这有助于培养他们的合作精神和团队意识，提高沟通协作能力。

另外，大任务—小任务模式也为教师提供了更好的教学评估机会。通过观察和评价学生在完成任务过程中的表现，教师可以了解学生的学习进度和问题，及时调整教学策略，提高教学效果。教师可以通过观察学生在任务中的表现、收集学生的成果和反馈等方式来评估学生的学习情况，为他们提供更加个性化的指导和支持。

此外，任务式跨学科主题学习还有助于培养学生的综合素养。在任务完成的过程中，学生不仅需要掌握学科知识，还需要具备解决问题、沟通合作、获取信息和处理问题等综合能力。这些能力是当今社会所需的重要素养，能够为学生未来的学习和职业发展打下坚实的基础。

综合来看，任务式跨学科主题学习通过大任务—小任务模式，不仅可以提高学生的学习效果和兴趣，培养他们的自主学习能力和合作精神，还可以为教师提供更好的教学评估机会，促进学生综合素养的全面发展。因此，这种教学模式在现代教育中具有重要的意义和价值。

笔者以"营养与运动处方设计"[①]案例，具体阐述任务式跨学科主题学习的实践路径。

在设计体育与健康跨学科

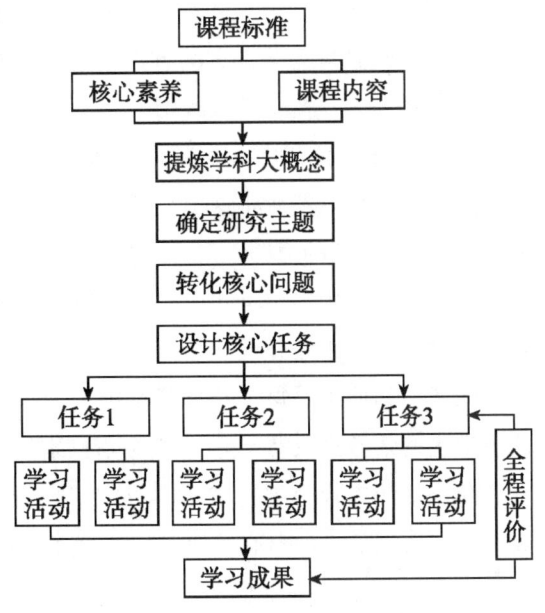

---

① 盛晓虎. 基于问题导向的体育与健康跨学科主题学习的实践路径[J]. 体育教学，2023（12）：17—19.

主题学习时，要提炼学科大任务，最关键的是要创设驱动任务情境，依据学习目标制定具体学习任务。

在案例中，教师以大任务"健康行为与生活方式"为引领，围绕"新年健康愿望"展开跨学科主题学习，制定三个子任务：一是制定一份为期一周的营养健康食谱；二是制定一份为期一周的体育运动健身方案；三是一段时间后，验证其体育锻炼效果。

学习任务确定后，学生在教师的指导下进行自主合作与探究实践，通过运用"体育＋科学、信息技术、数学"等知识和技能解决问题，如学生需利用互联网、图书等工具查阅"食物金字塔"等相关知识，了解食物特性；通过采访营养专家，掌握饮食搭配方法；通过对亲朋好友的饮食结构与健康状况的分析，撰写调查报告等。当学生遇到困难时，教师要提供必要的"学习支架"，引导学生寻找分析问题和解决问题的方法。在问题解决的过程中，学生体验到了不同学科知识的整合与联结，超越了单一体育学科的理解，掌握了如何设计营养与运动方案的方法，还可以迁移到如何设计肥胖与体质健康关系的方案上去，实现学以致用。

在小学数学教育中，教师可以设计一些与生活实际相关的大任务，如"设计一个公园"，然后将这个大任务分解为一系列小任务，如"计算公园的面积""设计公园的道路"等。学生通过完成这些小任务，不仅可以掌握数学知识，还可以利用多学科知识、思想和方法解决问题，提高解决问题的能力。然而，大任务—小任务模式也存在一些挑战。例如，如何设计合适的大任务和小任务，如何确保每个小任务都能有效地帮助学生掌握知识和技能，如何评价学生的任务完成情况等。这些问题需要教师们在实践中不断探索和解决。

在设计任务式跨学科主题学习的"大任务—小任务"时，需要考虑以下建议，以确保学生能够有效地参与学习并达到预期的学习目标。

1. 设计有意义的大任务

大任务应该是整个学习过程的主线，能够引发学生的兴趣和好奇心。为了确保大任务的意义性，教师可以考虑以下几点。

与学生实际生活相关联：大任务应该与学生的实际生活密切相关，能够引发他们的兴趣和好奇心。例如，可以选择环境保护、社会问题或科技创新等与学生生活息息相关的主题作为大任务的内容。

具有挑战性：大任务应该具有一定的挑战性，能够激发学生的求知欲和探索精神。挑战性的任务可以帮助学生克服困难，提高自我解决问题的能力。

2. 制定明确的小任务

小任务是实现大任务的具体步骤，需要具体、可操作，并与大任务相互关联。为了确保小任务的有效性，教师可以考虑以下几点。

明确任务目标和完成标准：每个小任务都应该有明确的目标和完成标准，让学生清楚地知道自己需要做什么，以及如何去做。这有助于学生明确方向，提高学习效率。

关联大任务：每个小任务都应该与大任务密切相关，能够为实现大任务的目标做出贡献。通过完成一系列小任务，学生可以逐步达成大任务的最终目标。

3. 提供必要的支持和引导

在学生完成任务的过程中，教师需要提供必要的支持和引导，帮助他们解决遇到的问题，促使他们进行深入的思考和探索。为了提供有效的支持和引导，教师可以考虑以下几点。

提供相关资源：教师可以为学生提供必要的学习资源，包括教材、参考资料、网络资源等，以帮助他们顺利完成任务。

组织讨论和指导：教师可以组织小组讨论或个别指导，引导学生共同探讨问题、解决困难，从而提升学生的学习效果。

4. 建立有效的反馈机制

在学生完成任务后，教师需要及时对他们的学习情况进行反馈，评价学生的学习成果，指出学生的优点和不足，并提出改进的建议。为了建立有效的反馈机制，教师可以考虑以下几点。

制定明确的评价标准：教师可以制定明确的评价标准，根据学生的表现进行评价，以确保评价的客观性和公正性。

鼓励自我评价和同伴评价：教师可以鼓励学生进行自我评价和同伴评价，通过互相交流和反思，学生可以更好地发现自己的不足之处，进一步完善自己的学习过程。

5. 创设良好的学习环境

最后，教师需要创设一个积极、和谐、开放的学习环境，让学生感到自由、舒适、安全，从而更好地参与到学习中去。为了创设良好的学习环境，教师可以考虑以下几点。

鼓励学生表达观点：教师可以鼓励学生自由表达观点，促进学生之间的交流和合作。

倡导尊重和合作：教师可以倡导尊重和合作的精神，帮助学生建立良好的团队合作意识，共同完成任务。

总的来说，任务式跨学科主题学习的"大任务—小任务"模式是一种有效的教学方法，可以帮助学生掌握知识和提高综合能力。为了确保这种教学模式的有效实施，教师应该根据上述建议精心设计和组织教学活动，促进学生的全面发展。

第三节 项目式跨学科主题学习

项目式跨学科学习是一种以学生为中心，通过引导学生解决实际生活中的问题，将多个学科的知识和技能进行整合，促进学生主动学习和深度思考，产生整合性的成果和理解的学习方式。项目式跨学科主题学习是成果导向的，因此实施项目式跨学科主题学习的评价需要注意学生是否产生了整合性的成果和理解。总体来说，跨学科学习有三个层级，"用到了其他学科的知识或情境；用其他学科的知识共同解决问题产生整合性理解；在真实问题解决中有意识地学习不同学科的知识并创造性地整合以解决问题、形成成果"。[1] 项目式跨学科主题学习属于第三个层级。例如"造船"跨学科主题学习，有明确的成果导向，能够有效地提高学生的创造能力以及综合运用知识的能力。

在项目式跨学科学习中，项目通常由一个或多个核心问题或主题组成，

---

[1] 夏雪梅. 跨学科项目化学习：内涵、设计逻辑与实践原型[J]. 课程·教材·教法，2020（10）：78—84.

涉及多个学科领域的知识和技能。学生在完成项目的过程中，需要展开调查研究、分析问题、提出解决方案，并最终呈现出他们的成果。这种学习模式不仅有助于学生深入理解学科知识，还能够培养他们的创新能力、批判性思维、沟通能力和团队合作精神。

在设计项目式跨学科学习时，有几个关键的要素需要考虑：

1. 设计引人入胜的项目主题

项目主题应该与学生的实际生活息息相关，能够引起他们的兴趣和好奇心。同时，项目主题也应该具有一定的挑战性和深度，能够激发学生的思考和探索欲望。例如，可以选择环境保护、社会问题、科技创新等与学生生活密切相关的主题。

2. 整合多学科知识和技能

项目式跨学科学习强调整合多学科的知识和技能，使学生能够在解决问题的过程中跨越学科的界限。因此，在设计项目时，教师需要确定项目涉及的学科领域，并为学生提供相应的学科知识和技能支持。

3. 提供支持和引导

在项目式跨学科学习中，学生扮演着主动学习者的角色。因此，教师应该为学生提供必要的支持和引导，而不是直接传授知识。教师可以通过提出问题、引导讨论、提供资源等方式，激发学生的学习兴趣，促使他们自主探索和学习。

4. 鼓励实践性和探究性学习

项目式跨学科学习强调实践性和探究性学习，使学生能够在实际情境中应用所学知识。因此，在设计项目时，教师应该为学生提供丰富的实践机会，让他们能够通过实际操作来理解和掌握知识。

5. 提供有效的评价和反馈

在项目式跨学科学习中，评价和反馈是至关重要的。教师可以通过观察学生的表现、评估学生的成果、组织同伴评价等方式来评价学生的学习情况。同时，及时的反馈也能够帮助学生调整学习策略，提高学习效果。

6. 培养团队合作精神

在项目式跨学科学习中，学生通常需要分组合作完成项目。因此，教师应该培养学生的团队合作精神，鼓励他们相互合作、分享资源、共同解决问题。

7. 创造积极的学习环境

最后，教师需要创造一个积极、和谐、开放的学习环境，让学生感到自由、舒适、安全。这样的学习环境能够激发学生的学习热情，促进他们更好地参与到项目中去。

综上所述，项目式跨学科学习是一种有效的教学方法，能够提升学生的综合能力和解决问题的能力。通过精心设计和组织项目，教师可以为学生提供一个充满探索和发现的学习环境，培养他们的创新精神和批判性思维，为他们未来的学习和生活打下坚实的基础。

在实践中，实施项目式跨学科学习通常包括以下步骤。

（1）确定项目主题：教师首先需要确定一个适合的项目主题，该主题应当具有足够的广度和深度，能够涵盖多个学科领域的知识和技能。项目主题可以与学生的实际生活经验相关，或者与社会问题、科学探索等有关。

（2）制定项目目标：在确定项目主题之后，教师需要明确项目的学习目标和期望的成果。这些目标应当清晰具体，能够指导学生的学习活动，并且能够评价学生的学习成果。

（3）设计项目任务：根据项目目标，教师需要设计一系列具体的任务，这些任务应当能够帮助学生达到项目目标。任务可以包括调查研究、实地考察、设计实验、解决问题等，要求学生运用多学科知识和技能进行实践性学习。

（4）组织学生团队：为了完成项目任务，教师通常会将学生组织成小组或团队。学生可以根据自己的兴趣、技能和专长选择合适的团队，共同合作完成项目任务。

（5）提供支持和资源：教师需要为学生提供必要的支持和资源，包括教材、参考资料、技术设备等。同时，教师还需要提供指导和建议，帮助学生顺利完成项目任务。

（6）学生实践活动：学生在团队中展开实践活动，完成项目任务。他们可能需要进行调查研究、收集数据、分析信息、设计实验、制作成果展示等活动，以达到项目目标。

（7）展示成果：完成项目任务后，学生需要展示他们的成果和学习收获。这可以通过口头报告、书面报告、展示海报、制作视频等形式进行，展示过程既是对学生学习成果的检验，也是对学生学习过程的反思和总结。

（8）评价和反馈：教师需要对学生的学习成果进行评价，并给予及时的反馈。评价可以包括学生的学术表现、解决问题的能力、团队合作能力等方面。同时，教师还可以引导学生对自己的学习过程进行反思和评价，帮助他们发现不足之处，并为今后的学习做出改进。

（9）总结和反思：教师和学生共同对项目实施过程进行总结和反思。他们可以回顾项目的设计、执行和成果，总结经验教训，发现问题并提出改进建议，为今后的项目实施提供参考和借鉴。

通过以上步骤，教师可以有效地实施项目式跨学科学习，促进学生的综合能力和解决问题能力的发展。

例如，小学二年级跨学科《远古时代生物的启示》项目式学习案例[1]，项目以"如何制作一场能对人类产生警示作用的远古生物展览"为驱动问题，让学生在了解生物间的相互依赖以及生物与环境之间的关系后，推演在远古时代造成生物大量灭绝的环境因素，并以此类比当今人类所处环境，预测环境污染对当代生物的影响，形成危机感与保护环境的意识。最终学习的成果将以恐龙雕塑与相关警示结合的远古时代生物展览进行公开展示，从而对所有参展的学生、教职工、家长、访客形成客观、深刻的启示作用。通过对化石的探索，步入远古时代生物生存的环境，产生探究古生物与其生活环境的兴趣，感受对其灭亡的惋惜，以此落实驱动问题与核心任务。同时，研讨并制定解决问题与完成任务的计划，制定相应的标准，以此推进自我学习的形成。通过资料搜索、游戏、实验、制作等方式，知道池塘、森林一些环境中食物链与食物网的存在，了解生物之间的依存关系，以及环境变化对食物链与食物网的影响，同时习得捏塑的技能，为公开成果做好知识能力的储备。通过问题引导，促使学生运用已有认知分析、推断远古生物灭亡的可能原因，

---

[1] 钱倩倩. 导向深度学习的教学新探索——小学二年级跨学科《远古时代生物的启示》项目式学习案例.《教育》，2022（37）：60—63.

并以此制作《远古生物启示的报告》，以捏塑技能制作恐龙模型，将模型与报告公开布展，形成公开成果。通过修订评价标准，观赏与评价远古生物展览的作品，发现成果的不足并进行完善，同时依据对整个项目的回顾，能够对所学的知识能力在未来的应用形成初步思考，提升迁移的意识。

第四章　跨学科主题学习的实施策略

第一节　跨学科主题确立

一、跨学科主题确立的依据

跨学科主题确立是跨学科主题学习过程中的关键一环，它为整个学习过程奠定了基础。主题一般被理解为"中心思想""核心""主要内容"等，主题主要有议题、问题、任务、课题、项目等不同表现形式。在这一阶段，我们需要结合各学科课程标准或学校跨学科主题学习内容图谱，通过解读目标、调研需求，以学科为基础来确立主题。

首先，解读目标是跨学科主题确立的起点。我们需要仔细审视学科课程标准或学校跨学科主题学习内容图谱中所规定的学习目标和要求。这些目标可以是各学科领域的知识、技能和情感态度方面的要求，也可以是学生需要具备的综合素养和能力。通过对目标的解读，我们可以明确学生需要达到的目标，为后续的主题确定提供指导。

其次，调研需求是跨学科主题确立的重要步骤之一。我们需要充分了解学生的实际需求和兴趣爱好，探究他们在学习过程中所面临的挑战和困惑。这可以通过调查问卷、小组讨论、个别谈话等方式进行。通过调研，我们可以更好地把握学生的需求和期望，从而为主题的确定提供参考依据。

再次，基于学科的角度是跨学科主题确立的重要考量因素之一。我们需要站在各学科的角度来思考主题的选择和确定。这意味着我们要考虑到各学科领域的特点、知识结构和学习目标，以确保主题既能够涵盖多个学科的内容，又能够符合各学科的教学要求。这样才能够保证跨学科主题学习的有效性和可行性。

另外，在确定主题的过程中，我们需要组织相关学科教师进行跨学科教研。通过教师间的合作和交流，我们可以充分利用各学科教师的专业知识和经验，共同探讨主题的选择和设计。这不仅能够促进教师之间的协作和交流，还可以为学生提供更丰富、更多样化的学习资源和学习体验。

最后，我们需要确立能够撬动学生运用各学科知识和技能的真实问题情境。主题的确立不仅仅是为了学科知识的整合，更重要的是要通过真实的问题情境激发学生的学习兴趣和动力，促使他们主动运用各学科的知识和技能解决问题。这样的问题情境应该能够贴近学生的生活实际，具有一定的挑战性和启发性，同时又能够涵盖多个学科的内容，确保学生在解决问题的过程中能够全面发展自己的能力。

二、跨学科主题的类型

主题的表现形式主要有课题、议题、问题、任务、项目等形式，"由于课题与项目基本等同，问题或任务是课题、项目和议题的应有之义等，主题初步划分为议题和项目两类。由此，便可把学科立场下跨学科主题学习中的实践活动方式初步划分为议题深度诠释和项目综合实践，进而获得两种相应的实践样态"。[①] 因此，议题类主题的目标主要是深度诠释和理解，项目综合实践类主题的目标主要是获得成果、产品或者新理解。

1. 议题类主题

议题类主题包括学科内的核心问题、基本原理、大观念、跨学科概念，以及学生生活中感兴趣的话题。议题类主题的核心目标是在跨学科实践中进行深度诠释和讨论，从多学科的角度进行理解，产生学生自己的认识。议

---

① 温小军. 基于学科立场的跨学科主题学习：必要、诉求与实践样态［J］. 中国教育学刊，2024（2）：35－39.

类主题具有以下特征：

（1）议题作为一种需要讨论的题目，具有探索性、对话性和实践性的特征，学生和老师、学生和学生之间通过交流沟通，对议题进行合作学习、深度学习。

（2）议题类主题的学习过程需要外显出来，不是纯意识活动。它是以建构意义为目标，同时产生新理解、新观念、新想法，并通过作业、报告等形式表现出来。

（3）作为实践的议题深度诠释还具有创造性的特点。主要表现为对议题的"深度"阅读之上。具体可通过以下四个方面进行认定与实施："一是从阅读内容来看，认为深度阅读不仅要读文字符号的表层意义，还要读出文字隐藏的深层意蕴。二是从阅读过程来看，认为深度阅读是从'文本表面'逐渐深入'文本底层'的建构意义的过程。三是从阅读方式来看，认为深度阅读的关键在于深刻的体验与思考。四是从阅读结果来看，认为生成与创新是深度阅读的最终追求。"[①]

2. 项目综合实践类主题

项目综合实践类主题通常是指需要解决的复杂问题，需综合不同学科的研究方法，全面系统地理解问题，涉及项目的管理和协作、任务的分解以及子团队之间的交流沟通等因素。通常项目综合实践类主题的设计包括两个阶段：一是问题阶段，包括问题分析和识别，其目的是达到必要规范；二是问题解决阶段，目的是为识别的问题制订解决方案。项目综合实践类主题的教育目标是学生通过在问题解决过程中，综合运用不同学科的基本原理、知识和思想，生成一个一般产品或者产生一种全新的理解。项目综合实践类主题具有以下特征。

（1）项目综合实践类主题的目标是为了培养学生解决复杂问题的能力，具体包括问题导向、项目导向、团队导向和元认知在内的四种基本能力。[②] 四

---

① 唐明，李松林. 聚焦意义建构的语文深度阅读教学［J］. 中国教育学刊，2020（5）：60—65.

② 安奈特·科莫斯，里卡·布罗加德·贝特尔，杰蒂·埃格兰德·霍尔加德，亨利克·沃尔姆·鲁特赫. 项目类型和复杂问题解决能力的概念框架［J］. 杨柳，译. 清华大学教育研究，2021（3）：47—54.

种能力是相互关联的,学生在项目开展的过程中不断显现出这些能力。其中问题导向能力是其他三种能力的基础,不同类型的问题需要不同类型的项目和团队,元认知能力是对项目开展的整个过程的反思。

(2)项目综合实践类主题具有比较明显的社会情境性和探究性。问题通常是社会生活中的复杂问题,涉及多个利益群体的社会情境,探究性强。例如,义务教育化学课程标准中的"基于碳中和理念设计低碳行动方案"便是一项围绕问题设计的跨学科项目实践活动。此项目的核心问题是如何改进二氧化碳排放过量导致的全球变暖问题,要求学生通过探究二氧化碳的性质与转化机制,联合生物、地理、物理等课程的相关内容,设计减少二氧化碳排放量的方案。这一项目可以深化学生对化学元素观和变化观的理解,还可使学生对跨学科大概念"可持续发展"和"系统与模型"形成全面而深刻的理解。

(3)项目综合实践类主题的实施持续时间长,在空间上跨度较大,有时可能会持续一个学期或多个学期,需要学校行政人员、教师、学生以及校外专家等多方合作,通常需要建立模型。项目学习本质上是工程学的一个核心观念,广义的跨学科大型项目除了定义问题阶段和解决方案阶段外,也需要通过建立模型来强调不同的,甚至可能是相互冲突的学术方法和观点,以精细化项目的成功标准。最终成果是不同系统之间的组合和相互关系,而不是一种特定的一般产品。

第二节 跨学科主题学习设计

跨学科主题学习设计是为了在跨学科学习中有效引导学生,激发其学习兴趣和探索欲望,提供具有挑战性和实践性的学习任务,从而促进其跨学科思维和能力的发展。在跨学科主题学习设计中,我们需要聚焦主题、以任务引领、搭建支架并拟订计划,为学生提供一个全面、系统的学习环境和学习体验。

首先，基于已组建的学习团队，教师需要带领学生围绕主题展开学习。主题应当具有一定的真实性和复杂性，能够引发学生的兴趣和好奇心。教师可以通过启发式提问、小组讨论等方式，引导学生深入思考和探讨主题，从而确定一个具有挑战性和实践性的驱动问题。这个问题应当涉及多个学科领域，需要学生综合运用各学科的知识和技能来解决。

其次，教师可以依据学生思维发展规律，将问题拆分成与现实生活相连接的学科任务。任务设计应当具有一定的连贯性和递进性，能够引导学生逐步深入思考和探索问题的不同方面。这些任务可以包括文献调研、实地考察、数据收集、问题分析、解决方案设计等，每个任务都应当能够促使学生在跨学科的情境中运用各学科的知识和技能。

再次，教师需要以任务为引领，搭建跨学科学习的支架。这包括梳理和汇聚解决问题所需要的资源库和工具网，为学生提供必要的学习资源和技术支持。教师可以利用图书馆资源、网络资源、实验室设备等，为学生提供丰富的学习材料和实践平台，以便他们更好地完成任务和解决问题。

最后，教师还需要预设学生的成果形式，制订评价量规，并与学生一起规划整个跨学科主题学习的过程。成果形式可以包括报告、展示、作品、实践项目等，评价量规则可以包括评价标准、评价方式、评价工具等。教师应当与学生充分沟通，让他们参与到评价体系的制订和完善中，从而提高评价的公平性和有效性。

在跨学科主题教学设计的过程中，教师需要充分考虑学生的实际情况和学习需求，灵活运用不同的教学方法和手段，为学生提供个性化的学习体验和支持。同时，教师还应当密切关注学生的学习进展和情感状态，及时进行反馈和指导，帮助他们克服困难，取得进步。通过这样的跨学科主题教学设计，我们可以更好地激发学生的学习兴趣和潜力，促进其全面发展和成长。

跨学科主题学习的教学设计需要综合考虑目标、内容、活动和评价这四个方面，以确保学生能够全面、系统地学习和发展。下面将针对每个方面进行详细的设置。

一、跨学科主题学习目标

目标设置是教学设计的基础，它指导着整个教学过程的展开。在跨学科主题学习中，目标应当包括以下几个方面。

学科理解目标：明确各学科领域的学习目标，包括知识、技能和情感态度方面的要求。

跨学科理解目标：确定跨学科综合能力的培养目标，包括跨学科思维、合作能力、解决问题能力等，强调学生在真实情境中运用所学知识和技能解决问题的能力，培养学生的探究精神、创新意识、团队合作精神等。

二、跨学科主题学习内容

内容设置是教学设计的核心，它涵盖了学习的主题、概念、知识和技能等方面。在跨学科主题学习中，内容应当具有以下特点。

主题相关：内容应与所选主题密切相关，能够激发学生的兴趣和好奇心。

多学科整合：内容涉及多个学科领域，要求学生综合运用各学科的知识和技能进行学习和解决问题。

真实性和实践性：内容具有一定的真实性和实践性，能够引导学生在实际情境中进行学习和实践。

三、跨学科主题学习活动

活动设计是教学设计的关键，它通过各种教学活动来实现教学目标。在跨学科主题学习中，活动设计应当具有以下特点。

多样性：设计多样化的教学活动，包括讨论、实验、实地考察、小组合作、项目制作等，以满足不同学生的学习需求和兴趣。

情境化：活动设置应贴近学生的生活实际和学习情境，能够激发学生的学习兴趣和主动性。

合作性：鼓励学生之间的合作和交流，促进他们在团队中共同探索和提升解决问题的能力。

四、跨学科主题学习评价

评价是教学设计的重要组成部分，它能够反映学生的学习成效和教学质量。在跨学科主题学习中，评价应当具有以下特点。

多维度：评价内容应涵盖知识、技能、情感态度等多个方面，全面反映学生的学习情况和能力水平。

多样化：采用多种评价方式和工具，包括考试、作业、项目成果评价、自我评价、同学互评等，以确保评价的客观性和准确性。

连续性：评价应与教学过程相结合，既有定期的评价，又有持续的课堂反馈和指导，及时发现和解决学生存在的问题。

通过综合考虑目标、内容、活动和评价这四个方面，教师可以设计出符合跨学科主题学习特点和学生需求的教学方案，促进学生全面发展和跨学科综合能力的提升。

第三节　跨学科主题学习探究

基于已形成的学习计划，在主题、任务的统领下，基于学科打破学科壁垒，找到学科之间有意义的联结点，在老师的助力下，学生融合运用各学科知识和能力，开展指向真实问题解决的综合性探究，制作成果，并个性化跟踪记录主题探究全过程。

跨学科主题探究是一种全面综合的学习方式，它强调问题解决、学科融合、创新实践和制作成果。在这种学习模式下，学生不再受限于单一学科的框架，而是通过综合运用各学科的知识和技能，探索解决真实世界中的问题，从而实现学科之间的有机融合和综合发展。

首先，在跨学科主题探究中，问题解决是学习的核心。学生将面临具有挑战性和实际意义的问题，这些问题可能涉及多个学科领域，需要学生运用跨学科的知识和技能进行解决。问题解决过程不仅培养了学生的综合能力和创新思维，还促使他们在实践中深入理解和应用学科知识。

其次，跨学科主题探究强调学科融合。学生在探索解决问题的过程中，需要跨越学科边界，将不同学科的知识和能力有机地结合起来。通过学科融合，学生能够形成更加综合和完整的认知视野，提高对问题的全面理解和分析能力。

再次，创新实践是跨学科主题探究的重要组成部分。学生不仅需要运用已有的知识和技能解决问题，还需要开展创新实践，探索新的解决方案和方法。这种实践过程不仅培养了学生的创造力和实践能力，还促使他们不断反思和改进自己的学习方法和策略。

最后，制作成果是跨学科主题探究的重要目标之一。学生通过解决问题和开展实践活动，产生了各种各样的成果，可以是报告、作品、实验、设计等形式。这些成果不仅展示了学生的学习成果和实践能力，还为其他学生和社会提供了有价值的参考和借鉴。

在跨学科主题探究的过程中，教师的助力尤为重要。教师不仅能够引导学生找到学科之间有意义的联结点，还能够帮助他们融合运用各学科知识和能力，开展指向真实问题解决的综合性探究。同时，教师还可以个性化跟踪记录学生的主题探究全过程，及时给予反馈和指导，促进学生的全面发展和成长。

总之，跨学科主题学习探究是一种富有挑战性和创新性的学习方式，它不仅培养了学生的综合能力和创新思维，还促进了学科之间的融合和发展。在教师的助力下，学生能够开展更加深入和有意义的主题探究，为个人成长和社会进步做出积极贡献。

第四节　跨学科主题发布

在主题探究之后，带领学生先在团队内部进行探究经历和成果的分享交流，关注学习过程中学科思维的发展和跨学科理解的形成。团队成员进一步优化和完善研究成果，共同策划、举办主题创意发布会，进行多平台发布和多样化展示，多渠道（家、校、社）收集评价与建议。主要包括以下几个方面的内容：

1. 团队内部分享交流。在主题发布之前，首先是在团队内部进行分享交流。团队成员将自己在探究过程中的经历、心得和成果与其他成员进行分享，交流学习过程中的收获和体会。这种内部分享可以促进团队成员之间的相互理解和学习，为后续的成果优化和完善奠定基础。

2. 成果优化和完善。在团队内部分享交流的基础上，团队成员进一步对研究成果进行优化和完善。他们可以根据其他成员的反馈和建议，对自己的成果进行修正和改进，提高成果的质量和水平。这种内部优化过程有助于确保最终的成果能够达到预期的效果，并为后续的发布做好准备。

3. 主题创意发布会。在团队内部分享交流和成果优化完善之后，团队成员共同策划并举办主题创意发布会。这是一个正式的活动，旨在向更广泛的受众展示团队的研究成果和创意。在发布会上，团队成员可以通过口头演讲、展板、视频等形式，向观众展示他们的研究成果，并解释成果背后的思想和意义。

4. 多平台发布和多样化展示。除了主题创意发布会，团队成员还可以通过多平台发布和多样化展示的方式，将他们的成果推广给更广泛的受众。这包括在学校、社区、互联网等平台上进行发布，以及利用展示板、海报、网站等形式进行展示。通过这种多样化的展示方式，可以使更多的人了解和欣赏团队的成果，同时也为团队成员提供更广阔的交流和合作机会。

5. 多渠道收集评价与建议：在发布成果的同时，团队成员还应该积极收集评价与建议。他们可以向观众、听众和评委询问意见，了解他们对成果的看法和建议，以便进一步改进和提升。此外，团队成员还可以通过问卷调查、访谈等方式，收集更多的反馈信息，为未来的研究和学习提供参考。

通过以上方式，主题发布不仅能够展示团队的成果和创意，还能够促进团队成员之间的交流和合作，为团队成员提供成长和发展的机会。同时，通过多渠道收集评价与建议，团队成员还可以及时了解他们的不足之处，并为未来的学习和研究提供指导和启示。

第五节 跨学科主题学习复盘

在跨学科主题学习中,主题复盘是不可或缺的一部分。它不仅是对学习过程的总结反思,更是为了从中获取经验梳理,将所学知识与现实生活进行链接,实现学习成果的复盘迭代,以更好地服务于生活和下一阶段的学习。具体来说,跨学科主题学习复盘包括以下步骤:

1. 整理收集评价与建议。在主题复盘的过程中,首先需要整理和收集评价与建议。这些评价和建议可能来自于学生、教师、家长以及其他参与者,涵盖了学习过程中的各个方面。通过梳理这些评价和建议,可以更清晰地了解学习过程中存在的问题和不足之处,为后续的改进和提升提供参考。

2. 团队成员共同反思。在整理评价与建议的基础上,团队成员需要共同参与主题复盘的反思过程。这包括学生、教师和其他相关人员,大家共同回顾整个跨学科主题学习的过程,从不同角度和视角出发,对学习过程中的优点、挑战和改进方向进行深入讨论和反思。

3. 梳理学科核心知识与跨界整合思维。在主题复盘过程中,需要重点梳理学科核心知识和跨界整合思维。通过对学习过程中涉及的各个学科领域的知识进行整理和归纳,可以更清晰地把握学科之间的关联和联系,促进跨学科学习的深入和有效进行。

4. 链接真实社会。学习成果只有在与真实社会相链接时才能发挥最大的作用。在主题复盘中,需要将学习成果与真实社会进行深度链接,思考如何将所学知识和技能应用于解决实际问题,为社会发展和进步贡献力量。

5. 产生新思考、新问题。主题复盘不仅是对已有知识和经验的总结,更是为了产生新的思考和问题。在回归到完整生活的知识再建构过程中,学生和教师应该不断地提出新的思考和问题,激发创新思维,为下一阶段的跨学科主题学习提供新的动力和方向。

通过以上步骤，主题复盘将为跨学科主题学习提供一个完整的闭环，使学生和教师能够更深入地理解学习过程，获取更丰富的经验和知识，为未来的学习和实践奠定坚实的基础。

第五章　跨学科主题学习的实践

第一节　单学科案例

举办秋日童谣会
——"童眼细观察，为秋天献礼"主题学习

基于统编语文教材一年级上册《秋天》一课构建了"童眼细观察，为秋天献礼"的跨学科学习，用学习任务"举办秋日童谣会"引领整个学习过程。课内外联动，融合运用语文、科学、数学、美术、劳动、音乐多学科相关内容解决问题。在解决问题的过程中，学生的综合能力不断得到发展，在学习实践中走进秋天，感受秋天，有观察的兴趣和方法，初步树立保护环境的意识。

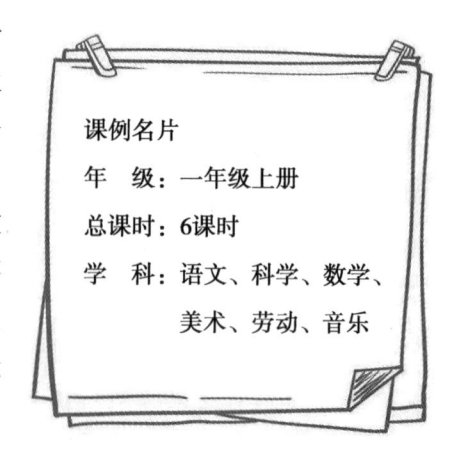

课例名片
年　级：一年级上册
总课时：6课时
学　科：语文、科学、数学、美术、劳动、音乐

一、主题分析

《秋天》是统编语文教材一年级上册的第一篇课文。这个单元的人文主题是"自然"。本单元是学生在学习识字和拼音单元的基础上第一个课文单元，起着巩固拼音、延续拼音、开启阅读的承上启下的重要作用。作为第一个课文单元，教会学生正确朗读课文尤为重要。但是，由于地域不同，有的自然现象或景物学生可能不太熟悉，所以，教学中除了朗读、识字，还要对接学生的生活。丰富学生的认知，开拓学生的视野，鼓励学生表达对大自然的喜爱之情。围绕"举办秋日童谣会"的主题情境，开展文学阅读和创意表达活动，引导学生感受秋天之美、表达自己的独特感受，促进学生的精神成长。

二、学习目标

1. 通过唱童谣、读童谣、编童谣，让学生感悟秋天之美，歌颂秋天之美。

2. 通过讨论和策划秋日童谣会，让学生将文字和图画、文字和歌曲融合来表达对大自然喜爱的感情，能初步树立保护环境的意识。

三、学习规划

课时	学习内容	学习活动	学习资源	学习评价
1—2	朗读童谣《金铃铛》，初步感知秋天；仔细寻找"秋天在哪里"，尝试观察秋天；创作童谣《水果歌》。	学唱歌曲，感知秋天；利用不同感官观察秋天；自主表达，创编歌曲。	单元导语、单元内课文、学生用于探究的图片、句式和音频。	能主动融入情境，对秋天产生探究的兴趣，能生动描述秋天之美、自然之趣，简洁阐述自然之妙等等。

续表

课时	学习内容	学习活动	学习资源	学习评价
3—4	教师引导学生完成"秋日童谣会"的活动会场布置。聚焦问题，思考解决问题的方案，并制订分工计划，设计评价量表。	学生参与、了解、探索举行"秋日童谣会"的必要流程：了解季节、选择地点、排练节目。学生自主观察身边的秋天。	任务分工单，各自准备的"秋之代表"布置的装饰品。	在实践探究身边秋天奥秘的同时，查找有关秋天的诗词歌谣，配上适合的图片，展现秋季之美。
5—6	借助生活经验，了解秋天的特点，培养学生的观察能力和表达能力。通过表演节目，如用朗读、歌唱、读圈画等方式，多样诵读、传唱童谣，品味童谣的语言特色，培养学生的个性化的审美体验。	合唱关于秋天的歌曲，并回顾一年级上册第四单元第一课所学，创设情境激发学生学习歌谣的兴趣。	音频歌曲《四季童谣：秋》，关于秋天的板贴。	了解有关秋天的词句，能正确、流利、大声地朗读童谣，能参与小组合作并顺利和他人合作，能认真观看他人表演。

四、学习过程

第1—2课时：秋日童谣会——秋天在哪里

本课时主要任务是引导学生进入情境，明确任务要求。通过学唱儿歌，体会生活、观察了解秋天的特点。创编童谣活动学习，能唤起学生对秋天的感受，激发学生亲近大自然的情感。同时通过创作歌谣表达对大自然的喜爱之情。

任务一：复习导入，感知秋天

活动目标：教师引导学生回顾第四单元所学，初步了解秋天的特点，随着音乐进行律动表演，在童谣中感受丰收的喜悦及合作的快乐。为参加秋日童谣会做好准备。

学习活动1：朗读童谣《金铃铛》，初步感知秋天

（1）关联所学，创设情境

师：同学们，通过第四单元的学习，我们不仅感受到了秋天的变化，还走进了大自然，亲身体验了其中的美，发现蕴含的乐趣。这节课我们要举办秋日童谣会，想参加童谣会，我们要先来读读《金铃铛》，感受秋天。

（2）教师示范朗读童谣《金铃铛》后，学生借助拼音自主朗读。

学习活动2：学唱歌曲，自由律动

（1）启思交流，发现秋天

师：（补充视频资料）快看看，秋天里有什么？从丰收的果园图说说。

生：果园里，树上挂满了苹果、梨子，人们在快乐地采摘果实，汽车司机满脸笑容地驾驶着载满果实的汽车。

师：果园里的自然景象是怎样的？

生：风吹雪花梨像金铃铛一样哐啷响，司机驾驶装满果子的汽车的模样。

师：我们可以来模仿这些动作试试。

通过说秋天和模仿动作，让学生在生动、快乐的感受和想象过程中，形象地记住歌词。

（2）指导小组合作诵读《金铃铛》，并全班展示。

（3）聆听歌曲《金铃铛》，并学唱。

[设计意图：一年级学生尚处于幼小衔接阶段，知识储备较为薄弱，对于身边的事物充满好奇。举办秋日童谣会活动从学生兴趣出发，立足学段特点，注意学段任务的进阶性，着力降低活动难度，简化活动流程，从而突出第一学段的教学目标。教师应把握好本次活动的周期和难度，增强活动的计划性和目标意识。]

任务二：寻找秋天，观察秋天

活动目标：此任务是通过体会生活、观察了解秋天的气温及景物特点。

同时通过活动学习，激发学生观察探索大自然的兴趣，培养学生关心、热爱自然的情感。

学习活动1：秋季衣服我会穿

（1）了解秋天的气温特点

用数字比一比四季的气温，感受秋天的气温特点。

（2）学习穿对秋天的衣服

师：你们在秋天都穿什么衣服呢？

学习活动2：秋季景物我会说

（1）复习科学《认识感官》（一年级上册第一单元）中运用五感的相关内容。

（2）到户外观察一株菊花，引导学生尝试用多种感官进行观察，填写《我的秋日手册》（见表1）。留心身边的秋天，以图文的方式记录观察所得。

表1　我的秋日手册

感官	观察所得
看一看	金黄的花瓣、翠绿的叶子
闻一闻	淡淡的香气、清新的气息
听一听	风吹动菊花的声音
摸一摸	柔糯的手感、毛柔的叶片

（3）布置"秋天在哪里"观察任务，选择自己喜欢的景物进行观察，尝试用表2的方式进行记录。

表2　小组分工手册

主题		观察对象	
负责小组及成员			
任务	完成时间	任务地点	备注
搜集的相关文本资料			
图片或视频			
发现与总结			

［设计意图：学生利用不同的感官全方位感知秋天，感受秋天来临时自然

的变化，为举办秋日童谣会奠定基础，将活动与儿童的现实生活紧密联系，引导学生留心观察，发现身边的美好事物。]

任务三：创编童谣，表现秋景

活动目标：此任务中学生通过儿歌感受秋天的丰收，通过观看图片、视频等方式拓宽学习视野，以图文的方式记录自己眼中的秋景，信息搜集能力不断加强。学生在诵读童谣、学唱歌曲中尽情释放内心感受，体会秋天之美。

学习活动 1：听儿歌，感知秋天色彩

（1）听儿歌，找色彩

师：老师给你们带来了《秋天的果盘》儿歌，找一找儿歌中的色彩。给这五彩缤纷的水果编一首《水果歌》，送给水果们。

出示句式：

师：什么水果红彤彤？

生：苹果苹果红彤彤。

师：什么水果黄澄澄？

生：梨子梨子黄澄澄。

师：什么水果水灵灵？

生：葡萄葡萄水灵灵。

师：谁的心里甜滋滋？

生：大家心里甜滋滋。

（2）以学生听读儿歌《秋天的果盘》为基础，提取关键信息，找出儿歌中描写色彩的词语。

学习活动 2：合作创作童谣，送给丰收的秋天

通过师生合作读、学生自读、男女生比赛读、齐读等方式层层递进。诵读合作创作，回顾一年级上册口语交际"大声说，让别人听得见；注意听别人说话"，选用合适的音量展示童谣，互相评价。

[设计意图：学生在语言支架的帮助下积累词汇和句式，合作创作童谣，自主表达，提升沟通交流的能力。教师以学生喜闻乐见的方式激发他们的学习兴趣，调动学习热情。学生自主参与到跨学科学习活动的过程中，初步建立文化自信，教学目标层层递进，活动任务螺旋式上升。]

第3-4课时：秋日童谣会——活动巧布置

任务一：布置场地、排练节目

本课时教师引导学生聚焦问题，思考解决问题的方案，并制订分工计划，设计评价量表。

学习活动1：畅游校园，选择秋日童谣会地点

（1）带领学生逛校园，引导学生观察校园秋景，运用"我观察到……"句式说一说。

（2）小组交流讨论活动地点，学会用表示因果关系的句式，说清楚选取该地点的理由。

（3）投票选举，最终确定活动地点。

学习活动2：小组合作，排练以"秋之代表"为主题的节目

（1）教师组织活动并提供诗词《山行》，歌谣《落叶》《枫叶》《树叶儿飘》。发布排练任务，小组选择一首或几首进行排练。

（2）指导如何合作朗诵。

以《落叶》为例——

女生：秋风吹，树枝摇，红叶黄叶往下掉。

男生：红树叶，黄树叶，翩翩飞来像蝴蝶。

教师引导学生选取自己喜爱的方式进行诵读，如：拍手读、击掌读，手势舞，轻微的动作辅助……

（3）小组自由排练"秋之代表"的节目。

[设计意图：跨学科学习拓展型学习任务群，给予学校、家庭、社会等日常生活情境，为前五个学习任务群提供综合演练的实践场所和运用契机。学生在完成任务一，积累前期的知识后，顺势进入任务二"活动巧准备"中。在这一环节，学生参与、了解、探索秋天进行的必要流程：了解季节、选择地点、排练节目。学生自主观察身边的秋天，投票选取活动地点，在教师的帮助下小组合作进行"秋之代表"节目排练。在小组合作时，教师重点关注指导组内任务的分工和节目表演形式。]

学习活动3：精心装饰，布置秋日童谣会场地

（1）说一说：秋天的代表物品。

师:"秋天知多少"小课堂开讲啦!秋天是个丰收、美丽的季节,不同于其他季节,你了解到了什么?分享给大家。看看谁调查得充分、说得清楚、讲得明白。

预设一:可以使用代表秋天的落叶来装饰。

预设二:可以用自己画出的秋天来装饰。

预设三:可以带上代表秋天的小饰品来装饰。

(2)做一做:我这样来布置。

学生在课前调查、了解、设计的基础上,以绘画、黏土、书签等方式呈现自主思考的收获。在展示的过程中,教师相机点拨、引导,使学生在收获更丰富的设计的同时,表达交际能力也得到提高。

①各自准备"秋之代表"布置的装饰品。

②各自携带自己的创意,教师带领全班布置装饰场所。(教师提前准备装饰绳,夹子,胶带,剪刀)

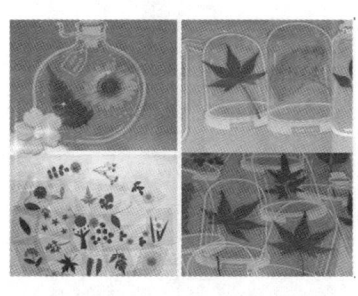

[设计意图:让学生自主选择活动场地、布置方式、节目内容、展示形式,在真实情境中实践和体验,调用多项知识储备,分工合作、协调有序开展活动。学生的组织协调能力、问题解决能力、实践创新能力得到进一步提

升，同伴间互帮互助，展现出团结一致的良好氛围。]

第5-6课时：秋日童谣会——举办童谣会

本课时的主要任务是引导学生诵读关于秋天的童谣。一年级的学生对事物具有强烈的好奇心，因此这节课针对学生的认知水平，准备了几首富有童趣的儿歌，设计了多个具有趣味性的活动形式，来满足学生的好奇心，以此来激发学生学习的兴趣和主动性；通过让学生在儿歌中探索秋天的变化，培养学生的观察能力和表达能力。

任务一：举办秋日童谣会

活动目标：教师引导学生合唱关于秋天的歌曲，并回顾一年级上册第四单元第一课所学，创设情境激发学生学习歌谣的兴趣。学生通过同桌交流合作，举例关于秋天的词和句。

学习活动：童声诵秋，举办秋日童谣会

（1）展示自己创编的童谣，师生开启秋日童谣会。

（2）展示以"秋之代表"为主题的节目：诗词《山行》，歌谣《落叶》《枫叶》《树叶儿飘》。

（3）评选"秋日童谣小达人"，关注其是否落落大方、声音响亮、读音准确、语句流畅。

（4）完成任务单：争当"秋日童谣小诗人"。（见表3）

看一看、评一评，一起参与竞选"秋日童谣小诗人"。

师：这里有一份"争做秋日童谣小诗人"的表格，同学们和自己的同桌互相评评这节课的表现吧！

表3　争做秋日童谣小诗人

我能做到	姓名：	共得（　　）
我了解有关秋天的词句		☆☆☆
我能正确、流利、大声地朗读童谣		☆☆☆
我能参与小组合作并顺利与他人合作		☆☆☆
我能认真观看他人表演		☆☆☆

任务二：我为秋天献"礼"

活动目标：观察秋天的变化，了解秋天，培养学生对秋天的认识。通过合作交流、展示作品、儿歌配画等方式，培养学生的观察和表达能力，让学生在轻松自在的氛围中交流合作，分享秋日之美，热爱秋天、热爱大自然。

学习活动：总结分享童谣会，完成任务单

（1）总结我们是如何举办秋日童谣会的，可以运用"先……接着……然后……最后……"的句式，按照一定的顺序用两三句话讲一讲活动过程。

（2）分享参与秋日童谣会的感受，并思考：我能为美好的秋天做哪些事情呢？（重点引导学生从保护环境卫生、爱护花草树木、节能减排等方面做自己力所能及的事情）

（3）以贴一贴、画一画、写一写的方式完成"我为秋天做贡献"任务单，并交流反馈。

"我为秋天做贡献"任务单

方式	完成时间：	完成人员：

[设计意图：在任务"举办秋日童谣会"中，学生选择自己喜欢或者诵读得比较好的一首童谣，加上自己的理解与想象，用读一读、唱一唱、演一演等形式展示，体会秋日的色彩斑斓、硕果累累。运用游戏"摇啊摇"、丢手绢等多种活动形式，丰富学生诵读形式，调动学生参与的热情，让学生在轻松自在的氛围中多样诵读、传唱童谣，品味童谣朗朗上口的语言特色，将书本中的文化与真实情境中的生活文化相结合，感受中国语言文字魅力，传承中华优秀传统文化。

活动的顺利开展自然地将识字与写字、阅读与鉴赏、表达与交流、梳理与探究有机融合，学生借助喜爱的童谣走进文中的秋天，理解文字内涵，在一系列语文跨学科活动中培养审美能力。沐浴在秋日的暖阳中，学生齐坐木棉树前，唱一唱秋日童谣，看一看秋日美景，摸一摸秋之叶、秋之果。学生通过活动亲近自然，关注当代文化生活，了解美与丑，做力所能及的事情，为社会发展、保护自然贡献自己的力量。]

五、教学反思

1. 联结课内外，拓展学习资源。

跨学科主题学习的任务中，要联结课内外资源，除了与教材相联系外，教师还可以利用文本资源（如优美的秋日童谣、耳熟能详的秋日古诗词）和影视资源开展学习指导。秋景资源无处不在，校园内、马路上、小区里有着丰富的秋景资源，学生容易观察。同时，在跨学科活动中也需要合理使用学科内外资源，如在任务一"秋天在哪里"中，学生调动已有的科学知识，利用五感观察秋天。学生将学科间资源有效联结，将已有知识与实践经验相关联，综合运用多种知识解决真实问题，这是跨学科学习的价值所在。

2. 开展进阶活动，提升语文素养。

通过进阶式活动，助力语言发展之路。在活动中，学生通过寻秋、写秋、绘秋、诵秋、展秋等进阶式学习任务，在感悟秋日蓬勃生命力的同时，乐于在生活中积累语言，展现文化自信，提升语言运用能力。如读秋谣感知秋时，用读一读、说一说、唱一唱等学生喜爱的形式展示，让学生在语言文字中体会秋日的五彩缤纷、硕果累累。在多样的诵读、传唱中积累语言，品味童谣朗朗上口的语言特色，传承中华优秀传统文化。

3. 尊重学生主体，发挥主动性。

秋日童谣会的开展给予学生自主选择的权利，突出学生的主体地位。活动的场地是学生自主观察后选的，合作童谣内容是学生自主确定的，展示的方式是学生自己喜爱的，活动的布置是学生自主决定的，布置的物品是学生自主制作的——正因为活动的开展贴近儿童生活、充分尊重儿童意愿，儿童才能在真实情境中自主解决复杂问题，从而有效激发学生内驱力，调动学习的积极性、主动性和能动性。

跟着课本去旅行之大美莆田

主题活动是基于教材和真实学情的跨学科学习，以任务驱动学习，此活动涵盖了语文、艺术、信息技术、道德与法治、劳动等学科内容，引领学生在真实的学习情境中，提升语言表达能力，拓展语文学习的时间与空间，感受祖国的大好山河，分享自己的内心体验，激发热爱家乡的情感。

> **课例名片**
> 年　级：二年级上学期
> 总课时：2课时
> 学　科：语文、艺术、信息技术、
> 　　　　道德与法治、劳动

一、主题分析

二年级上册第四单元围绕"家乡"的主题，编排了《古诗二首》《黄山奇石》《日月潭》《葡萄沟》四篇课文。四篇课文内容涵盖古今，跨越海峡，表现了祖国的辽阔和美丽，激发学生热爱祖国山河的感情。

本单元的阅读要素是"联系上下文和生活经验，了解词句的意思"，旨在促进学生边读边思考，提高学生独立阅读的能力。"学习课文的语言表达，积累语言"是本单元的另一个表达训练要素。大量的语言输入，是学生学习语言表达的蓝本，也是语言学习过程的起点。

基于此，教师拟定了跨学科学习的主题"跟着课本去旅行之大美莆田"，引领学生在真实的学习情境中，提升语言表达能力，拓展语文学习的时间与空间，感受祖国的大好山河，分享自己的内心体验，激发热爱家乡的情感。

二、学习目标

1. 初步了解家乡莆田，迁移运用所学的词句介绍莆田的美景，并能在多种展示方式中感受莆田风景的秀丽。

2. 初步学习运用调查、搜集和整理资料的方法，介绍家乡的物产，培养热爱家乡的情感。

三、学习规划

课时	学习内容	学习活动	学习资源	学习评价
1	任务一：风光秀美之莆田	活动1：秀美莆田我知道 活动2：秀美莆田我来说	莆田美景图片、学习单、VR游览图	1. 能用"锦囊妙计"中的方法，介绍莆田美景 2. 介绍时要自信大方，声音洪亮
2	任务二：物产丰富之莆田	活动1：家乡物产我知道 活动2：家乡物产推介会 活动3：家乡代言人	家乡物产的相关道具、介绍物产时的宣讲稿	1. 能准确表达莆田物产特点 2. 能加入自己的理解，富有自己的创意

四、学习过程

任务一：风光秀丽之莆田

本课时通过创设"小小文旅推荐官"情境，引导学生迁移运用课文中的语言表达，介绍家乡的美景、美食。在此过程中，强化词句的积累和运用，提升语言表达能力。此外，加上学生课前搜集相关资料的基础铺垫，引导学生进一步加深对莆田的认识，感受莆田美景，了解莆田的美食，激发对家乡的热爱。

学习活动1：秀美莆田我知道

师：上节课，我们跟随课本游历了众多风景名胜，那今天这节课，就让我们把视线回归到我们生活的这座城市，我们的家乡——莆田。如果让你当个莆田"小小文旅推荐官"，你们都会推荐哪些地方给外地的游客呢？（学生自由交流）

师：想要当个优秀的推荐官，首先我们要了解莆田的风景名胜和风土人情，课前让大家从莆田美景和物产两大方面去搜集资料，这节课就让我们走进风光秀美的莆田。

1. 认识莆田的地理位置（出示中国地图—福建地图—莆田地图）

师：谁能模仿这些句子，结合观察所得，也用一个句子来介绍莆田的地理位置呢？

汇报句式：我们的家乡莆田，它位于_____。（我国福建省中部地区）

[设计意图：此环节旨在引导学生回顾本单元学习主题，调动知识记忆，引入新知，明晰本课学习主题。通过观察地图、模仿课内介绍景点地理位置的语句，尝试用一句话介绍莆田的地理位置，加深对家乡的了解。]

2. 了解莆田名字的由来及别称

（1）出示"蒲"字，回忆旧知（《植物妈妈有办法》中的生字）结合形声字识记技巧，建立"蒲"与"莆"的联系，相机播放相关视频，引向对莆田名字由来的介绍。

（2）扩展了解，教师引导：随着历史的变迁，我们莆田还涌现出了许多有意思的别称，比如"莆仙"，这和我们的非物质文化遗产_____关系紧密。（展示与莆仙戏有关的图片，教师辅助简单讲解，学生大致浏览）

追问：那么，你还知道莆田的哪些别称？它们又是从哪些方面来命名的？

预设：特色水果、历史原因、地理位置。

[设计意图：此环节旨在引导学生从课内相关语句延伸，引出家乡莆田名字的由来及别称，向学生渗透莆田的一些历史文化底蕴，其次通过观看视频、课前资料的辅助，进一步了解家乡。]

（3）师：通过前两个小环节，我们已经对莆田有了初步的认识。那你知道莆田有哪些景点吗？

（4）欣赏莆田的美景。

①学生交流自己知道的莆田美景。

②师小结：看来大家的游玩经历都很丰富。那我们也一起来欣赏一些图片。

③伴随音乐，课件呈现图片。

④师小结：这么多美景，真是令人向往啊！"文献名邦，海滨邹鲁"这是对我们大美莆田的美称，而就在前不久，我们莆田又正式被国务院列为"国家历史文化名城"，现在请大家跟随视频一同来看看这其中的文化秘密。（播放视频：介绍莆田被列为国家历史文化名城的渊源）

师：相信看完视频后，大家对我们莆田的历史文化又多了一份自信与了解，那么恭喜你，离优秀的推荐官又近了一步。现在，请大家打开思路，想一想，如何将风光如此秀美、历史文化底蕴如此深厚的莆田介绍给远道而来的游客呢？

[设计意图：此环节通过创设相应的学习情境，渗透莆田的历史文化，鼓励学生联系生活实际，引导学生进入本课的学习重点，迁移运用所学词句介绍莆田的美景。]

学习活动2：秀美莆田我来说

1. 回顾课文学法，呈现法宝。

2. 出示学习提示（时间约8分钟）。

小组合作交流，尝试运用这些法宝，先说一说你要介绍的莆田美景，然后把句子写下来。

学法提示：①运用优美词语；②巧用比喻；③抓住事物特点。

汇报句式：我们小组介绍的莆田美景是＿＿＿＿＿＿。这里＿＿＿＿＿＿＿＿＿＿＿＿＿＿＿＿＿＿＿＿＿＿＿＿＿＿＿＿＿＿＿＿＿＿＿。欢迎大家来这儿玩！

评价标准：

评价内容	他评	自评
①能运用法宝中的方法，介绍莆田的美景。	♡	♡
②介绍时表达自信大方，声音洪亮。	♡♡	♡♡
③语句通顺、流畅。	♡♡♡	♡♡♡

[设计意图：该学习活动旨在引导学生回顾上节课所学的知识法宝，迁移运用课文中的语言表达，强化词句的积累和运用，提升语言表达能力，是语文要素的落实与延伸。]

3. 交流分享，学生互评。

（1）小组派代表交流，介绍自己笔下的莆田美景。

（2）学生互评，提出修改意见，教师相机补充。

4. 学习任务小结：感谢同学们带来的精彩介绍，相信游客们听了，一定更加迫不及待地想来我们莆田玩了，为大家的学习成果点赞！

学习活动 3：教师总结，拓展延伸

师：刚刚我们通过使用这些法宝，把家乡莆田的风景讲得更具体、更生动、更吸引人。课后，同学们可以把今天在课上的这段介绍补充到你的图片里，为这个景点做一个名片。另外，下节课我们将继续游览莆田，探寻莆田的特产、美食等等，因此课后请大家来填一填《家乡物产调查表》，可以求助爸爸妈妈，也可以上网观看相关的视频，或者查阅资料的搜集方法，为下节课做好准备。

作业布置：

1. 为莆田的一处美景做一个名片。
2. 继续搜集资料，完成《家乡物产调查表》。

任务二：物产丰富之莆田

本次任务引导学生走出课堂、家门，让学生亲近家乡，在"家乡物产我知道""家乡物产推介会""家乡物产代言人"等活动中，充分了解家乡的物产，感受家乡物产的丰富与家乡的富饶，从而激发学生对家乡的热爱之情。

学习活动 1：家乡物产真丰富

师：同学们，上节课我们游览了家乡的风景，我们的家乡美吗？家乡莆田，是个风景如画的地方！那我们莆田除了这些美景外，还有什么呢？

预设：水果、工艺品等。

师：同学们，你们刚才说的这些东西呀，都是我们莆田生产的，我们把这些东西称为家乡的物产。今天这节课，老师就想跟你们来聊一聊家乡的物产。

师：孩子们，学会分享，互相学习，是我们成长的好方法。上节课，已经布置大家去调查、收集我们莆田家乡的物产，赶紧拿出你们的调查表，在小组内交流、分享吧！

鲜美果蔬			
特色小吃			
民间制作			
传统工艺			
其他			

师：谁来说一说我们莆田到底有哪些物产呢？

1. 小组交流，请几个学生来说一说。

2. 学生汇报说感受。

[设计意图：此环节充分发挥学生小组合作学习，引导学生了解莆田都有哪些物产，感受家乡物产的丰富。设计的目的在于培养学生课下搜集、整理资料的能力，同时利用课上小组成员之间互相交流的过程，培养学生合作的能力。]

学习活动 2：家乡物产我来说

1. 家乡的物产好又多，课下，各小组搜集了有关莆田物产的资料，今天我们就来举办一场家乡物产推介会，请同学们上台来介绍家乡的物产。请看大屏幕上的要求（出示要求），请一位同学来给大家读一读。

（1）每组派代表将小组搜集的物产向大家介绍。

（2）可以通过视频、照片、图片、实物等方式进行介绍。

（3）同学介绍的时候要保持安静，注意倾听。

2. 小组展示家乡物产，教师适当引导学生说感受。

3. 教师点评：孩子们，你们的介绍真是精彩绝伦，博得了阵阵掌声。

4. 学生说感受，点评小组发言。

[设计意图：此环节创设了情境，目的在于激发学生敢于表达的能力，同时充分发挥小组的作用。借助多媒体展示交流莆田物产，让学生对莆田物产进行了解。学生在小组交流中分享自己感兴趣的特产，在了解家乡物产用途的同时，也感受家乡物产的实用性，激发对家乡物产的自豪之感。]

学习活动 3：家乡物产代言人

学习要求：

1. 用一两句话介绍自己喜欢的莆田物产。

2. 为美丽莆田写宣传语。

（选择其中一条作答）

[设计意图：此环节通过动笔写一写，进一步激发学生对家乡莆田物产的热爱与珍惜。]

师：时间过得真快，今天我们畅游在家乡丰富的物产中。同学们，你是不是也像老师一样意犹未尽呢？在这节课上，我们不仅对家乡多了一份了解，还多了一份爱，增添了一份自豪。今天，我们为自己的家乡感到自豪；希望将来，家乡会为你们的成长感到自豪。

作业布置，巩固新知：

1. 搜集家乡其他物产的资料，自己读一读，讲给家人和身边的朋友听。
2. 课下尝一尝莆田及其他地区的物产。

五、教学反思

本课例为第四单元"跟着课本去旅行"主题学习的拓展延伸部分，将学习方向从四海美景转向家乡"莆田"，以此展开口语交际、创意表达、成果展示等学习活动。从"跨学科学习"学习任务群的学习要求来看，本课例有以下两处亮点。

第一，立足学生的生活实际，确定学习主题。本课例以单元主题学习为基点，对接学生的生活实际，以莆田被正式列为"国家历史文化名城""家乡物产"展开教学设计。从初步了解莆田的地理位置、别称、美景等学习活动，逐层铺设，引导学生围绕熟悉的生活环境、家乡物产展开学习探究，本课例做到了联结课堂内外、学校内外，从语文学科跨到其他学科，拓宽了语文学习和语言文字运用的领域，实现了语文学习与实际生活的融合。

第二，遵循语文本位价值导向，从课内文本学习出发。本课例虽属于超学科部分，但依旧将学习重心放在语言文字运用的积累与巩固上，没有脱离语文本位。如板块二中的"秀美莆田我来说"，即引导学生运用上节课习得的学法，迁移运用本单元中的语言表达，来介绍一处莆田美景，达到强化词句的积累和运用、提升语言表达能力的教学目的，同时也是对本单元语文要素的落实与延伸。

诗史互鉴　精神洗礼
——《示儿》《题临安邸》跨学科教学案例

"读史使人明智，读诗使人灵秀。"小学语文古诗的跨学科教学，教师以古诗教学为主体，发现古诗与历史相通点的乐趣，从而深化知识的理解，感悟语言文字的力量，全方位地提升孩子的综合素养。"诗"与"史"互为佐证，相互作用，有助于学生形成创造解决问题的整合性思维，对于学生全面核心素养的形成具有重要意义，呈现出中华文化的独特魅力。

课例名片
年　级：五年级上册
总课时：1课时
学　科：语文、科学、美术、音乐、道德与法治、历史

一、主题分析

小学语文中的古诗词教学，历来被看作教学领域中的"金钻"，光芒璀璨，也极为难寻。古诗词不好教，因其极具特殊性。显而易见的是，古诗词深埋在文化厚土中，历史之尘对其有所遮蔽，穿越古今去探寻，难度自然比较大。古诗词虽短，但其蕴含极为丰富的文化意象，透露着特殊历史时期不同诗人的才情、秉性、意气。读诗的同时要读人，读史，读日月星辰的大道万千，主动将历史知识运用到赏析这两首诗的任务中。同学们积极参与，增强了自主学习的信心。

二、学习目标

1. 在诵读诗文、感悟诗情的过程中，融合历史的史料，结合时代背景，深入感受诗歌表现出的情感和寓意。
2. 漫步诗海跨学科实践活动，增进爱国之情和责任担当。

三、学习规划

学习内容	学习活动	学习资源	学习评价
观看视频，互文参读两首古诗。	课前搜集资料，通过预习单让学生学习两首诗，比较异同之处。感受陆游和南宋权贵的形象。	《靖康耻》视频。	两首古诗词联动设计，让诗文与诗文间也形成了最佳互文，互为印证，互为弥补。
资料补充，内外结合，让情感更加饱满。	呈现了和本课内容相关的大量资料，使学生深入理解当时诗人所表达的情感。	陆游生平事迹；北宋投降政策。	在教学中寻找连接点，积极进行语文德育教育。完成了语文核心素养下的课程教学。
融合语文、音乐、美术等学科开展跨学科实践。	漫步诗海拓展爱国情，书画比赛畅享爱国情。	南宋、北宋地形图；《满江红》朗诵。	参照学生的真实生活设计情境和主题、内容，把语文与育人有机结合，语文与优秀传统审美理念的文化融合。

四、学习过程

任务一：分析预习，聚焦相同背景

我们将组织"我的中国心"爱国人物故事展播会，我们即将学习的第四单元将为我们提供助力，教师对课文材料进行了重组整合，我们将通过学习完成对应任务，这节课，我们将走进第12课的两首古诗，来聆听诗人的心声。

师：打开书，谁能借助注释说说这两首诗题目的意思？

师：陆游临终前还不忘给儿子写绝笔诗，林升居然把诗写在旅店的墙壁上，从诗的题目我们隐约感受到他们的心中一定有着某种强烈的情感要表达。

师：谁来读读这两首诗？你能读出诗的韵味吗？

师：课前我们查找了资料，课文旁边也有注释，同学们现在能不能说说这两首诗的大概意思呢？

师：《示儿》这首诗中有个"九州"，还有个"中原"，它们是什么关系？

生₁："九州"是古代中国分成的九个州，就是全国的意思。

生₂："中原"就是南宋失去的国土。

师：也就是说，中原是九州的一部分。只有北定中原，九州才能统一。用诗中的词回答就是——"九州同"。

师：再看第二首诗，这首诗中出现了很多地名，"临安""杭州""西湖""汴州"，结合课前预习，你能说说它们的关系吗？

生₃：临安就是杭州，那里有个西湖。

生₄：汴州就是开封，北宋的都城。

师：第一首诗里有一个词，和这个"汴州"很有关系。你知道是哪个吗？

生₅：中原。

师：好！汴州就在中原。"王师北定中原日"，就是希望王师收复中原，也收复他们的都城汴州。这个"王师"是谁？能从第二首诗中找出一个和"王师"有关系的词来吗？

师：大家发现了没，两位诗人生活在同一朝代。这两首诗放在一起，它会告诉我们一段历史。（出示写作背景）

师：3个地点，2个朝代，1支军队（出示）。了解了这段历史对我们理解这两首古诗会更有帮助。

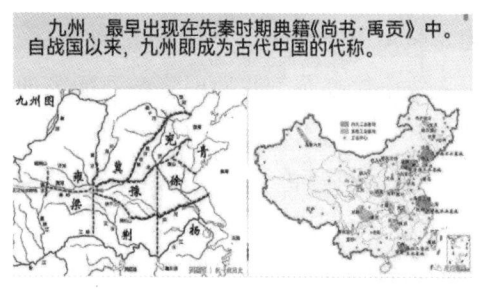

九州，最早出现在先秦时期典籍《尚书·禹贡》中。自战国以来，九州即成为古代中国的代称。

宋朝开国时叫北宋，都城在汴梁，也就是诗中的汴州。北宋是中国历史上一个强盛而繁荣的王朝。后来金人入侵中原，攻陷了北宋都城汴梁，北方大片土地被金人占领。北宋当权者逃到了江南，在临安（杭州）即位，史称南宋。老百姓盼着南宋王朝的军队挥师北上，收复中原，但南宋王朝始终没有发奋图强，收复失地。

［设计意图：筛选的是北宋靖康之耻，其实是暗扣了这一主题。靖康之耻是所有北宋金城还有百姓心头之恨、之耻，还有权贵南逃这样一个历史事件，让同学们能够更好地去理解诗人的内心。了解了这些历史背景后，对于理解这首诗来说，就容易得多了。这就是跨学科整合的魅力。］

任务二：结合资料，体会情感

学习《示儿》。

师：请大家静心读读第一首诗，想一想，哪个细节最打动人？

生₁：最打动我的是陆游明明说了"万事空"，却依然想着祖国统一。

生₂：最后一句最打动我。陆游说"家祭无忘告乃翁"，说等到祖国统一的时候，请儿子们告诉他这个消息。

师：按照常理，一个85岁的风烛残年的老人，临死之前应该交代的是——

生₃：自己的家事啊！

生₄：叮嘱家人后辈要如何做人做事。

师：他也知道，一个人死了就什么也没有了，为什么到了这个时候，他还在惦记着国家的事呢？

师：找出诗中哪一个字直接表达了诗人的情感。

师：既然说死后万事皆空，为何独独要"悲"？岂不是自相矛盾。

师：其实，我们了解陆游，也许我们就能读懂这个老人临终的心声。

夜视太白收光芒，报国欲死无战场！——《陇头水》

壮心未与年俱老，死去犹能做鬼雄。——《书愤》

砥柱河流仙掌日，死前恨不见中原。——《太息》

师：是啊，这是他一辈子的心愿。直到他85岁临死之前都"不见九州同"，你说，他怎能不悲呢！

［设计意图：从其他学科的角度来解读课文，这样，学生的阅读视野拓宽了，素养自然也就会在这个过程中慢慢提升。］

学习《题临安邸》。

师：陆游一辈子的愿望就是王师北定中原，那么，"王师"在干什么呢？

生₁：我从"醉"字看出他们在喝酒取乐。

师：读着这个"醉"字，你的眼前仿佛出现了怎样的画面？为什么说把杭州当作汴州是"醉"糊涂了的表现？（资料）

师：这一群酒囊饭袋们，这一群行尸走肉们，在西湖的暖风里，在临时苟安的享乐之风里，他们早忘了遗民之泪，早忘了丧国之耻！

(投降政策)

[设计意图：让学生从历史学科角度窥探所学作品的年代背景，更能设身处地地理解作者的情感表达。以诗为核、以史为脉，串联相关历史知识，打造了一堂诗史融合的古诗赏析专题课。]

任务三：互文共读，读透诗心

学习活动1：对比这两首诗，你发现了哪些异同之处？

这两首诗的作者都是南宋的诗人。这是我们当时北宋的地形图，这是南宋的，第二首诗中出现了三个地名——临安、杭州和汴州。1126年，金兵攻入北宋首都开封，第二年四月初一，金兵俘虏了皇帝和后妃、皇女以及其他皇亲国戚共三千余人。大量皇室用品和所藏的书籍全部被搜罗一空，北宋政权灭亡。5月，宋高宗称帝，建都杭州，历史上称为南宋。我们可以对比南宋和北宋的地形图，国家的一半土地被金兵占领。

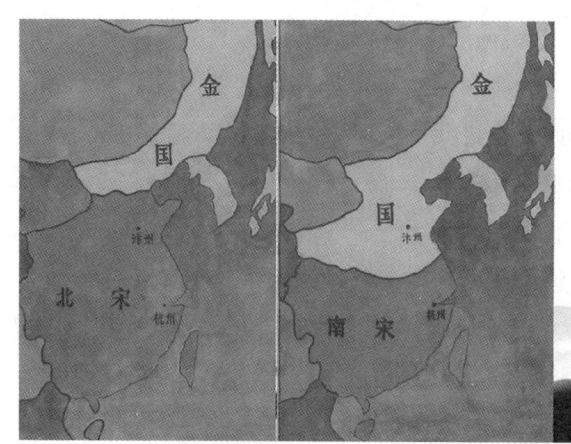

投降政策
南宋的朝廷从不主张起兵抗金，而是向金人俯首称臣。他们用金钱向金人买和平，没有钱就用土地换和平，还签订了屈辱的条约，包括：历代称臣于金国；中原大面积国土送给金国；每年向金国交纳金银和布匹各25万。

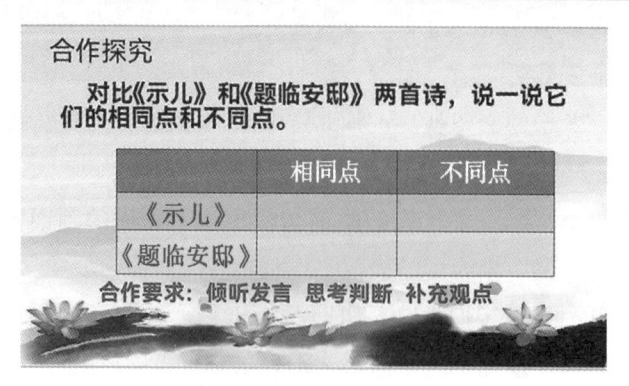

合作探究
对比《示儿》和《题临安邸》两首诗，说一说它们的相同点和不同点。

	相同点	不同点
《示儿》		
《题临安邸》		

合作要求：倾听发言 思考判断 补充观点

[设计意图：文史不分家。解读史料需要语文能力，学习语文也常常需要史料辅助理解。语文和历史学科的结合教学，不仅为学生理解古诗的内容和情感提供了条件，还拓宽了学生的学习视野，增进了综合素养。]

学习活动2：漫步诗海拓展爱国情

师：其实，还有很多中华儿女都用诗歌来表达他们忧国忧民的爱国情怀。

精忠报国的岳飞——三十功名尘与土，八千里路云和月。

南宋大英雄和爱国诗人文天祥——人生自古谁无死？留取丹心照汗青。

范成大——忍泪失声问使者，几时真有六军来？

有志难伸的辛弃疾——了却君王天下事，赢得生前身后名。可怜白发生！

[设计意图：课结束之前，出示单元主题词，引导朗读之后，出示一组宋朝其他诗人，如辛弃疾、岳飞、文天祥等的诗词，让学生课后反复诵读，将古诗组读由课内延伸到课外，将爱国主义情怀由课内延伸到课外，更深地印刻在每一个学生的心中。学生通过阅读大量的爱国诗篇，充分感受爱国诗人强烈的爱国情感，同时拓展积累，从而沉淀自身的文化内涵。]

五、教学反思

《示儿》《题临安邸》是部编版五年级上册第四单元《古诗三首》中的前两首。这个单元的主题是"爱国情怀"，语文要素是"结合资料，体会课文表达的思想感情"。为什么我会把这两首诗放在一起教学呢？新课标要求加强课程内容整合，强调实践中学习语文。《示儿》和《题临安邸》在历史背景、表达主题等方面有相同之处，但其表达方式又有差异，宜于学生进行质疑，故而整合连读，让学生在碰撞中产生思维的火花。

这两首因为都是南宋时期的古诗，反映的也是南宋特殊历史背景下爱国志士及文人士子的爱国情怀。要读懂其诗情，就要走进历史，了解作者，"结合资料，体会课文表达的思想感情"就显得尤为重要。

语文要素中的结合资料是手段，是载体。单元主题"爱国情怀"是目的，是归宿，只有更好地结合当时的背景资料，丰富自身的情感世界，才能很好地把握单元主题，更好地理解诗人的内心情感。资料的补充和运用是本单元的语文要素，体现的是课标当中提出的培养学生的能力，另外补充的资料都跟历史相关,这也体现了新课标的跨学科学习的理念。我认为资料的补充是分步有序的,在本课当中我是分三步来实现这一过程的。

1. 学习初,补充资料,充实情感积累。把两首诗置于宏大的历史背景中可以帮助学生立体感知宋朝那段历史,立体感知诗人形象,为深入学习古诗充实情感积累。

2. 学习中,补充资料激活情感体验。组读教学过程中,主要设计了两次参照阅读的板块,适时、适度穿插背景资料,力求做到用足文本,而不喧宾夺主。第一次在"见"与"不见"中适度结合。第二次在"忘"与"不忘"的阅读中适度结合。教学时,适时将陆游少年时代的痛苦遭遇,以及四十多岁时亲自奔赴战场杀敌报国的壮举融进教学中,让学生深刻感受陆游抗金报国之志从小就立下了,几十年来从未改变。这段资料的适时融入,使学生明白了陆游即便知道"死去元知万事空",但还是念念"不忘"九州大同的深层原因。与陆游"不忘"九州大同形成强烈对比的,是那些王师权贵们颓废的意志和腐败的行为。

3. 新课标中对于高年级的梳理和探究能力也有了更高的要求:初步了解查找资料、运用资料的基本方法。利用图书馆、网络等渠道获取资料,解决与学习和生活相关的问题。"结合资料"这一语文要素是为了让学生更好地体会单元主题,即"天下兴亡,匹夫有责"的责任感和使命感。在教学实践中,要精选资料进行适时、适度的补充,让资料最大限度地发挥应有的价值,从而助推学生的深层情感体验,让他们真正体悟到课文所蕴含的浓烈的家国情怀。

于是,教学中的场域也有了让人惊奇的改变,犹如一道道情感的磁力线不断萦绕在课堂中,在学习中,学生与诗人,与当时的历史背景,形成了强烈的共鸣。教学至此,就完成了一次全新的精神洗礼。

图形王国大探索

跨学科主题活动"图形王国大探索"在一年级开展,融合了数学、语文、科学和美术等学科知识,结合真实的情景,设计了四个主要环节:整理学过的数学知识，筹备、开展活动，分享评价图形作品，交流与反思。除认识立体图形和几何图形，能进行简单的描述其特征等知识目标之外，还加入找一找生活中有趣的建筑，了解古建筑的特点及设计理念，积极投入拼搭、设计，培养学生合作交流能力、动手操作能力，同时还着重让学生经历主题学习的过程，突出跨学科融合教学。

案例名片
年　级：一年级
总课时：3课时
学　科：数学、语文、美术

一、主题分析

该主题是《义务教育数学课程标准（2022年版）》"综合与实践"第一学段主题活动的内容，该活动意在让学生通过实践活动，加深对几何图形和立体图形特征的认识，体会图形在实际生活中的应用价值。以"玩"的形式融思考于数学游戏活动中，让学生"玩"出兴趣，"玩"出精彩，"玩"出创意，"玩"出智慧的火花。

一年级的学生在实际生活中都见识过图形，因此对图形有一些基本的认识，但这些认识是零散的、不成体系的，需要进一步梳理使其系统化、精确化。本课例在设计和实施中重点关注了学生现实情况，对学生活动前、活动中和活动后进行指导。由于一年级学生好奇心较强，会自然地提出自己感兴趣的问题，这也成为打开学生探索视野的路径。因此在活动中，教师要成为活动的引导者、合作者和参与者，帮助学生发现、提出与图形有关的问题，鼓励学生积极探究，在具体操作中，丰富经验，提升素养。

二、学习目标

1. 在实际活动中，加深对图形的认识，能简单表述各种图形的特征，能辨认简单的图形。

2. 能在活动中发现、提出与图形有关的问题，并选择感兴趣的问题进行探究；在交流中分享对图形的认识，形成初步的素养。

3. 能够制作图形作品,可以对同伴的学习过程进行评价。

三、学习规划

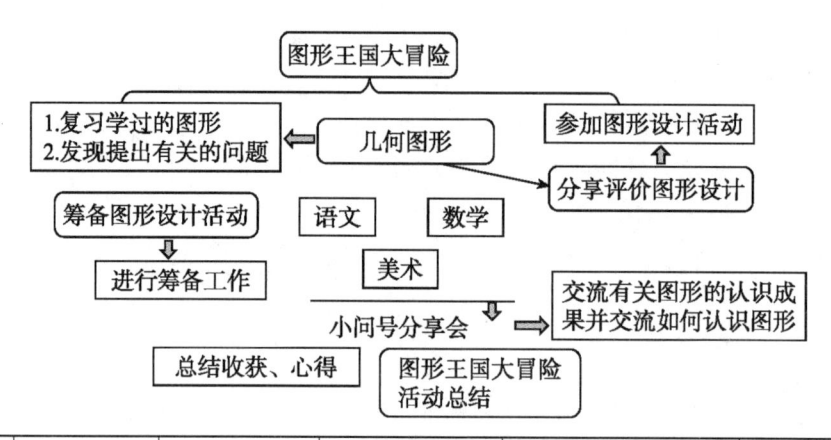

```
                        图形王国大冒险
                       ╱              ╲
      1.复习学过的图形                    参加图形设计活动
      2.发现提出有关的问题 ← 几何图形
                                        分享评价图形设计
      筹备图形设计活动      语文    数学
            ↓                  美术
      进行筹备工作                          交流有关图形的认识成
                        小问号分享会    ⇒  果并交流如何认识图形
      总结收获、心得      图形王国大冒险
                         活动总结
```

课时	任务	学习活动	课时目标	学习评价	教学准备
1	整理学习过的数学知识	明确学习活动的主要任务,简单整理学过的数学知识	能够说出所学的知识,对所学知识进行简单整理	能列举并简单整理学过的数学知识	多媒体课件
2—3	发现生活中的图形、利用几何图形进行创作	活动1:发现生活中的图形 活动2:利用图形进行创作	1. 能发现生活中的几何图形 2. 能设计和创作包含图形的画	1. 在教师的指导下能够表达和回顾生活中的数学信息 2. 能够创作数学作品	画纸、彩笔
4	分享、评价图形作品	活动3:分享、评价图形设计作品 活动4:小问号分享会 活动5:保护古建筑主题交流	1. 讲解自己设计的图形作品 2. 在讲述和倾听中,加深对数学的认识		评价单、贴纸

四、学习过程

第1课时：整理学过的数学知识

本课时的主要任务是调动学生参与主题活动的积极性，指导学生将学过的知识简洁概括在小卡片上，并让同学合作整理。

学习活动1：明确学习活动的主要任务，简单整理学过的数学知识

师：同学们，你们已经入学快一年了，熟悉了小学的学习和生活。除此之外，我们也学习了很多知识。今天老师邀请了几位好朋友来做客，它们在这个袋子里，你们能替它们介绍一下，并说一说你们所知道的相关数学知识吗？

生$_1$：我们学习了长方体、正方体、圆柱、球，这些都是立体图形。

生$_2$：我们也学习了这些立体图形的特点，长长方方的那个是长方体，它有6个平平的面，相对的面一样大，不易滚动；正正方方的那个是正方体，它有6个平平的面，每个面都一样大，不易滚动；直直的，上下一样粗的那个是圆柱，它的两端是一样大的、平平的圆，倒下来容易滚动；圆圆的、光滑的那个是球，它从任意角度看都是相同大小的圆，能随意滚动。

生$_3$：我们还学习了长方形、正方形、平行四边形、三角形、圆，这些都是平面图形。

生$_4$：我们还学习了这些平面图形的特点，长方形是长长方方的，有4条直直的边，对边相等，有4个直角；正方形是正正方方的，有4条直直的边，4条边一样长，有4个直角；平行四边形有4条直直的边，两组对边平行且相等，有4个角；三角形有3条直直的边，有3个角；圆没有直的边，没有角。

生$_5$：我们还学习了图形的拼组，还能拼组出各式各样的图形。

……

师：我们学过的相关知识可真不少呢！

（根据学生的回答，将这些知识的关键词按内容归类贴在黑板上，帮助学生感受如何整理知识和信息。）

第2-3课时：发现生活中的图形并利用几何图形进行创作

本课时的主要任务为引导学生学会用数学的眼光看待丰富的图形世界，去发现生活场景中无处不在的图形，体会图形在现实生活中的广泛应用，为了让孩子们真正感受图形的魅力与数学的美，培养孩子们动手、想象及创造能力。

学习活动2：发现生活中的图形

师：同学们，我们的生活中处处都是图形，常见的平面图形有长方形、正方形、圆形、三角形、平行四边形；也有立体图形如正方体、长方体、圆柱、球。认真观察四周，你会发现形状无处不在。用自己喜欢的方式记录并分享自己观察到的结果。

（1）郊游时发现各种图形

生$_1$：周末到了，我和家人去南湖公园野餐，妈妈在停车时，我发现停车位是长方形的。

生$_2$：我拿出野餐垫，发现野餐垫是长方形的。我还发现其他人的野餐垫有的是长方形的，有的是正方形的，还有圆形的。

生$_3$：天空中飞翔着风筝，圆的、方的、长的、短的，各有其形。

生$_4$：南湖公园旁边有设计独特的楼房，也极具形状之美，除了常规的长方形，还有很多建筑都是不同形状的搭建组合而成，成为国家和城市的代表性建筑。

生$_5$：我拿着旺仔牛奶，发现原来牛奶的瓶子是圆柱形的，妈妈买的蛋糕也是圆柱形的。

生$_6$：我和哥哥踢足球，哦，足球是圆的……

日常生活中接触各种用品的形状。

超市购物时，将看到的物品形状，拍照记录。

学习活动3：利用图形进行创作

师：同学们，你们的观察力真敏锐，找出了这么多藏在我们身边的图形。那同学们你们能用自己的方式来表达这些图形吗？我们一起来试一试吧！

（1）画图形。

利用已学过的图形或者在生活中看见过的图形，大胆发挥你的想象力，来画一幅你喜欢的画。画完之后给其他同学一起讲一讲你用到了哪些图形。

（2）剪拼图形。

从海报、快递盒、包装纸、广告纸等地方收集见到的图形，或者在彩色纸片上画出正方形、长方形、圆形、三角形等同学们认识的图形，把它们剪下来，通过画一画、剪一剪、拼一拼、贴一贴的方式，加上自己的美妙创意，用心思考，创造出一幅精美的拼图或贴画。

（3）拼搭立体图形。

利用不同颜色的卡纸制作立体图形元素，如正方体、长方体、圆柱、球等，用这些立体元素拼搭出各种精美的作品；也可以用易拉罐、饮料瓶、一次性筷子、包装盒等立体图形废物来进行创作；或者用积木乐高等拼出你喜欢的东西。

（4）折纸。

折纸不仅可以开发学生的动手能力和创新能力，还可以发展他们的创造力、想象力和形象思维能力。折纸可以折出生活中的物品、小动物、交通工具等。可以通过视频学习折纸，并在你折好的作品中找出认识的图形。

作品展示	班级姓名	作品成果展示	你用到的图形	你发现的图形

师：在创作中你有哪些收获？你遇到了哪些问题呢？一起来说一说。

[设计意图：学生在这一活动中的表现环环相扣，从发现生活中的图形到利用图形进行创作，紧紧围绕着"几何图形"这一主题进行，因此本课时教师应充分使用教学手段，从"识图形，认图形，画图形"中引导学生建立"几何图形"的印象，呈现出低年级学生较好的核心素养。师生将继续体验"图形王国"，探寻生活中的图形。]

第4课时：分享、评价图形作品

本课时的主要任务为分享交流创作的图形作品，解决创作过程中的疑问，并评选出优秀的图形设计作品。

学习活动 4：分享交流并评价图形设计

师：同学们都用我们学过的图形创作了精美的作品。今天，我们要交流和分享，请同学们上台来分享自己的创作。你用到了哪些图形，你的设计思路，以及你在设计时产生的一些疑问，这些都可以与同学们一起分享。请同学们拿出评价单，写上自己的姓名和作品名称，其他同学用小红花贴纸给予评价。

（教师组织学生先在小组内分享，然后每组推荐 1—2 位组员向全班同学分享。分享结束后，在教室柜子上展示所有学生的作品，并在作品旁边附上"评价卡"。每名学生发 5 朵"小红花"贴纸，每人选出 5 份自己认为最好看的连环画，将"小红花"贴纸贴在对应作品旁的评价卡上。见下图）

"图形设计"作品评价卡	
作者姓名：	作品名称：
请把"小红花"贴在这里：	

学习活动 5：小问号分享会

师：同学们的分享可真精彩啊！在作品分享时，同学们提出了很多有关图形的问题，今天我们就召开一场小问号分享会来解答这些问题。

（先同桌两人交流，互相分享自己的小问号，同桌交流后进行全班交流分享。）

"井盖"的秘密

圆形最大的特点是半径长度相等。因此当把圆形的井盖放到井口时，井盖不会掉到井里。如果井盖是矩形，井盖的宽度就不是一样的，矩形的对角线长度大于任何一条边，井盖有可能掉进井里。

"三角形"的秘密

三角形之所以被认为是最稳定的形状之一，是因为它具有刚性的结构、内角和恒定以及平衡力的分布。这些特性使得三角形能够有效地抵抗外部力的作用，保持形状的稳定性。无论是在建筑物、桥梁还是自然界中，我们常常可以看到三角形的应用，因为它的稳定性使其成为一种理想的结构形式。

我们能为古建筑做什么

历史文化街区中的古建筑，具有悠久的历史，不仅体现在建筑本身的价值，同时，作为整体中的组成单元，对于整体风格也有着决定作用。古建筑和其他文物一样，具有重要的文化价值。

①在古建筑中要小心用火用电。

②不能在古建筑里乱涂乱画。

③不能拿走古建筑的一砖一瓦。

④发现古建筑受损要及时告诉警察叔叔。

⑤努力学习如何修复古建筑。

五、教学反思

1. 图形相关知识的学习贯穿整个活动之中。

以往关于图形这个内容的学习大多停留在课本上。此课例为学生创设了一系列的活动，学生从复习学过的数学知识开始，认识生活中的图形，利用图形进行创作，步步深入，让学生感受图形王国的生动有趣。通过探寻生活中的图形这一教学活动，以小组讨论的形式对生活中的几何图形进行探究讨论，进一步加深了学生对于几何图形的认识。

2. 创作图形作品形象展示数学知识。

图形作品的设计是事件发展的时间顺序或多角度呈现的展开序列。学生在运用画笔展示事件发展的过程时，既要考虑数学的元素，也要考虑事件的呈现方式，用直观的图示语言表达内心的想法，这是一个思维外化的过程。用语言讲和用图画呈现，都是学生的一种理解和表达。

3. 融合多学科发展学生综合素养。

学生自主设计图形作品过程中，需要用到美术构图以及线条、大小的知识；发现生活中的图形，涉及对生活中方方面面的观察，将其中的数学元素予以提炼，并进行改编，需要进行语言的组织以及脉络的梳理。学生在找数学、画数学、讲数学的过程中，发展综合素养。

探秘数字编码

跨学科主题活动"探秘数字编码"在三年级开展,结合真实的生活情境,设计了三个主要环节:探究身份证号码的秘密、探究邮政编码的秘密、科学合理地设计学号编码。学生在探索实践中综合应用了数学、信息技术、历史等学科知识,通过调查观察、比较、猜测、交流等活动,了解编码中蕴含的信息及含义,初步探索数字编码的简单方法,形成收集、分析、处理信息的能力。在数学活动中学会表达和交流解决问题的过程和结果,体会符号化思想,养成乐于合作、勇于质疑、言必有据的良好品质。

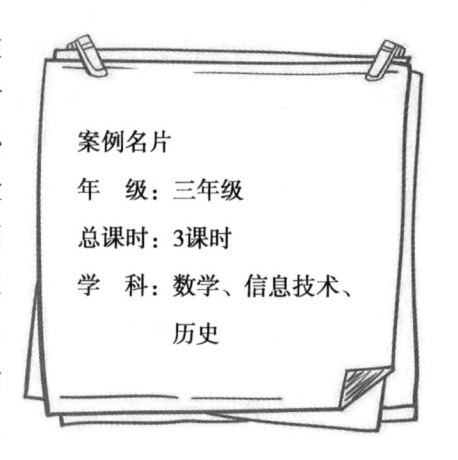

案例名片
年　级: 三年级
总课时: 3课时
学　科: 数学、信息技术、历史

一、主题分析

该主题来源于三年级上册综合实践活动的内容,主要是通过日常生活中的一些事例,使学生初步体会数字编码思想在解决实际问题中的应用。通过观察、比较、猜测来探索数字编码的特点,发现其中的规律,感受数字编码的简洁规范、唯一、有效等特性,并能运用简单的规律创编数字编码,加深对编码特点和方法的理解,积累数学活动经验,提高学生解决问题的能力,同时体会到数学应用的广泛性,提高学生学习数学的兴趣和积极性。

二、学习目标

1. 融合信息技术、历史等学科,通过调查中国人的身份证的发展史及背后的秘密,了解编码中蕴含的信息及含义,初步探索数字编码的特点,形成收集、分析、处理信息的能力。

2. 通过自主探索,合作交流,体会到数字编码在具体生活情境中可以表示特定的含义,如:身份证号、邮政编码、学号等。

3. 经历设计编码的过程，尝试用数学方法解决生活中的简单问题，形成初步的应用意识和实践能力。

4. 在数学活动中学会表达和交流解决问题的过程和结果，体会符号化思想，养成乐于合作、勇于质疑、言必有据的良好品质。

三、学习规划

课时	任务	学习活动	课时目标	学习评价	学习资源
1	探究身份证号码的秘密	活动1：我是小小调查员：利用课余时间通过多种渠道了解中国人的身份证的发展史及背后的秘密。活动2：我是小小分享家：①小组合作，将大家收集的身份证号码比较一下，你发现了什么？②让学生上台汇报自己从身份证号码中了解的信息。	1. 结合情境了解身份证号码的特点。2. 通过观察、比较、猜测，探索数字在身份证号码中表示的具体含义，发展推理能力。	1. 知道身份证号码中的数字所表示的具体含义，发展推理能力。2. 能提出有关身份证号码的问题。	1. 家人的身份证复印件。2. 身份证信息调查表。
2	探究邮政编码的秘密	活动3：调查本地的邮政编码：①本地邮政编码是多少？②邮政编码是由几个数组成的？每个数隐藏怎样的含义？信封上为什么要填邮政编码？活动4：小组交流了解到的邮政编码的信息：①邮政编码由六位数组成，每位数上表示的含义是什么？②共同讨论：为什么信封上有详细地址，还要写上邮政编码？	1. 认识邮政编码"四级六位制"的编排规则，能将邮政编码进行分段划分，从而体会数字编码的特点，初步探索数字编码的方法。2. 让学生经历验证邮政编码正确性的过程，培养学生的应用意识和实践能力。3. 使学生体会到数学在生活中的运用，激发学生学习数学的兴趣。	1. 能认识邮政编码"四级六位制"的编排规则，能将邮政编码进行分段划分。2. 能从多角度了解数字编码的作用。	1. 邮件信封。2. 邮政编码调查表。

81

续表

课时	任务	学习活动	课时目标	学习评价	学习资源
3	科学合理设计学号编码	活动5：编码小能手。 1. 小组交流设计学号的整个过程。 2. 交流分享作品。 3. 全班开展评价活动。	1. 经历设计编码的过程，体会数字在表达、交流和传递信息中的作用，理解编码的特征。 2. 使学生体会数字与现实生活的紧密联系，激发学生学数学的兴趣，增强学生应用数学的意识。	1. 在具体情景中，了解一个"编码"中某些数字所代表的意义。 2. 体会数字在表达、交流和传递信息中的作用。	1. 设计单。 2. 评价单。

"探秘数字编码"的学习结构图和规划表如下。

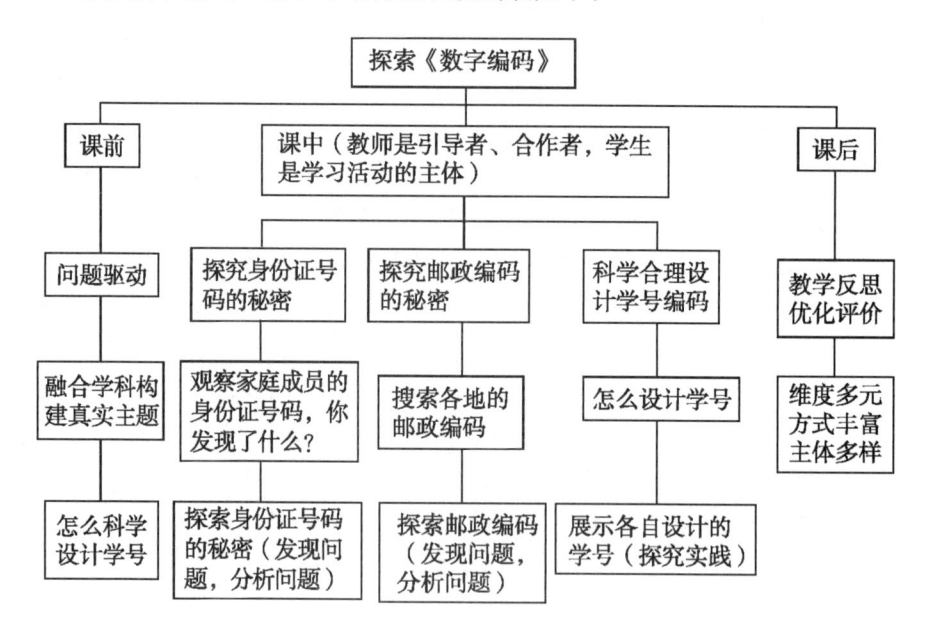

```
                         探索《数字编码》
        ┌──────────────────┬──────────────────┬──────────────────┐
      课前          课中（教师是引导者、合作者，学生            课后
                    是学习活动的主体）
                  ┌──────────┬──────────┬──────────┐
   问题驱动      探究身份证号   探究邮政编码    科学合理设    教学反思
                  码的秘密       的秘密       计学号编码    优化评价

   融合学科构    观察家庭成员的   搜索各地的    怎么设计学号   维度多元
   建真实主题    身份证号码，你   邮政编码                   方式丰富
                 发现了什么？                              主体多样

   怎么科学      探索身份证号码   探索邮政编码   展示各自设计的
   设计学号      的秘密（发现问   （发现问题，   学号（探究实践）
                 题，分析问题）   分析问题）
```

四、学习过程

第1课时：探索身份证号码的秘密

在本节课中，学生通过调查观察，比较猜测，交流等活动，了解编码中蕴含的信息及含义，初步探索数字编码的简单方法，形成收集、分析、处理信息的能力。经历设计编码的过程，尝试用数学方法解决生活中的简单问题。

学习活动1：我是小小调查员

初探身份证号码。

师：查阅资料，探索身份证号码的起源以及演变的历史，谁能来说一说自己的调查成果？

生$_1$：1984年身份证的诞生，开启了中国居民身份管理的新篇章。在这之前，中国并没有统一的居民身份证件。身份证的推出，不仅标志着个人身份信息管理体系的初步建立，也是国家治理现代化的重要步骤。

生$_2$：第一代身份证在当时的中国社会环境中发挥了关键的作用。它标志着中国在居民身份管理方面迈出了重要一步，为后续的技术进步和系统升级奠定了基础。

生₃：随着技术的发展和社会需求的变化，第二代身份证的引入成为了中国居民身份证发展历程中的一个重要里程碑。这一代身份证的引入不仅代表了技术的进步，更象征着中国在身份信息管理方面迈向更高的水平。

师：随着信息技术的迅速发展，电子身份证和身份认证的数字化已成为全球趋势的一部分。中国在这方面也取得了显著的进展，电子身份证的推出和应用标志着中国身份管理系统的一个新纪元。

师：随着科技的不断进步和社会需求的不断发展，身份证系统未来的发展趋势将更加多元化和智能化。我们可以预见，身份证系统将会整合更多的先进技术，并在多方面展现其独特价值。

学习活动2：我是小小分享家

小组合作，将大家收集的身份证号码比较一下，你发现了什么？

师：请你拿出课前收集的身份证号码，小组里看一看、比一比、说一说这些数字分别表示什么？（学生小组分享讨论，教师巡视）

（让学生上台汇报自己从身份证号码中了解的信息）

师：这些身份证号码向我们传递了哪些信息呢？谁来说一说？（教师指定2名学生分享并板书号码）

生₁：从7—14位可以看出出生日期。

师：身份证号码的前边几位表示什么呢？你还从身份证号码上得到了哪些信息？（学生回答，教师板书，引导学生分段读数字并说明含义）

师：大家还有什么要介绍的？

生₂：最后一位校验码，它是根据前面十七位数字按照一定的公式计算产生的，它可以提高号码的使用率。

生$_3$：X 表示 10。罗马数字 10 就是写作 X，如果用"10"表示，身份证号码就有 19 位数，与其他人不同，所以用 X 来代替。

师：我们用数字来代替具体的地址和个人信息，你觉得有什么好处？

生$_4$：用数字比较简洁。

师：正如同学们所说的，身份证为人们提供了安全、便捷的生活服务，保证中国十几亿人每个人的号码都是独一无二的。

问：你们有哪些使用身份证号码的便捷的经历吗？

预设：买机票、办证件、银行办业务等。

师：同学们，通过今天的学习，我们了解编码的知识，将数字通过一定顺序编排并且表达一定的含义，这也体现了我们数学学科的归类思想。

了解历史：课件播放古代人用鼓号声作为进攻信号——不同的进攻信号表示不同的含义，莫尔斯电报机用电码滴答声传递信息。

[设计意图：通过课前的调查、收集和身份证有关的常识，了解到身份证代表的是个人信息，它是我们身份的证明，在生活中，处处有用。让学生懂得，我们一定要保管好自己的身份证，不要随便借给他人使用，不要泄露自己的信息。让学生把课前收集到的相关资料，共同交流、分享，在不知不觉中，就掌握了身份证编码的意义，体验到数字编码的乐趣，充分理解数学就在身边，就在生活中。学生在经历查阅资料的过程中，增强查阅资料的意识和习惯，培养主动学习的能力。]

第 2 课时：探索邮政编码的秘密

在本节课中，初步了解邮政编码中蕴含的一些简单信息和编码的含义，并通过实践活动，加深对数字编码思想的理解。体会数字与生活的紧密联系，探索邮政编码编排的方法以及如何科学合理地编码，初步学会编码。

学习活动 3：调查本地的邮政编码

认识邮政编码的重要性：

师：这封信能快速准确寄给收信人吗？为什么？（PPT 课件出示一个未写收信人邮政编码的信封）

生₁：可以，信封上有收信人的详细地址。

生₂：不能快速准确收到，没有邮政编码，在邮寄过程中会很麻烦。

师：寄信过程中邮政编码究竟有什么作用呢？（PPT出示阅读材料，学生了解邮政编码的作用）

实行邮政编码，主要有以下好处：

1. 可以加快邮件传递速度。用人工看汉字地址分拣信件一小时只能分拣2000件左右，如用机器看编码分拣，每小时可提高到2万件至4万件。

2. 可以提高邮件传递的准确性。我国地名复杂，重名、近似地名很多，看汉字极易分错，看码分拣，出口信只看前三位码，进口信只看后两位码，既省眼力，又可减少差错。

3. 可以减少"瞎信"。地址书写不清，往往会送不出、退不回，形成"瞎信"。

4. 揭示主题：邮政编码很重要，我国有很多大大小小的城市，还有很多乡镇、村社，每个地方都有一个邮政编码，这些邮政编码编排是有一定规则的，下面我们就一起去认识。

学习活动4：我是小小分享家

认识邮政编码的编排规则：

（一）发现不同省份的邮政编码

1. 观察互动。出示不同省份的邮政编码，观察，你发现了什么？

2. 发现规律。

（1）邮政编码都是由6位数字组成的（板书：六位制）。

（2）不同省份的邮政编码开头的数字不一样，福建的都是以"3"开头。

（3）猜想：哪一位数字代表"省份"？（第一位）

（二）认识省内不同市州的邮政编码

1. 观察互动。观察福建省部分市州的邮政编码，你又有什么发现？

2. 发现规律。

（1）第二和三位数字不同。

（2）区分市州的最关键数字是第三个数字。

（3）猜想：第三个数字是代表"市州"的。

（三）认识同一市州不同县区邮政编码

1. 观察互动。出示莆田市荔城区的邮政编码，有什么不同？

2. 发现规律。

（1）前 3 位是一样的，都是 351。

（2）荔城区、城厢区的邮政编码是 351100。

（3）猜想：第四位数字是代表"县"。

（四）认识同一县区不同地方邮政编码

1. 观察互动。出示荔城区部分学校的邮政编码，你又有什么发现？

2. 发现规律。

（1）前 4 位都是一样的，地方不一样，后两位数字就不一样。

（2）猜想：最后两位数字代表什么呢？（预设：代表的是具体的街道或者区域）

（五）从观察发现中研究规律

1. 提出问题。

师：刚才我们研究了不同省份、不同市州、不同县区、不同区域的邮政编码，它们的编排存在着一定的规律，究竟是按照什么样的规则进行编排的呢？

2. 梳理认知。（PPT 课件根据数字编排特点依次出示，板书：四级）

邮政编码编排规则，我国邮政编码采用四级六位编码制：

前两位表示省、市、自治区；

第三位代表邮区，第四位代表县、市邮政局；

最后两位是这个地方所属的邮政投递局所。

互动和验证邮政编码的编排：

1. 理解编排。课前，每一个同学都查找到了一个邮政编码，并知道了这个邮政编码所属的地址，你能根据邮政编码的编排规则给我们介绍一下这个邮政编码的组成吗？

2. 互动验证。当一个学生介绍完邮政编码时，老师和学生在家里用手机适时验证其正确性。（老师或某一个学生将验证结果通过"视频"分享给全班上课的同学）

[设计意图：数字编码是一种抽象的数学思想方法，本课只是让学生通过日常生活中的一些实例，初步体会数字编码在解决实际问题中的作用，并通过观察、比较、猜测来探索数字编码的简单方法，学会运用数学进行编码，初步培养学生的抽象概括能力。]

第3课时：科学合理设计学号编码

在本节课中，让学生经历尝试设计编码的过程，运用数字编码的简单方法进行编码，体会数字在表达、交流和传递信息中的作用，理解编码的特征；体会数字与现实生活的紧密联系，激发学生学数学的兴趣，增强学生应用数学的意识。

学习活动5：编码小能手

编码任务：

师：编码是个大学问，请同学们运用所学的数学编码知识，给学校的每名学生编一个学号。

确定编码信息：

学生分组讨论：学号中要包含哪些信息呢？

生$_1$：年级、班级、性别。

生$_2$：入学年份、班级排序。

……

分组设计编码方案：

提示：先确定每一个信息用几位数编码比较合适，并确定这些信息的排列顺序。

生$_3$：用2位数字表示班级号，我们是三（7）班就用37；每个班的人数都在50人左右，用2位数字表示班内序号就可以了。这样用4个数字，按照先出班级号再出班内序号的顺序，就可以为全校的每名学生编出一学号。

补充：一年级有12个班，只用2位数字表示班级号是不行的。需要用3位数字，第一位表示年级，第二位表示这个班在本年级内的序号。

生$_4$：用1代表男生，2代表女生；把表示性别的序号放在最后。

生$_5$：我们用"入学年份＋本班在年级内的序号＋班内序号＋性别码"的

方式编学号。

展示评议设计方案：

生$_6$：3070509（3—年级 07—班级 05—班内学号 09—年龄）

生$_7$：30710（3—年级 07—班级 10—班内学号）

生$_8$：202107281（2021—入学年份 07—班级 28—班内学号 1—性别码）

……

分组讨论：你更喜欢哪一种方案？

生$_9$：第一种方案 09 表示年龄，但是明年就 10 岁了，这个学号只能用 1 年。

师：年龄会变，怎么办？可不可以不写年龄？

生$_{10}$：第一、二种方案 3 表示三年级，但是年级会变呀，这个学号也只能用 1 年。

师：年级会变，怎么办？年级不要了行不行？

生$_{11}$：第三种方案用入学年份＋本班在年级内的序号＋性别码，可以保证每个学号只对应一个人，而且永久有效。

小结：我们在设计方案的时候首先要考虑编码适用的范围，根据需要确定表达的信息，注意选择重要的、相对不变的信息，然后尽量用最少的数字表示每一个信息，注意保证位数相同。

师总结：数字编码在生活中的应用十分广泛，不但可以应用于身份证号码、邮政编码、学号等，还可以应用于其他领域，这就要求学生要善于观察生活中的数字编码，并利用数字编码解决生活中的实际问题。

［设计意图：活动中让学生充分展开讨论，及时跟进并点拨引导学生自主地参与"综合与实践"活动，要让学生围绕三个问题展开讨论：一是学号中要包含哪些信息；二是如何用数字组合来体现每一个信息；三是如何编排这些表达信息的数字组合的顺序。让学生经历小组讨论并不断调整用数字表达信息的过程，对比各小组的编码方案，在互相解读和交流信息中加深对编码方法的理解，完善自己的方案。由"理解"到"应用"，积累数学活动经验，提高学生解决问题的能力，培养应用意识。］

五、教学反思

小小的一串数字引发的却是孩子的深入探究，从数字本身走进了数字的内涵，最终运用数字。整个探究的过程也让我们看到了孩子们不一样的学习品质：善于观察、乐于思考。学习最终的目的是为生活服务，而孩子们探究数字的过程就是将经验进行了迁移运用，让生活变得更加整洁、有序。

课例 1

四上 Unit 8 The Spring Festival

本课以《义务教育英语课程标准（2022年版）》的课程理念为依据，在核心素养的导向下，以学生为本，融合音乐、美术、语文、道德与法治等学科，横向深度挖掘学科综合育人的价值和功能，协同促进学生全面发展。本课以"The Spring Festival"为跨学科主题在四年级开展，结合真实的过年情境，设计了三个活动任务：1. 了解中国传统节日——春节的相关知识；2. 讨论春节活动项目；3. 制作画报，和外地朋友交流莆田的特色春节文化，宣传莆田。让学生在语境中接触、体验和理解真实的语言知识，引导学生学会用语言来介绍春节的风俗习惯以及表达节日问候的能力。学生在讨论、交流、展示的过程中，不仅了解了不同国家的文化，扩大国际视野，还加深了对中华文化的理解和认同，坚定文化信念。

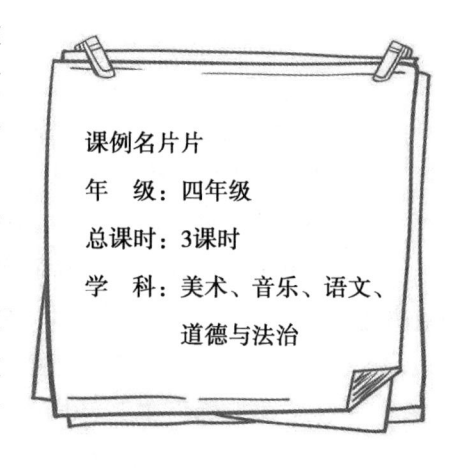

课例名片片
年　级：四年级
总课时：3课时
学　科：美术、音乐、语文、
　　　　道德与法治

一、主题分析

本单元内容围绕"The Spring Festival"这一主题展开，涉及两个语篇，均为对话。

本单元的两个语篇将英语和多学科进行融合，创设情境，以春节为主线，通过各种活动，从不同的角度谈论春节的风俗习惯和活动。单元内各语篇与单元主题之间、各语篇之间相互关联，构成两个子主题，即："什么是春节"和"春节的活动"。各课时围绕单元主题和子主题展开，课时之间既相互独立又紧密联系。语言学习渗透在对语篇主题意义的探究中，学习活动由浅入深，理解性技能与表达性技能协同发展，有效帮助学生形成基于主题的结构化知识。

语篇一是小学生日常生活对话。Sally 向 Yang Ming 和 Lily 了解什么是 the Spring Festival，以及中国人如何度过春节。通过 Sally 与 Yang Ming 和 Lily 的对话交流，简单介绍春节以及春节的部分习俗，让学生在语境中接触、体验和理解真实的语言知识，引导学生学会用语言来介绍春节的风俗习惯。

语篇二也是小学生日常生活对话。内容继续围绕 the Spring Festival 展开，还是 Sally 向 Yang Ming 和 Lily 继续了解春节的习俗。该语篇是对语篇一的补充和拓展，培养学生描述、询问春节的风俗习惯以及表达节日问候的能力。

二、学习目标

知识技能学习目标：

1. 在看、听、说的活动中，掌握单词 spring、festival、Chinese、spend、we、make、dumpling、family 的词形和意义，获取、梳理对话中几个小学生介绍的春节常识。在语境中与同伴交流并介绍春节，询问并回答与春节相关的风俗习惯。

2. 在教师的帮助下，分角色表演对话（掌握程度较好的学生可以尝试复述、介绍春节）。

情感品格培养目标：

1. 简要评价 Lily 和 Yang Ming 介绍的活动背后蕴含的文化寓意。

2. 在语境中与同伴交流春节的风俗习惯，仿照范例，以图文结合的方式介绍春节的风俗习惯，并表达对传统节日的热爱、对家乡的热爱，并能够迁移询问不同地区的风俗习惯，询问不同情况下人们如何度过春节。

三、学习规划

课时	任务	学习活动	课时目标	学习评价	学习资源
1	了解、交流春节的概念和习俗文化。	活动1：了解中国传统节日——春节的相关知识。	在看、听、说的活动中，获取、梳理对话中几个小学生介绍的春节常识。	教师观察学生能否参与互动和交流并主动分享个人对该主题已有的知识，根据需要进行追问或者给予帮助。	视频、图片
2	讨论各地春节的异同和特色，重点讨论莆田的春节特色。	活动2：春节的分享会。	在小组内运用句型：How do you spend it? Do you...? 交流讨论各地春节的风俗习惯和特色。	教师观察学生能否参与互动和交流，并主动分享个人对该主题已有的知识，根据需要进行追问或者给予帮助。	图片，PPT
3	制作画报，和外地朋友或外国朋友交流莆田的特色春节文化，宣传莆田。	活动3：我是小小宣传员。	在小组内运用核心句型：Do you...? 交流莆田春节的风俗习惯和特色。	教师观察学生在小组内运用所学语言交流、讨论的情况，给予鼓励或帮助。	小视频

四、学习过程

第1课时：What's the Spring Festival

学习活动1：了解中国传统节日——春节的相关知识。

1. 从传说中的年兽入手，采用猜图片 Can you guess? 的游戏，分步呈现，让学生对春节传说中的年兽有一个直观的印象，并产生兴趣。

2. Let's watch! 在PPT中呈现年兽传说的小视频，使学生从听觉和视觉上对故事有所感受，了解年的由来，并使用中英文双语字幕，可以让不同层次的学生都能够听懂、看懂。

3. 以图片的形式展示出十二生肖，并告诉学生，在中国，每年都有一个名字，再引导学生读出十二种动物的名称。

［设计意图：本课时的目标主要是激发学生参与活动的兴趣，在真实情境中结合学生的已有经验认识春节，询问、交流春节的概念和习俗，并发现、提出感兴趣的问题。］

作业与评价1：

作业性质	作业内容	评价标准	作业评价
选做题	Introduce the Spring Festival to your friends. 向你的朋友介绍春节。	主题正确，表达一般。	🏮
		主题正确，表达正确。	🏮🏮
		主题突出，表达流利。	🏮🏮🏮

第2课时：How do you spend the Spring Festival？

学习活动2：春节分享会

1. Let's sing a song. 通过新年歌曲Happy New Year再次呈现，歌曲节奏欢快，画面唯美丰富，混合多种元素，使学生饶有兴趣地跟唱、欣赏，符合孩子们的特性。

2. 使用照相机拍照的形式展示各地的春节习俗，如扫房子（clean the houses）、写春联（write Spring Festival couplets）、贴春联（put up couplets）、吃年夜饭（have New Year's Eve dinner）、舞龙和舞狮（perform lion and dragon dances），从而使学生了解到全国各地春节的传统习俗，激发学生热爱中国传统文化，重视亲情的情感。

3. 通过PPT转盘的形式，让学生了解莆田的春节传统食物，红团、汤圆、年糕和八宝粥。学生再次观看视频，选出过春节的活动图片，进一步理解文本内容。学生拼读单词和短语，并通过图文结合理解其含义，拓展和丰富词汇，如eat rice cakes、eat dumplings、eat fish等。

［设计意图：本节课基于传统节日这个主题，对于中学段的学生学习中国

传统节日文化可以起到一个拓展的作用，采用动画和游戏的方式让学生感受传统，丰富相关节日知识，使知识内容更加生动、形象，通过春节几个方面的介绍从价值情感上来感受祖国文化的丰富和深厚的人文积淀。]

作业与评价2

作业性质	作业内容	评价标准	作业评价
选做题	Make a mind map. 了解春节的风俗习惯，画出思维导图。	主题正确，内容较少。	🏮
		主题正确，内容合适。	🏮🏮
		主题突出，内容丰富，图文并茂。	🏮🏮🏮

第3课时：The Spring Festival in Putian

学习活动3：我是小小宣传员

1. 学生观看神舟13号的航天员们在太空过春节的视频，做好记录，然后与同学交流：Do they…?

2. 学生阅读中国南北春节文化的差异，在小组内运用核心句型：Do you…? 交流、询问莆田春节的风俗习惯，并试着根据word bank的提示画下来或者写下来，小组成员代表展示、介绍作品，和外地朋友交流莆田的特色春节文化，宣传莆田。

3. 小组合作画一幅以春节为主题的英语手抄画报，请小组根据英语手抄画报，用英语与同学们进行交流。

[设计意图：本阶段的学习活动旨在帮助学生在迁移的语境中，创造性地运用所学语言进行真实的交流与表达，了解、交流不同人群的春节活动，讨论、交流莆田的特色春节文化，制作海报，宣传莆田，并向同学展示、介绍本组的活动成果。学生从课本走向现实生活，在看、听、说、写的过程中，发展语用能力；在小组合作的过程中，发展合作能力。学生在讨论、交流、展示莆田春节文化的过程中，进一步加深对中华传统文化的理解和认同，涵养家国情怀，坚定文化信念。]

作业与评价 3

作业性质	作业内容	评价标准	作业评价
选做题	1. Introduce the Spring Festival in Putian. 向外地的朋友介绍莆田春节。	表达一般，缺乏感染力。	🏮
		介绍流利，缺少感染力。	🏮🏮
		表达流利，富有感染力。	🏮🏮🏮
	2. Read a book and finish the tasks. 阅读有关春节的绘本，完成任务。	理解有困难，完成效果一般。	🏮
		自主阅读，独立完成，个别错题。	🏮🏮
		自主阅读，独立完成，无错题。	🏮🏮🏮

五、教学反思

本单元的跨学科单元整体设计考虑了英语学科的单元整体目标，从学科的单元整体目标出发，结合学生已有的学科经验和生活经验，对文本进行了再构整合，融合了多学科的知识和内容，让学生在真实的语境中学习，促进学生全面发展。

1. 本课教学通过营造浓浓的春节气氛，从板书设计到课前导入及 Free-talk 都为学习春节的活动词汇做了铺垫；创设尽可能真实的情境，让学生通过动手包饺子、小孔成像、观赏图片判定春节等活动，有效地学习本课的重点词汇和句型，并在中国新年春节和美国新年圣诞节的对比中灵活运用所学知识，提高课堂学习效率的同时渗透了中西文化的差异，增加学生对中国传统文化的了解和喜爱；但本课在巩固词汇的活动中缺少创新，有待改进。

2. 学生对于自己所熟识的春节有着不同的感受与想法，在课前的自由说活动中极大地调动了学生说的欲望，也提高了他们学习新知的爱好与热忱；因此在本课教学过程中学生与老师协作融洽，并能在老师的引导下很好地学习掌握本课重点知识。

3. 老师在教学中与学生亲切互动，创设真实有效的教学情境，让学生在轻松氛围中学习；在教学过程中留意新旧知识的重现与对比，并尽可能多给学生制造自主学习的机会。

4. 通过英语与美术的跨学科交融，小组合作画一幅以春节为主题的英语手抄报，请小组根据英语手抄报内容，学习用英语进行交流，感受春节的传统习俗和年味，激发学生的学习兴趣，培养学生文化自信，让学生在学中画，画中学。让学生自评，小组互评，充分发挥学生在学习活动中的创造性，在积极开放的气氛中实现教学目标，潜移默化地感受英语与美术跨学科的融合。

第二节 多学科案例

莆仙文化薪火传
——"话祖国山河美丽，说莆仙地域文化"主题学习

星罗棋布的古镇古村、丰富多彩的文物古迹、传统多元的历史街区、活态传承的非遗文化，让莆田成为国家历史文化名城。地域文化特色造就了莆仙文化，"话祖国山河美丽，说莆仙地域文化"，跨学科学习涵盖语文、数学、美术等学科，通过学习、传承、宣讲莆仙地域文化特色进校园的内容和形式，培养孩子的审美能力、表达能力，增强他们对家乡文化的热爱和自豪感。

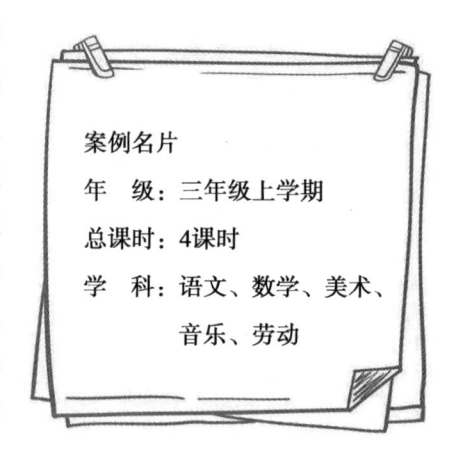

案例名片
年　级：三年级上学期
总课时：4课时
学　科：语文、数学、美术、音乐、劳动

一、主题分析

负山襟海、"七山二水一分田"的地理格局造就了莆仙文化的独特魅力，也积淀了丰富多样的历史文化遗存。以第六单元"话祖国山河美丽，说莆仙地域文化"主题学习为抓手，融入莆田的地域文化特色，尝试从语文学科

"跨出去",做莆仙文化的宣讲者。

二、学习目标

1. 学习莆仙地域文化,感受家乡美丽,用一段话简单地宣传莆仙地域文化,培养莆仙地域文化传播接班人。

2. 学生在完成"莆仙文化开讲啦"任务的同时,培养语文课程核心素养能力。

三、学习规划

课时	学习内容	学习活动	学习资源	学习评价
1	任务一:布置"莆仙文化开讲啦"总任务	活动1:聊聊我知道的莆仙地域文化 活动2:制定宣讲方案	单元导语、单元内课文、网络资料	1. 学生课堂回答问题的表现 2. 各小组制作的宣讲方案
2	任务二:探莆仙地域文化之特色,感受莆仙地域文化的魅力	活动1:莆田春节我来看 活动2:莆田元宵我来闹 活动3:莆田中秋我来赏	莆仙文旅公众号、请教家长、查阅书籍等	学习活动中学生的参与度与效果
3	任务三:写一写《莆田真美》	活动1:写一写《莆田真美》 活动2:修改《莆田真美》,完善宣讲稿	上网查找资料、观看莆田文旅局的宣传视频、翻阅书籍、求助大人等方法;习作初稿,制作道具、评价表	学生能否准确获取所需资料,进行归类整理;培养动手能力
4	任务四:莆仙文化开讲啦	活动1:班内开讲 活动2:校内开讲 活动3:在社区或少年宫开讲莆仙文化,评选优秀宣讲员	艺术作品,开讲时使用的道具、宣讲稿	学生准备宣讲材料的态度和成果质量; 学生个人和宣讲团整体宣讲效果

四、学习过程

任务一：布置"莆仙文化开讲啦"总任务

此任务旨在引导学生寻找、收集莆田美景，同时，让学生把形象的观察转化为语言，只有图片的积累是不够的，要通过观察记录单和图片相结合的形式激发学生内在的学习潜能，为他们快乐地学习做好准备。

学习活动1：聊聊我知道的莆仙地域文化

1. 读导语，了解莆仙文化

师：枕山襟海、"七山二水一分田"的莆田，你知道多少呢？

2. 看地图，寻莆田位置

师：看地图，试着用一句话来描述莆田的地理位置。

汇报句式：莆田位于_____。

3. 翻古籍，查莆仙历史

师：莆田素有"海滨邹鲁，文献名邦"之誉，建城历史超1500年，积淀了丰富多样的历史文化遗存。今天让我们走进千年莆田，邂逅千年遗韵，感受人文之美。

学习活动2：制定宣讲方案

1. 明确任务

师：今天我们要完成一个任务——"莆仙文化开讲啦"，我们先成立宣讲团，然后在班级、学校、社区进行宣讲，为家乡莆田代言。

2. 根据兴趣分组，初步设计宣讲方案

①将喜欢相同习俗的学生分成一组，组建宣讲团，给自己的宣讲团取名字。

②宣讲团内研讨并制定宣讲方案。

③组间进行宣讲方案展示交流活动。

④各宣讲团完善自己的宣讲方案。

3. 结合宣讲方案，优化宣讲内容

师：通过各组交流的宣讲方案，老师看到你们都想深入了解莆仙地域文化，这是最关键的宣讲内容，下节课我们将循着方案一起探寻莆仙地域文化的特色。

[设计意图：通过引导学生看地图，寻找莆田位置，翻古籍，查阅莆仙历史，并根据课文内容收集莆田美景，让学生把形象的观察转化为语言，通过观察记录单和图片相结合的形式激发学生内在的学习潜能。接着成立宣讲团，在班级、学校、社区进行宣讲，为家乡莆田代言，并根据兴趣分组，初步设计宣讲方案。]

任务二：探莆仙地域文化之特色感受文化魅力

学习活动3：莆田春节我来看

独特春节——最爱、最奇、最特

师：莆田春节，一年两度；大年三十围炉做岁，正月初四要做大岁；红春联上有白额；正月初二不走亲。你们知道这些独特的习俗源于哪里吗？让我们一起走进莆田去寻找答案吧！

学习活动4：莆田元宵我来闹

莆田元宵——最火、最热、最长

师：上节课我们初识了莆田春节，你们对莆田的元宵了解有多少呢？

①正月初三：万斤红橘闹元宵。

②正月初六：千担万盘闹元宵。

③正月十二：打铁花闹元宵。

④正月十五：万人游灯闹元宵。

小结：我们莆田的元宵，融入莆田人的生产生活中。从正月初三到二月初二，村村闹元宵、天天有节目、家家齐上阵，爬天梯、摆棕轿、打铁花，十里不同风，一村一习俗。

学习活动5：莆田中秋我来赏

暖心中秋——最亲、最暖、最真

师：莆田的很多地方在中秋佳节即将到来之时，都保留着"送秋""做秋"和赏月的传统民俗。所谓"送秋"，就是如果谁家的女儿已出嫁，都要在中秋节前送礼物给娘家父母，名曰"送秋"。此举体现了女儿尊亲、爱亲以及勿忘父母养育之恩的传统美德。"送秋"的礼物，有的二色，有的四色。如：月饼、白果、板栗、槟榔芋、猪脚、花生油、米粉等。今天让我们来列一下"送秋"的礼单。

[设计意图：在地域文化教学中，通过课前搜集到的关于莆仙传统节日的资料的交流，让学生了解家乡独特的节日习俗，感受莆田习俗之美，进一步引导学生了解莆田的习俗传承。课堂妙趣横生达到高潮，使教学得以升华，从而培养学生对家乡的热爱之情。]

任务三：写一写《莆田真美》

学习活动6：写写《莆田真美》

（一）范例引路，学列提纲

1. 探究提纲

①请学生探讨本单元《海滨小城》的提纲是怎样安排结构和内容的。

②交流讨论：这个提纲好在哪里，哪些可以借鉴？

生₁：顺序安排合理，先总写家乡的地理位置，再分述家乡的风景优美、物产丰富，最后抒发对家乡的热爱和赞美之情。

生₂：有详细写的，有简单写的。

2. 学写提纲

①仿照《海滨小城》的提纲，把《莆田真美》的提纲列出来。

②展示交流，评价典型提纲。

③同桌互相交流，修改提纲。

（二）小试牛刀，试写莆田之美

①按照自己列的提纲，写一写《莆田真美》。

②写完的同学进行展示。

学习活动7：修改《莆田真美》，完善宣讲稿

（一）根据评价标准，修改《莆田真美》

①出示评价表，了解评价标准。

②根据评价标准，学生自评。

③同桌再评，学生再改，最后定稿。

（二）根据宣讲需求，将《莆田真美》融入宣讲稿

学生誊写《莆田真美》，融入宣讲稿。

[设计意图：通过对莆田的美食、曲艺、木雕等各方面的介绍，让学生对自己的家乡有了全方位深入的了解。选择一种莆仙美食，用自己喜欢的形式，

感受莆仙地域文化的魅力。让学生亲身参与体验，提高他们对莆田传统文化的了解和认同，充分了解自己的家乡，感受家乡的地域文化特色。]

任务四：莆仙文化开讲啦

学习活动 8：班内开讲

（一）分享宣讲方法

师：我们如何才能把莆仙地域文化讲得生动精彩呢？是否可以创新表达方式，试着用莆田方言讲出来？班级里同学互相交流分享，有哪些好方法？

1. 出示评价表，了解评价标准。
2. 根据评价标准，学生自改。
3. 同桌再评，学生再改。

（二）根据宣讲需求，将莆仙地域文化融入宣讲稿

学生誊写《莆田地域文化》，融入宣讲稿。

生$_1$：要想讲好宣讲稿，可以加上适当的语气、动作和表情，更绘声绘色。

生$_2$：讲好宣讲稿也可以加上配图、给故事配上音乐。

……

学习活动 9：校内开讲比赛

校内宣讲团即将开展一场"莆仙文化开讲啦"比赛，首先由主持人宣布比赛的流程。

"莆仙文化开讲啦"比赛一共分为两个环节。第一个环节：比赛，由每班派一名代表提前准备参赛，各有创意介绍莆仙地域文化，百花齐放。第二个环节：评选，由三年级的学生代表们以及校级家长委员会成员评选奖项，畅谈感受。

学习活动 10：社区或青少年宫志愿者宣讲，评选出优秀宣讲员

组建宣讲团，给自己的宣讲团取名。

宣讲团研讨并制定宣讲方案。

组间进行宣讲方案展示交流并完善宣讲方案。

选取社区或青少年宫等公众场合实地当志愿者，大方推介莆田城市名片，宣讲莆田地域文化之特色，自豪地为自己的家乡代言。

各个宣讲团分期宣讲不同莆仙文化，并不断总结反思，提升宣讲质量。

根据评价标准，评选出优秀宣讲团和优秀宣传员。

［设计意图：搭建成果展示交流平台，鼓励学生组间进行宣讲方案展示交流并完善宣讲方案。实践宣讲莆田地域文化之特色，为家乡代言。通过学生个性化的展示活动，培养学生与人合作分享、友好相处、共同成长的优秀品质，在体验成功的同时，实现自我价值的提升，了解莆仙地域文化的相关知识，培养学生发现问题、阅读资料解决问题的能力，激发进一步探究活动的热情。］

五、教学反思

文化是学校教育的重要组成部分，而莆仙文化的融入恰恰可以丰富学校的文化内涵。通过莆仙文化的宣传与学习，我们可以更加深入地了解莆田的悠久历史，感受莆田的文化特色和文化积淀，进而为莆田文化的发展助力。在第四课时的教学设计过程中，宣扬莆仙地域文化，要求孩子们敢于大胆尝试，从课堂、从校园生活中"跨出去"，能够让孩子们更加坚定文化信念，怀揣爱祖国、爱家乡情怀，创新莆仙地域文化表现形式，努力宣传"莆仙地域文化"，打造莆田的特色名片，做莆仙文化的宣讲者，贡献他们自己的一份力量，从中获得自豪感。当然在社区和青少年宫等实地的宣讲中，多少会因为大环境因素产生一些不可抗力的因素，比如：天气多变，听众年龄差距，宣讲团的宣讲水平不一等等产生不同的效果和反馈，还需要更多的磨合和社会实践的机会，以积攒更多的经验，真正做到了解莆田、热爱莆田、宣传莆田。

争当妈祖文化小小宣讲员

——"采撷神话之花　传播妈祖文化"四年级语文跨学科主题学习活动设计

"争当妈祖文化小小宣传员"主题学习活动是基于大力倡导文化自信的时代背景，结合家乡特色，巧妙融入妈祖文化，大胆尝试从语文学科"跨出去"，做妈祖文化的传播者，丰富妈祖文化进校园的内容和形式，塑造更加生动的妈祖形象，宣讲更加精彩的妈祖故事，培养

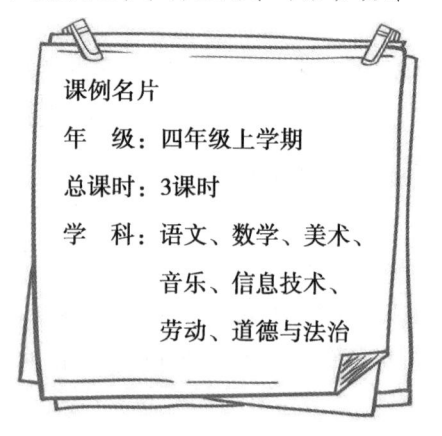

课例名片

年　级：四年级上学期

总课时：3课时

学　科：语文、数学、美术、音乐、信息技术、劳动、道德与法治

学生对妈祖文化的浓厚兴趣，增强他们对家乡文化的热爱和自豪感。

一、主题分析

妈祖信俗是中国传统文化的重要组成部分，有着悠久的历史和深厚的文化底蕴。妈祖信俗中的文化元素如神话传说、音乐、舞蹈、戏曲等，都是极具特色的艺术形式，反映了民间文化的瑰丽和博大精深。妈祖信俗在东南亚、北美等地区也有广泛的影响力，成为华人文化圈中不可或缺的一部分，为人类文化的交流和多样性做出了重要的贡献。妈祖信俗的传承历史悠久，具有广泛的群众基础和传承体系。同时，妈祖信俗的传承也融合了时代的需求和发展，不断推陈出新，融合时代精神，使得这一文化现象能够持续发展和弘扬。

作为故乡妈祖的一线教师，我们通过创设情境，积极地挖掘妈祖文化内涵，推动妈祖文化进校园，让学生在日常生活学习中潜移默化地感受妈祖文化学习的榜样力量，从而更好地传承妈祖文化，弘扬妈祖精神，让他们从小就将"立德、行善、大爱"的妈祖精神内化于心、外化于行。这种从小扎根在孩子心灵的文化认同感、自豪感，能伴随他们一路成长，并引导他们一生向上、向善。

二、学习目标

1. 通过合作、探究的学习方法，初步了解并学习妈祖文化，感受妈祖故事的神奇，能用自己的话将故事的起因、经过和结果说清楚。

2. 尝试综合运用图、文、视频等媒介探寻妈祖相关文化，引导学生用制作妈祖名片、录制视频等方式，培养审美情趣和创造能力。

3. 学生在完成"争当妈祖小小宣讲员"任务的同时，能简单地宣传妈祖文化，践行妈祖精神，激发对妈祖文化的兴趣，成为妈祖文化传播接班人。

三、学习规划

课时	学习内容	学习活动	学习资源	学习评价
1	任务一：读妈祖故事	活动1：探妈祖文化之传播 活动2：品妈祖故事之神奇 活动3：展妈祖故事之风采	学生收集关于妈祖的相关资料、妈祖名片模板、电视剧《妈祖》相关配音视频。	1. 能根据表格信息分析妈祖文化在世界的影响力。 2. 能够积极分享关于妈祖的故事。 3. 小组合作所完成的成果展示。
2	任务二：悟妈祖品质	活动1：感悟妈祖的品质 活动2：探寻湄洲女的形象 活动3：探讨妈祖精神的价值	学生搜集有关湄洲女神和妈祖对于政治、经济、文化方面的影响的资料。	1. 具有一定的梳理概括能力，感悟妈祖的品质。 2. 具有搜集筛选资料的能力。 3. 能够从社会中发现妈祖精神带来的价值与意义。
3	任务三：践行妈祖精神	活动1：宣传妈祖文化 活动2："争当妈祖小小志愿者"	学生搜集有关妈祖的资料、故事、图片、视频等，整合并利用有关信息。	1. 能准确获取所需资料，进行归类整理。 2. 能与同学分享资料，学会小组合作。 3. 善于思考，敢于创新。

四、学习过程

任务一：读妈祖故事

此任务发布了"妈祖文化小小宣传员"的学习主题，明确本课时的学习目标。首先，教师引导学生结合图表了解妈祖文化的影响力之大，激发学生的参与热情；其次，学生通过分享课前搜集的资料，介绍有关妈祖的生平事迹的故事，在此过程中，巩固讲述神话故事的方法；最后，通过小组合作，选择制作妈祖名片或妈祖故事配音表演的方式，感受家乡神话故事的神奇魅力，达到传播妈祖文化的目的，也为下一步任务"悟妈祖品质"奠定基础。

学习活动1：探妈祖文化之传播

1. 情境导入，明确任务

师：在我们的家乡莆田，有一个家喻户晓的神话人物——妈祖。妈祖文化是闪耀世界的莆田名片，妈祖文化馆计划在我们学校招聘"妈祖文化小小宣讲员"，大家有信心参加吗？

（观察图表，感受妈祖文化影响之广）

师：想要成为一名合格的宣讲员首先就要了解妈祖。下列三幅图是关于妈祖文化综合影响力的调查数据，观察图表，和同桌说说你的发现。

图1　妈祖文化传播覆盖国家

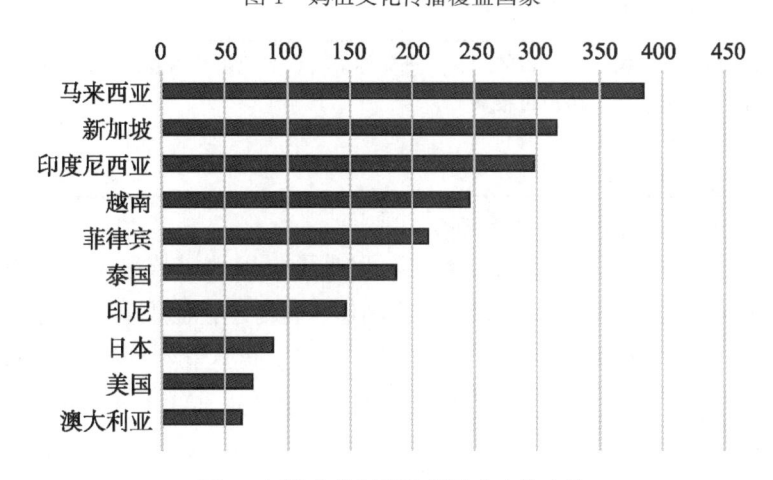

图2　妈祖文化国际传播影响力前十位

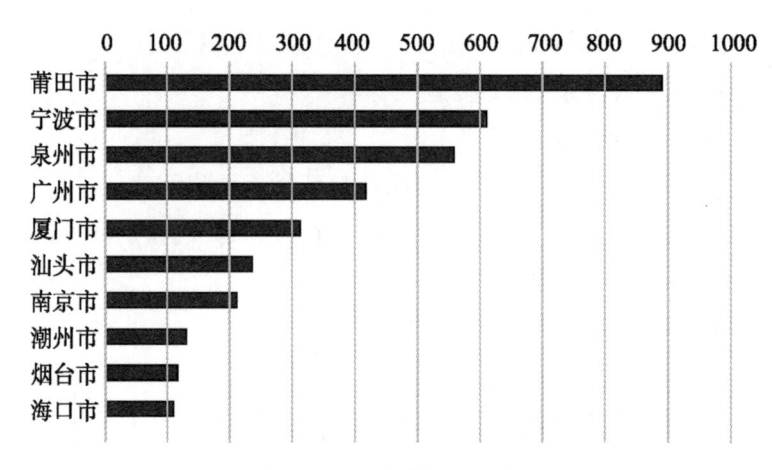

```
       0   100  200  300  400  500  600  700  800  900  1000
莆田市  ████████████████████████████████████████████
宁波市  █████████████████████████████
泉州市  ██████████████████████████
广州市  ████████████████████
厦门市  ██████████████
汕头市  ███████████
南京市  ██████████
潮州市  ██████
烟台市  █████
海口市  █████
```

图 3　妈祖文化城市传播影响力前十位

小结："有海水的地方就有华人，有华人的地方就有妈祖。"妈祖文化已经从莆田走向世界，成为跨越国界的国际性信仰。可见，妈祖文化传播之广，传播之深。

[设计意图：本环节与数学学科结合，通过观察图表，分析数据，培养学生的思维能力和解决问题的综合能力。借助本环节了解学生对妈祖文化的了解情况，感受妈祖文化传播之广，传播之深，为下一个环节的引入做好铺垫。]

学习活动 2：品妈祖故事之神奇

1. 初步交流，分享妈祖故事

★学习提示一：（时间 10 分钟）

> 整合课前搜集的有关妈祖故事的资料，选择你最喜欢的妈祖故事在班内讲一讲。
> 评价标准：自信讲述，讲清过程★
> 　　　　　关注细节，讲出神奇★
> 　　　　　动作形象，表情到位★

2. 交流评议，提出合理建议。

小结：同学们资料搜集得很丰富，但是干巴巴地讲故事是没有人听的，在把故事说清楚的基础上，要试着加入动作、表情才会把故事讲得更加生动。

[设计意图：本环节教师引导学生整合资料，讲述有关妈祖的故事，并结合四年级上册第四单元的语文要素，要求学生在讲故事时要抓住起因、经过、

结果将故事的神奇之处说清楚,并适当配合动作、表情把故事讲生动,从而检测学生对本单元要求达到的语文能力的掌握情况。]

学习活动 3:展妈祖故事之风采

1. 故事分类,组建展示小组。

师:刚才同学们分享了那么多故事,这些故事可以分成几个类型呢?

生:身世故事、救民济民故事、成神故事⋯⋯

师:故事类型相同的同学,可以自由组建成小组,参与展示活动。

2. 自选方式,合作完成展示。

★学习提示二:

以小组为单位,选定小组内最具代表性的一则故事,任选一种方式进行展示。

◆ 方式一:巧手绘妈祖名片

姓名:_____ 年代:_____	妈祖形象绘制
相关故事简介:_____	
_____	
_____	
_____	

◆ 方式二:妈祖故事配音秀
选取电视剧《妈祖》片段,小组合作进行配音表演。

---

3. 小组互投,评选最佳小组。

[设计意图:本环节与美术、信息技术学科相结合,志趣相投的伙伴,合作完成妈祖故事展示任务。学生在进一步深入了解并讲述妈祖故事的同时,也提高审美创造、多媒体技术运用的能力,进一步提高参与妈祖文化推广活动的热情。]

任务二:悟妈祖品质

此任务是以"争当妈祖文化宣讲员"的学习主题为切入点,学生在了解妈祖故事的基础上,初步感知妈祖的形象,从伟大事迹中感悟妈祖的精神品质,成为妈祖精神的弘扬者;结合家乡特色,探寻湄洲女的服饰文化及精神品质;了解妈祖信仰对于全世界的影响力,进一步感受妈祖信仰的独特魅力。

学习活动 1:感悟妈祖的品质

1. 复习导入，看图猜故事。

师：上节课同学们分享了许多关于妈祖的故事，你们能通过图片，猜出相应的故事吗？

2. 落实单元要素，悟出人物品质。

师：一名合格的宣讲员不仅要了解妈祖的故事，还要感悟妈祖可贵的精神品质，成为妈祖精神的弘扬者。你们从这些故事中，认识了一位怎样的妈祖呢？说说你的理由。

生$_1$：我认识了一位扬善惩恶、无私奉献的妈祖。

生$_2$：她还是个明礼诚信、不畏艰险的人。

小结：妈祖就是这样一位品德高尚、乐于助人、扶危济困的人。她大爱无疆、善达天下，而后人对她的敬仰、纪念，亦将永恒不灭。

3. 提炼妈祖精神内涵。

师：妈祖身上高尚的情操蕴含着怎样的精神内涵呢？

（生汇报）

小结：妈祖精神浓缩为了六个字："立德 行善 大爱"，这也体现了中华民族的传统美德和核心价值取向。

[设计意图：本环节紧扣单元要素——感悟鲜明的人物形象。由看图猜故事激趣导入，从故事中引导学生感知妈祖形象，悟出妈祖品质，并深入了解妈祖精神的内涵，将妈祖精神扎根在学生的心中。]

学习活动 2：探寻湄洲女的形象

1. 出示图片，了解湄洲女的服饰特色。

师：妈祖是湄洲女杰出的代表，湄洲女常常梳妈祖头，穿妈祖服，以这种独特的方式敬仰妈祖千年，相传她们的发型和服饰由妈祖亲自设计，请同学们拿出课前搜集的资料，一起来交流分享吧！

生₁：湄洲女头上宛如帆船的发髻叫"帆船头"，也称"妈祖髻"，将长发梳成船帆样，左右各插上一支波浪形的发卡。

生₂：湄洲女服饰叫"妈祖装"，蓝色上衣代表大海，裤子上红下黑两截代表平安与思念。

2. 现场体验"帆船头"，深入感知渔女形象。

3. 探寻湄洲女的精神品质。

师：湄洲女作为福建三大渔女之一，她们身上有着怎样的精神品质呢？

小结：湄洲女体现了勤劳、大爱与平安的妈祖精神，她们有很强的团结奋斗精神和民族自强意识。

［设计意图：湄洲渔女风情之美潜藏着一种更为深刻的妈祖精神。将神话人物妈祖与湄洲渔女相结合，更能拉近神话人物与学生之间的距离，使妈祖形象更加深入人心。］

学习活动3：探讨妈祖精神的价值

1. 明确任务。

师：同学们，妈祖精神给社会带来了哪些好处？从经济、政治、文化的角度想一想。

2. 分小组合作，交流妈祖精神的影响力。

生₁：（文化）我们闽南地区形成了一种深受民众崇拜和尊敬的宗教信仰文化——妈祖文化。

生₂：（政治）妈祖促进了两岸同胞民心相通，对推动两岸统一和平有积极意义。

生₃：（经济）妈祖文化可以为地方旅游业提供丰富的文化资源，带动相关产业发展，促进经济繁荣。

小结：妈祖精神带来了卓越的社会影响力，它倡导的仁爱、诚信、孝顺等美德，对于培养社会主义核心价值观具有积极意义。

［设计意图：探讨妈祖精神的价值，就是对妈祖"立德、行善、大爱"精神内涵的诠释。学生对妈祖文化的影响力有了更深入更清晰的认识，进一步

感受妈祖品质的可贵，也使得妈祖精神在社会上得以弘扬和传承。]

任务三：践行妈祖精神

围绕"争当妈祖文化宣讲员"这个学习任务，对接实践生活，践行妈祖"立德、行善、大爱"的精神，设计"做宣讲员、讲'小妈祖'故事、制作妈祖面、争当志愿者"等实践活动，进一步了解妈祖文化，宣传妈祖文化，调动学生的积极性，培养互帮互助精神。

学习活动1：宣传妈祖文化

1. 创设情境，激发兴趣。

孩子们通过这段时间对妈祖文化的了解，知道妈祖文化具有教化世人、维护和平的特殊作用，是中华民族的瑰宝，是天下华人华侨的共同精神财富。今天妈祖文化馆来我们班招聘"妈祖文化小小宣传员"，看谁能应聘上。

2. 出示招聘条件一。

招聘条件一：我会宣传妈祖文化

要求：

1. 小组合作搜集整合材料，主题明确； ★★★
2. 吐字清晰，表达自然大方，动作得体，能简单宣传妈祖文化。★★★

小组汇报：（预设）

①海报组：画宣传妈祖文化的海报，并给海报写上宣传语。

②宣讲组：根据妈祖材料，向大家宣讲妈祖文化。

③歌唱组：唱有关妈祖的歌曲。

[设计意图：通过创设情境，激发学生的学习兴趣，培养学生搜集运用材料和信息整合能力，培养学生小组合作能力。通过学生自身的创作，理念的讲解，进一步加深对妈祖文化的传播。]

学习活动2："争当妈祖小小志愿者"

出示招聘条件二。

招聘条件二：争当"小小妈祖志愿者"

要求：1. 能学习妈祖精神，做力所能及的事。★★★

   2. 看到别人有困难，能及时帮助别人。★★★

   3. 表达自然大方，有图有真相。★★★

师：同学们，在今后的生活中你们将如何弘扬妈祖精神呢？可以做哪些我们力所能及的事情呢？

预设：1. 帮父母做家务；2. 做个诚实善良的人；3. 帮助身边有困难的人。

总结："灵妃一女子，瓣香起湄洲"，通过这段时间对妈祖文化的学习和实践，我们了解了妈祖文化的保护和传承已成为社会的焦点，让我们以实际行动践行妈祖精神，传播妈祖文化，为妈祖文化传承事业添砖加瓦。

［设计意图：本环节学生将培养自己的动手能力，将妈祖文化实践于行动中，再次激发学生对妈祖精神的敬仰之情，从生活的点点滴滴做起，学好人做好事，学思践，悟妈祖立德行善大爱的精神。］

五、教学反思

第一，本次学习活动的设计以莆田地方特有的妈祖文化为根基，从学生语文生活实际出发，创设丰富多样的学习情境，设计富有挑战性的学习任务，激发学生的好奇心、想象力、求知欲，促进学生自主合作，探究学习。教学设计都源于语言文字运用的真实需求、真实问题，以及解决问题的真实过程和方法，指向能够适应学生终身发展和社会发展需要的必备品格和关键能力。

第二，跨学科的学习，实际上就是利用学科知识进行现实生活的观察和问题解决。本案例与数学、劳动、道法、美术、音乐、信息技术学科融合在一起，实现教学方式的多样化。我们通过创设真实而富有意义的"争当妈祖文化小小宣讲员"的情境，采用制作妈祖名片、录制视频和现场宣讲妈祖文化等不同形式让学生根据自己特长和兴趣在三个板块中实现探究性学习、自主性学习、合作性学习，积极地挖掘妈祖文化内涵，推动妈祖文化进校园。

第三，跨学科学习对学生的综合能力要求较高，课前对学生如何预习、如何搜集资料、整理资料的指导还不够细致，缺少对学生资料来源以及搜集资料方法的指导。接下来要继续训练学生搜集资料、整理资料的能力，四年级学生的能力有限，给学生布置任务时要细化任务的要求、明确学习提示，便于学生更好地完成和交流。除此之外继续加强学生的口头表达能力，鼓励学生大胆发言，教师要放手让学生大胆交流发现的问题并及时解决。

卫生区合理分配我做主

跨学科主题活动"卫生区合理分配我做主"以学生熟悉的校园为背景，我们看到在校园的多个角落，学生们为校园的卫生都出了一份力。但秋天的校园到处都是落叶，也让学生们忍不住感慨"我们的卫生区怎么这么多树叶！"围绕卫生区这一核心问题，我们规划并实施了"卫生区合理分配我做主"跨学科主题活动。通过发现问题，聚焦生活中的数学；制定目标，确定主题方向；设计方案，表达所思所想；主题实施，付诸实践。在这个过程中将问题解决能力、合作沟通能力、创新思维、发散思维等数学素养有机融合，助力学生全面发展。

> **案例名片**
> 年　级：五年级
> 总课时：4课时
> 学　科：数学、语文、
> 　　　　信息技术、美术

一、主题分析

跨学科主题活动"卫生区合理分配我做主"的主题来源于学生的生活实际，五年级的学生在数学知识方面，已经经历三角形、平行四边形、梯形的面积计算过程，并掌握一定的数学转化思想，能解决不规则图形的面积计算问题。他们在技能方面，具备一定的知识迁移能力，能够根据知识间的联系举一反三，沟通关联；具备一定的动手操作能力和实践能力。学生之间有一定的合作基础，能够与他人有效合作交流。

主题活动是数学学习的载体，也是跨学科实践的载体。课例中组织学生参与班级开展的实地考察各班卫生区情况活动，因此需要在综合实践老师的带领下，以小组为单位，开展室外活动课，估算各班打扫卫生区的时间情况，初步感受落叶等对打扫卫生区的影响。之后学生还需要通过多种方式展示，交流与分享学习成果，此时应调动美术学科及信息技术学科中所学的技能技法，美化制作成果，发展艺术表现与创新实践素养。这几个学科的融合有助于发展学生的审美感知、创新实践、文化理解、语言应用、数学化学习与创新能力、社会责任问题解决等素养。

二、学习目标

1. 能利用不同的工具和方法度量卫生区的面积，估算落叶面积大小，通过实践活动，感悟面积度量的本质。

2. 能够在实际情境中发现和提出有意义的数学问题，进行数学探究，逐步养成从数学角度观察现实世界的意识与习惯，发展好奇心、想象力和创新意识。

3. 欣赏数学语言的简洁与优美，逐步养成用数学语言表达与交流的习惯，形成跨学科的应用意识与实践能力。

三、学习规划

"卫生区合理分配我做主"的学习结构图和规划表如下：

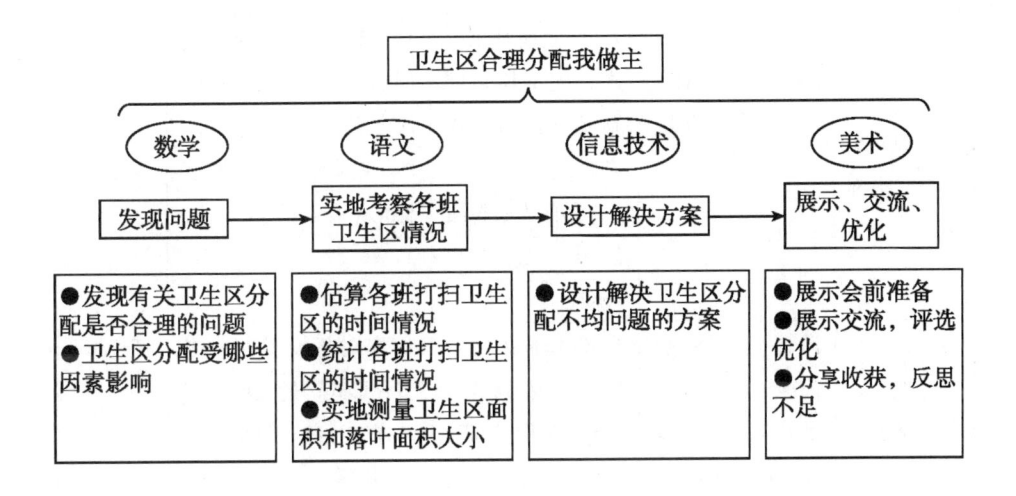

```
                    卫生区合理分配我做主
        ┌──────────┬──────────┬──────────┐
      数学        语文      信息技术      美术
        │          │          │          │
     发现问题 → 实地考察各班 → 设计解决方案 → 展示、交流、
              卫生区情况                    优化
        │          │          │          │
  ●发现有关卫生区分  ●估算各班打扫卫生  ●设计解决卫生区分  ●展示会前准备
  配是否合理的问题  区的时间情况      配不均问题的方案  ●展示交流，评选
  ●卫生区分配受哪些  ●统计各班打扫卫生                   优化
  因素影响         区的时间情况                       ●分享收获，反思
                  ●实地测量卫生区面                    不足
                  积和落叶面积大小
```

课时	任务	学习活动	课时目标	学习评价	学习资源
1	发现问题	活动1：抛砖引玉，激发思维，发现问题 活动2：童言解读，头脑风暴，明确影响因素	1. 学会从生活中发现和提出有意义的问题。 2. 小组讨论，互通想法，乐于倾听。	1. 能够根据真实情景发现和提出涉及多个学科的有价值问题。 2. 能够主动和组内成员及组外成员相互交流。	问题梳理卡
2	实地考察各班卫生区情况	活动3：估算各班打扫卫生区的时间情况 活动4：统计各班打扫卫生区的时间情况 活动5：实地测量卫生区面积和落叶面积大小	1. 选择合适的度量工具和方法，合理得到或估计度量的结果。 2. 能够根据知识间的联系举一反三，沟通关联。 3. 学会借助网络或寻求家长、老师、同学的帮助。	1. 能积极参与组内外活动，承担任务，并发挥自身的价值。 2. 能针对真实情景选择合适的单位、工具、方法、度量，并合理得到结果。	1. 图纸 2. 卷尺、超大卡纸等不同的测量工具
3	设计解决方案	活动6：设计解决卫生区分配不均匀问题的方案	1. 学生面对卫生区分配不均匀问题能够提出解决方案。 2. 能有效地表达想法，会取长补短。	1. 能够根据要研究的问题，设计出合理的解决方案。 2. 在探究时，方案多样化，有创意。	学习记录单
4	展示、交流、优化	活动7：展示会前准备 活动8：展示交流，评选优化 活动9：分享收获，反思不足	1. 制作成果展示PPT、视频等，学会合作交流、有效表达。 2. 学会反思，提取活动经验。	1. 能够图文并茂或者多种形式讲述主题学习的探究过程，包括遇到的问题等。 2. 组内分工明确、配合默契，团队氛围好。	评价卡

四、学习过程

第 1 课时　发现问题

在本节课的开始，学生能用数学的眼光去发现有关卫生区分配是否合理，提出问题，并最终解决问题。

学习活动 1：抛砖引玉，激发思维，发现问题

师：落叶的季节，每天的卫生区打扫让同学们苦不堪言，对此你能否换个角度用最浪漫的语言形容落叶（跨学科结合语文课）？

生：秋风只留宿了一晚，落叶却满世界狂欢。

……

师：你们描述得真美！这样，你就能感觉扫的不是落叶，而是秋天写给你的情书。

师：除此，你想卫生区分配是否合理是受哪些因素影响的？

学习活动 2：童言解读，头脑风暴，明确影响因素

1. 请各组成员开启头脑风暴，提出自己的问题，由组长记录。

2. 分类整合各小组发现和提出的想法，以便签纸的形式呈现，并对这些因素进行初步的整理筛选，筛选出其中的问题。

阶段性成果

学生通过讨论、交流、筛选，初步选出他们认为最主要的影响因素，并对整个活动过程进行了评价。

卫生区的面积

卫生区花坛的面积　　大树一天能掉多少树叶

卫生区的人流量　　　天气是否会影响打扫

……

［设计意图：学生在日常打扫卫生区时会遇到打扫不方便的苦恼，通过问题引领，让学生在积极思考"分配卫生区是否合理"的过程中感悟先想事、再做事的思维习惯，掌握思考问题，合理分配卫生区的方法，感受与人沟通

合作的重要性，学会融入集体，站在他人的立场思考问题，增强班级认同感和责任感，养成健康审美的意识和能力。]

第 2 课时　实地考察各班卫生区情况

在本节课中，学生应用估算的知识和选择合适的工具（比如：卷尺、超大卡纸、脚……），实地考察各班卫生区的打扫情况。

学习活动 3：估算各班打扫卫生区的时间情况

师：初次实地考察，同学们需要对五年级各班的卫生区进行走访，同学们觉得打扫卫生区的时间会受什么影响？

生$_1$：我们先到卫生区实地考察并估算各班打扫卫生区的时间大约是多长。

生$_2$：各班的卫生区面积差不多，但有些班级打扫的难度大，费力气，在早读前扫不完。

生$_3$：在风雨操场打扫时间会用得少，因为是在屋檐下面，而且是水泥地比较好扫，也没有落叶，会比较快。

生$_4$：下雨的时候操场下雨不方便扫，落叶很难扫起来，时间会花得多。

生$_5$：楼梯比较好扫，避开上课高峰期时间也不会用得多。

生$_6$：沙池周围不好扫，时间应该用的多。

师：还有别的补充吗？

生$_7$：我们不仅要考察卫生区面积大小，还要考虑落叶的数量多少和面积大小，如果落叶面积小也难扫。

学习活动 4：统计各班打扫卫生区的时间情况

师：再次实地考察，同学们，大家到卫生区统计各班打扫卫生区花的时间各有多长？

生$_1$：风雨操场打扫时间 6 分钟。

生$_2$：操场打扫时间 10—12 分钟。

生$_3$：楼梯打扫时间 8 分钟。

生$_4$：沙池打扫时间 10 分钟。

学习活动 5：实地测量卫生区面积和落叶面积大小

师：最后一次实地考察，测量卫生区面积和落叶面积大小，记录在本子上，小组交流测量方法是否合理。

生$_1$：我们用米尺进行测量。

生$_2$：我们一步一步测量更简便，就不要用到米尺。

生$_3$：我想反驳，如果用一步一步测量存在很大的误差。

师：孩子们考虑问题越来越精细、周密，继续分享你们的想法。

生$_4$：测量卫生区面积或者落叶面积的时候遇到不规则图形可以分割成规则图形。

生$_5$：用数格子的方法，可以借助风雨操场地面上的地砖数。

师：厉害，知道联系实际情况。现在开始进行测量。

师：测量中你们发现了什么？

生$_1$：我们组测量操场东区，东区是不规则图形，可以分割成长方形和三角形，经过计算马上得出面积是 95 平方米，有落叶不好扫。

生$_2$：我们组测量操场西区，西区面积是规则长方形，用米尺直接量出长和宽，算出面积 100 平方米，有落叶不好扫。

生$_3$：这些都是考虑落叶数量差不多还有扫地人数一样的情况下，说明面积越大扫的时间越长。

生$_4$：我们组测量的是风雨操场，是规则的长方形，用数地砖的方法，面积 300 平方米，面积更大但比较好扫。

生$_5$：我们组测量的是沙池，是规则的正方形，面积是 81 平方米，发现有细沙很不好扫。

生$_6$：我们组测量的是楼梯，面积 230 平方米，比较好扫。

生$_7$：我们组研究的是落叶面积大小对打扫卫生的影响。我们组负责操场北区，大致估算落叶面积在 30 平方分米左右。

生$_8$：我们组负责操场南区，大致估算落叶面积在 20 平方分米左右。

师：为了知道各班卫生区每天早上到底有多少落叶要清扫，请各小组分工合作，认真观察记录 5 天，想办法估测出落叶的数量，并完成下面的记录表。

时间	落叶数量	我是怎么估测的？

[设计意图：组织学生参与班级开展的实地考察各班卫生区情况，并探究了"面积"的问题，既是让学生对不同形状面积计算进行深化，又让学生在转化中学会迁移。学生面对实际的测量问题时可能会有一些不适应，一方面是原有的知识和方法"失灵"了，需要重新思考、组合。在刚开始测量时，教师不要做过多的干预，让学生思考、探索甚至是碰壁，经历原有的知识内化、转化的过程。另一方面是原有的知识和方法变得"立体"了，活动中要让学生思考学会针对情境选择合适的度量单位，感知度量工具和方法引起的误差，以合理得到或估计度量的结果。]

第3课时：设计解决方案

本课时的主要任务是带领学生根据前期调查存在的问题，如上学期间人流量、落叶数量、卫生区面积大小、天气等各个因素造成的影响，设计合理分配卫生区的方案。教师根据学生的个人意愿，将全班划分为5个小组。在理解安排任务的基础上，讨论如何合理设计完善实施计划，明确具体要求，结合实际情况确定解决方案。

学习活动6：设计解决卫生区分配不均匀解决方案

师：针对这些因素造成的卫生区工作分配不均匀我们应该怎么解决呢？

生$_1$：合理规划卫生区域，学校可以根据各班级的人数和劳动能力，合理分配卫生区域，确保每个班级都能承担相应的卫生任务，面积比较大的区域可以让人员多一点下去扫。

生$_2$：可以动态调整卫生区域，根据人流量等实际情况，动态调整各班级的卫生区域，确保每个班级的任务量相对均衡。每个班级可以根据天气、分配到的区域大小等情况调配具体学生人数。

生$_3$：统筹规划资源，学校可以统筹规划资源，确保在天气恶劣时，有足够的资源用于卫生打扫。

师：还想补充什么？

生$_4$：制定弹性的值日制度：可以根据天气情况，灵活调整值日时间，避免学生在恶劣天气下打扫卫生，比方下雨时有斗篷的可以让孩子下去扫，大操场等雨停再下去，灵活调配。

生$_5$：秋天落叶多的区域可以多派孩子下去，风雨操场没有落叶，可以控制少些下去。

生$_6$：定期检查和调整，如果有发现分配不均匀的情况，及时进行调整。

师：真是聪明智慧的班级，提出如此多的解决方案，不仅解决了学生卫生分配不均匀问题，也提高学校的卫生水平，为学生创造一个更加健康、舒适的学习环境。接下来请全班分成五个小组，写出具体的解决方案，下节课一起来汇报展示交流。

［设计意图：学生面对卫生区分配不均匀提出了一系列解决方案，培养了思考问题的能力，也培养了互相合作交流的能力，能根据具体情况设计方案的同时，又不断优化方案。］

第4课时：展示、交流、优化

本课时主要引导各小组分享、交流卫生区分配的方案成果，归纳整理整个设计过程中所遇到的困难和收获，反思经验与不足，并优化方案。

学习活动 7：展示会前准备

老师课前分享、交流的提示：

1. 准备好设计方案。

2. 说清楚你们根据什么设计，考虑了哪些因素。在这个过程中，你们用到了哪些知识？

3. 简单介绍设计过程的感受和收获。

提前布置成员准备好展示的内容，清晰、有序地展示成果。

学习活动 8：展示交流，评选优化

师：哪个小组设计的卫生区分配的方案最合理？现在咱们就开始展示。

每个小组轮流进行成果展示，介绍主题活动开展以来的一系列成果，并根据自己的成果，说明各班卫生区的分配是否合理，提出自己的想法。

师：小组分享完毕，下面我们将选出最合理的方案。除了本组外，请你在认为是最优的方案上贴上小红花。

（学生有序进行评价）

将学生评选出的"最优方案"交给学校李珊总辅导员，作为分配卫生区的参考。

学习活动 9：分享收获，反思不足

师：同学们，我们的主题活动接近尾声了，在活动过程中，大家一定遇到过困难，但能运用所学知识进行调整，最终设计出了方案。请大家想一想：活动中，我们是如何一步一步完成这个任务的，都做了哪些事？在这个过程中，你有哪些感受和收获？

教师引导学生回顾主题活动的过程，并组织学生分享自己的感受与收获。

师：相信有了这次活动经验，大家能解决更多生活中的问题。

学生结合自我评价卡进行自评与反思，吸取经验，为以后解决更多生活中的问题做准备。

自我评价卡	
（　）年（　）班　姓名：	
在这次活动中，我的表现是（请把每项后面的星星涂上颜色，5 个为最好）：	
方案合理可行，便于实施	☆☆☆☆☆
用数学的方式表达，表现形式简洁清晰	☆☆☆☆☆
积极参与活动，小组分工合理	☆☆☆☆☆
积极与同学进行交流	☆☆☆☆☆
认真反思，合理修改方案	☆☆☆☆☆
卫生区分配设计活动结束了，你设计的方案学校采纳了吗？如果下次还让你来设计，你有哪些改进或者需要注意的地方？想一想，写一写：＿＿＿＿＿＿＿＿ ＿＿＿＿＿＿＿＿＿＿＿＿＿＿＿＿＿＿＿＿＿＿＿＿＿＿＿＿＿＿＿＿＿＿	

［设计意图：通过制作成果展示 PPT、视频等，学生学会合作交流、有效表达。由于学生参与活动的关注点、视角是不同的，交流中可以互相补充，给予建议，获取更多的活动经验，同时为后面的自评互评打下基础。

对设计方案结果的分享、展示与介绍是对该组设计的肯定，也能够帮助解决其他小组遇到的问题。对设计方案的反思是学生寻求帮助，借鉴其他组经验的过程，可以使方案更加优化。]

五、教学反思

1. 各小组同学以多种形式呈现自己组的研究成果，但卫生区分配是否合理涉及多个因素，探究得还不够全面，将在后续的探究中不断调整。

2. 整个主题活动以成员为主体，能力强的成员的参与度很高，体会到合作的乐趣、探索的奇趣、成果的妙趣；能力较弱的成员，整个活动的体验感就比较差，并没有得到实际的提升。为了让每一个成员都愿意参与并且发挥自己的价值，还是需要进一步去思考的。

3. 如何将学习活动辐射推广？

2022版课程标准指出，在第三学段可以适当采用主题式学习，以解决现实问题为重点，综合应用数学和其他学科知识解决问题，体会数学知识的价值，形成和发展核心素养。第三学段有许多值得开展的主题，比如"营养午餐""校园平面图"等，合理设计主题活动，不仅要结合学科知识，还涉及传统文化、校园生活、社会生活等内容，保证不同基础、不同需求的学生都可以参与，提高学生学习数学的兴趣并发展能力。

"时"不宜迟，做时间小主人

2022年版课程标准明确要求积极开展跨学科的主题式学习和项目式学习等综合性教学活动，"'时'不宜迟，做时间小主人"在二年级开展，融合数学、科学、语文、美术、道德与法治等学科知识，设计了三个环节：制作钟表、感受时间长短和时间在哪儿，让孩子感悟到时间的重要并积累活动经验，更加懂

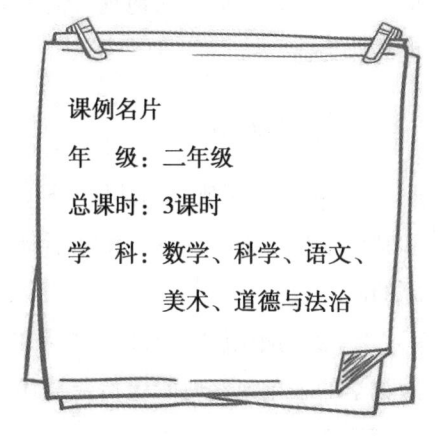

课例名片
年　级：二年级
总课时：3课时
学　科：数学、科学、语文、
　　　　美术、道德与法治

得时间的宝贵，养成遵守时间的好习惯，在他们心田种下珍惜时间的种子。

一、主题分析

制作钟表是一种直观且有趣的方式，能让学生更好地理解时间的概念。通过制作钟表，学生可以了解时间的计量方式，时针、分针和秒针的运作方式等基础知识。

首先，教师引导学生观察现有的钟表，了解其基本结构和功能。接下来，教师指导学生使用材料（如纸盘、指针、数字等）制作一个简单的钟表模型。在制作过程中，学生可以了解钟表的各个部分以及它们的作用，例如时针、分针和秒针的移动与时间的推移之间的关系。

完成钟表制作后，教师可以引导学生感受时间长短。例如，让学生分别感受1分钟、5分钟和10分钟的时间，通过观察指针的移动来感受时间的流逝。这样的活动可以帮助学生建立时间观念，理解时间的长短和计量方式。

此外，教师引导学生思考"时间去哪儿了"的问题。通过回顾制作钟表的过程和体验时间，学生思考时间的流逝和自己的行为之间的关系。教师引导学生思考如何合理利用时间，珍惜时间的重要性等话题，培养学生的时间管理和规划能力。

综上所述，制作钟表是一种富有实践性和启发性的教学方式，有助于学生更好地理解时间的概念，感受时间长短和思考时间的价值。通过这样的活动，学生可以更加深入地理解时间主题，培养珍惜时间的意识，提高时间管理的能力。

二、学习目标

1. 经历运用数学和其他学科知识与方法解决问题的过程，感悟数学知识和其他学科知识的关系，积累活动经验，培养学生的创新意识和解决实际问题的能力。

2. 经历小组合作与自主学习的过程，学生在真实情境和真实问题中，会用数学的眼光观察现实生活，会用数学的思维思考现实生活，会用数学的语言表达现实生活。

3. 融合科学、语文、道德与法治、美术等学科，丰富主题的内容和形式，增强知识综合运用的意识与能力。

三、学习规划

"'时'不宜迟，做时间小主人"的学习结构图和规划表如下：

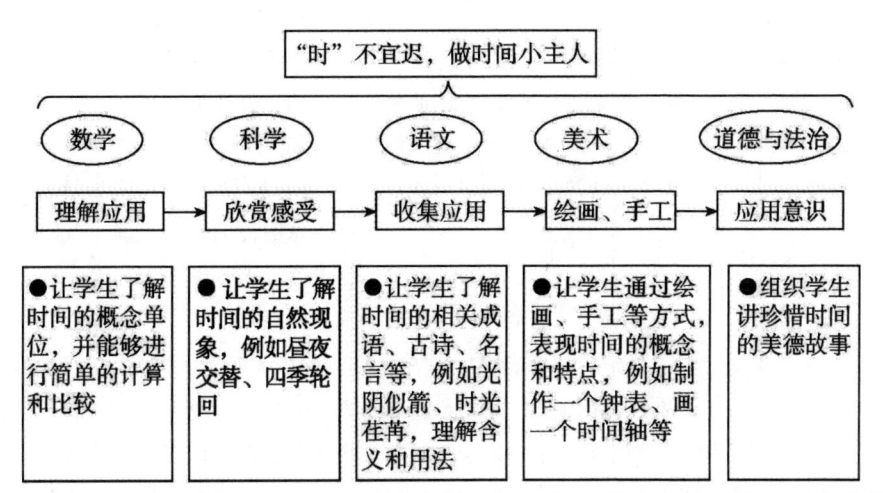

```
              "时"不宜迟，做时间小主人
    ┌──────┬──────┬──────┬──────┬──────┐
   数学    科学    语文    美术   道德与法治
    │       │       │       │       │
  理解应用→欣赏感受→收集应用→绘画、手工→应用意识
```

● 让学生了解时间的概念单位，并能够进行简单的计算和比较

● 让学生了解时间的自然现象，例如昼夜交替、四季轮回

● 让学生了解时间的相关成语、古诗、名言等，例如光阴似箭、时光荏苒，理解含义和用法

● 让学生通过绘画、手工等方式，表现时间的概念和特点，例如制作一个钟表、画一个时间轴等

● 组织学生讲珍惜时间的美德故事

课时	任务	学习活动	课时目标	学习评价	学习资源
1	任务一：钟表是什么样的？	活动1：复习、回忆钟表的特点 活动2：动手制作创意钟表 活动3：查阅资料，了解钟表演变历史	1. 利用学过的知识动手制作一个钟表，培养学生的动手能力。 2. 在探究过程中培养学生的质疑、观察、推理、概括能力。 3. 学习时钟发展的历史，了解各式各样的钟表，拓宽视野，学习珍惜时间、合理安排自己的时间。	1. 能够从真实情境出发，发现和提出涉及多个学科的有价值问题。 2. 学生小组独立思考，协作交流得出结论，充满自信，并能通过板演讲解等方式展示成果。 3. 进行操作时目标明确，思路清晰，动手操作灵活，能够及时调整，应变能力强。	1. 多媒体教室及电子设备 2. 合作小组 3. 评价量表 4. 剪刀、水彩笔等工具

续表

课时	任务	学习活动	课时目标	学习评价	学习资源
2	任务二：时间的长短是怎样的？	活动4：数心跳 活动5：分组体验1分钟 活动6：估一估	1. 体验一分钟的长短，同时感受几分钟、几十分钟的长短。 2. 通过活动，让学生认识时间的重要性，树立学生管理好时间的信念，增强自我效能感。 3. 感受时间的重要性，珍惜时间。	1. 能够从真实情境出发，发现和提出涉及多个学科的有价值问题。 2. 学生小组独立思考，协作交流得出结论，充满自信，并能通过板演讲解等方式展示成果。 3. 进行操作时目标明确，思路清晰，动手操作灵活，能够及时调整，应变能力强。	1. 多媒体教室及电子设备 2. 合作小组 3. 评价量表
3	任务三：时间在哪里？	活动7：分享生活故事 活动8：动手制作 活动9：课堂评价	1. 在原有认知经验的基础上，会正确认、读和记录几时几分。 2. 在绘画过程中，发展动手能力；在汇报交流中，锻炼语言组织能力和口头表达能力。 3. 让孩子们在记录自己一天的过程中，对时间的顺序性有进一步感知，体会到珍惜时间的重要性。	1. 能够从真实情境出发，发现和提出涉及多个学科的有价值问题。 2. 学生小组独立思考，协作交流得出结论，充满自信，并能通过板演讲解等方式展示成果。 3. 会查阅资料。	1. 多媒体教室及电子设备 2. 合作小组 3. 评价量表 4. 彩笔

学习过程

第1课时：有趣的钟表——制作钟表

本课时的目标主要是让学生利用学过的知识动手制作一个钟表，培养学生的动手能力，引导学生利用自己设计制作的钟表，理解表盘上的时间，实现跨学科的综合。通过查阅资料学习时钟发展的历史，了解各式各样的钟表，拓宽视野，学习珍惜时间、合理安排自己的时间。

学习活动1：复习、回忆钟表的特点

师：同学们，生活中你们见过哪些钟表呢？

（教师请学生介绍自己认识的钟表有什么特点。）

师：钟表不但能告诉我们时间，还是一件有趣的艺术品，我们就来欣赏一下这些有趣的艺术品吧！

教师组织学生欣赏多种钟表的图片，组织学生讨论：认真观察这些钟表，复习钟面上有什么。（12个大格、时针、分针等）把你的发现写在本子上并与同桌交流。

学习活动2：动手制作创意钟表

师：同学们都很喜欢动手制作，那这节课我们就用提前准备好的物品动手制作一个钟表。

教师组织学生讨论：想一想制作钟表应该注意什么？

生$_1$：大格间应该是均匀分布的。

生$_2$：小格间的长度也是一样的。

生$_3$：制作针的时候，应该注意时针和分针的区别。

生$_4$：使用剪刀、钉子等工具要小心。

……

教师组织学生交流：同桌合作，动脑筋想想怎样使自己的钟表更漂亮。

师：做好钟表的同学们互相欣赏，看看谁做得漂亮、问题如何解决。

生$_5$：这个针钉得太紧了。

生$_6$：分针不能转。

……

师：同学们要像自己做的小钟表一样，每天按时起床、按时吃饭、按时睡觉，这样我们才能有好的精神面貌来学校学习知识，不迟到、不早退，做一个守时的好孩子。

学习活动3：查阅资料，了解钟表演变历史

师：同学们有兴趣，可以课后小组合作查阅资料，说一说钟表演变的历史。

[设计意图：通过让学生动手制作钟表，帮助学生理解和掌握钟表的特点。通过实际操作，将数学与美术、劳动等学科结合，学生可以更好地掌握钟表的特点，也能促进学生的合作学习，学生之间可以互相交流、讨论和分享制作钟表的方法和技巧，这样可以帮助学生建立良好的合作关系，促进学生的共同发展。通过查阅资料学习时钟发展的历史，了解各式各样的钟表，拓宽视野，学会珍惜时间、合理安排自己的时间。]

第2课时：感受时间长短

让学生了解时间的长短，感受1分钟、几分钟有多长。在实践中孩子们巩固了时间的知识，积累了生活经验，理解并体会到了时间的重要性。

学习活动4：数心跳

师：举手示范：像老师这样摸一摸手腕处的动脉，你感觉到了什么？

生$_1$：感觉到里面一跳一跳的。

师：对，血管里的血脉一跳一跳的，我们叫它脉搏，它跳的次数和我们心跳是一样的。

（下面给大家计时1分钟，你们默数自己的心跳是多少下。）

（组织大家交流：对于数据相差太大的同学，教师帮助其感受脉搏，并重新数一次。）

学习活动5：分组体验1分钟

师：（活动内容：读书、写字、唱歌、画画、跳绳、拍球等）你们组准备选哪一种活动？同桌交流讨论。

师：开始计时1分钟。

师：时间到，大家交流，你1分钟干了些什么？

根据学生的汇报记录表格。表格如下：

感受时间系列活动：

运动：跳绳、踢毽子、拍球……选择其中一项记录下自己1分钟的成绩。
我参加的运动项目是（   ），1分钟的成绩是（   ）。
学习：写字、背古诗、计算……选择其中一项，记录下自己1分钟的成绩。
我参加的学习活动是（   ），1分钟的成绩是（   ）。
劳动：系红领巾、整理书包、叠衣服……选择其中一项记录下自己所用时间。
我参加的劳动项目是（   ），用时大约是（   ）分钟，1分钟我还可以做（   ）。

学习活动6：估一估

师：（展示PPT）齐唱歌曲《春天在哪里》，开始计时。

师：谁来估一估，我们唱这首歌大约用了多少时间？看谁估得最接近。

师：（玩小游戏）一个小组的同学站在讲台上，教师把实物钟举给下面的同学看。台上的同学轻轻拍手，估计1分钟到了就停止，台下的同学看钟，评评拍手的同学，谁估计的最准确。

[设计意图：结合学生的生活实际，将时间与学生熟悉的活动对应起来，让学生对看不见、摸不着的时间有所感觉。培养学生良好的作息习惯，强化珍惜时间的重要性。学生通过感受时间的活动，展示、汇报、交流的过程，体会实践活动的综合性；在开展自评和他评过程中形成评价与反思的意识，从而提高解决问题的能力和创新意识。]

第3课时：时间在哪里？

通过以数学学科为主导绘制时间连环画，在这个过程中不仅培养了学生合理规划时间的能力，还锻炼了学生的创新能力，加深了对时间的认识，同时潜移默化地培养学生推测事件发生的可能时间。让孩子们在讲述、描绘自己故事的过程中，对时间的顺序性有进一步感知，体会到珍惜时间的重要性。

学习活动7：分享生活故事

师：老师知道大家都是会讲故事的孩子，昨天老师让大家记录了自己亲身经历的一件事，有谁能够上来分享给大家？

（学生分享一家人去北京旅游的故事。）

师：在这篇故事中，从哪里可以发现数学信息或者加入数学信息？（指着开头"星期五"）这个是什么？

生$_1$：时间。

师：帮他想一想，哪里还可以加入时间呢？

生$_2$：游玩的时候。

师：比如爬长城的时间是？

生$_3$：大约中午的时候。

师：还有哪里有时间？

生$_4$：吃午饭的时候。

生$_5$：休息的时间。

生$_6$：到达北京的时间。

师：既然有到达的时间，那就有？

生$_7$：出发的时间。

生$_8$：从家里出发的时间、从车站出发的时间。

组织交流：这些都是我们生活中常用到的，但是一般都是家人去为我们思考。现在我们要学会自己安排时间，在自己的故事中加入合理的时间。

学习活动 8：动手制作

师：加入时间后，我们来对比一下有什么变化。

四点起床直奔天安门看升旗。

生$_1$：有了"四点"我才知道他起得好早。

生$_2$：有了"四点"我才更能感受他着急去天安门看升旗的心情。

生$_3$：故事内容表达得更有顺序了。

生$_4$：把没有的东西都填上了。

师：它真的没有吗？这说明什么啊？

生$_5$：数学已经融入了我们的生活，只是我们没有关注到。

根据改好的故事，结合学到的钟表知识，绘制时间连环画。

学习活动 9：课堂评价

1. 先自评，再在小组内交流选出优秀作品并展示，说明选择的理由。

2. 班级内欣赏作品，鼓励学生针对作品的设计，提出建议。组织学生进行评价：你喜欢同学的作品吗？喜欢作品的设计吗？同学的作品有哪些优点？

【分享性学习】

课后和父母分享本次美术作品的设计，思考和制作流程。

小贴士：使学生充分感受时间和自己生活的联系，提高学生的分析推理能力，并学会合理安排时间。通过制作时间连环画，提高学生的策划能力和动手能力，增强学生的审美感知和对时间的理解。

［设计意图：1. 本节课在分享生活经历的基础上，学生只记起了生活中的"事"，而对于这些"事"对应的时间却"视而不见"。教师引导学生用数学的思维思考现实世界，将知识运用到实际生活中来，从关注生活到关注数学，挖掘已经融入生活的"数学"，学会用数学的语言表达现实世界。

2. 在观察对比中，感受语文更侧重描写的精彩、修辞手法的运用；而数学则侧重故事表达的准确性，事件发生的内在有序性，数学让故事的表达更详细具体。］

五、教学反思

1. 尊重学生的认知，让学生自己感知探究

本课设计了一系列的活动，充分给予了学生动手操作的空间与时间，充分调动学生的兴趣，让学生充分动起来。并且在充分的互动中，学生可以获得更多的思维结果和思维方法，可以有效地提高教学效率，从而全面提高学生数学素养，让学生在操作中更好地掌握概念和知识。学生能够在轻松愉悦的氛围中学习知识，达到本节课的目的。

2. 既注重传授知识，又渗透思想教育

在感受时间的长短的同时观察指针的移动来感受时间的流逝，帮助学生建立时间观念，渗透对时间的量感，同时初步培养学生珍惜时间的习惯。在"时间去哪儿了"活动中，感受时间的合理安排，并养成合理安排时间的习惯。在各个活动环节中，对学生进行珍惜时间的思想教育。

3. 跨学科教研活动，满足学生全面发展的需要。

本课以数学学科为主，融合数学、科学、语文、美术、道德与法治等多

方面的知识，打开学科边界，引领学生从时间单位出发，在深度参与、深度思考、深度融合的过程中，认读钟表，理解时、分及其关系，感受数学知识之间、数学与其他学科之间、数学与生活之间的联系。并通过查阅资料学习时钟发展的历史，了解各式各样的钟表，拓宽视野。同时，引导学生尝试用学过的知识联系生活实际，实现对知识的深度理解和自主迁移，提高解决实际问题的能力，发展核心素养。

Unit 3 Numbers and Animals

跨学科主题活动"Numbers and Animals"在四年级开展，结合真实的语言情景，设计了两个主要活动："我是小小农场主"和"我是小小计算王"。学生在语言实践中综合运用英语、数学、美术、科学、音乐等学科知识，在实际情境中谈论自己拥有的物品和数量，并将英语数字运用到加法算式中，将英语数量词与实际生活相联系，学以致用。

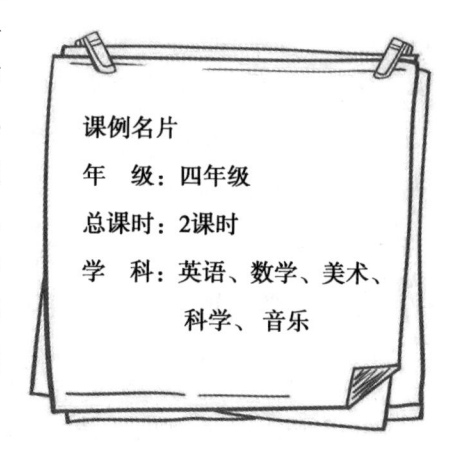

课例名片
年　级：四年级
总课时：2课时
学　科：英语、数学、美术、科学、音乐

一、主题分析

2022年版英语课标课程理念指出，"突出课程综合"以培养学生综合运用所学知识和方法，解决实际问题的能力为目标，重点解决实际问题，以跨学科主题学习为主，坚持素养导向，落实育人为本，促进学生德智体美全面发展。"Numbers and Animals"主题在闽教版四年级上册第三单元的基础上设计，以"Numbers and Animals"有关的电子邮件和对话活动为载体，通过听、说、读、写、演等形式开展英语实践活动，学生在英语实践中体验学习的快乐，在体验中成长。"Numbers and Animals"主题意在综合应用英语和数学、美术、科学、音乐等学科的知识与方法，着力培养学生的英语核心素养、探究意识、逻辑思维能力、合作交流能力。本单元的两个语篇从不同的角度谈论和阐述数字和动物。单元内各语篇与单元主题之间、各语篇之间相互关联,构成两个子主题,即:"农场上动物及其数量""英语数量词在加法算式中的运用"。各课时围绕单元主题和子主题展开,课时之间既相互独立又紧密联系。语言学习渗透在对语篇主题意义的探究中,学习活动由浅入深,理解性技能与表达性技能协同发展,有效帮助学生形成基于主题的结构化知识。

二、学习目标

1. 在语境中与同伴互相介绍常见动物,交流自己的物品和数量。

2. 在语境中仿照范例与同伴交流加法算式,将英语数量词跨学科运用,与生活实际相联系。

3. 了解数字在中西方文化中的差异。

三、学习规划

Numbers and Animals 的学习结构图和规划表如下:

单元主题:Numbers and Animals			
语篇	核心词汇	核心句式	技能与策略学习要点
(一) Numbers and Animals Part A	数词:thirteen、fourteen、fifteen、sixteen 动物:cow、horse、sheep	表达自己所拥有的物品: I have… We have…	在听、读、看的过程中有目的地提取、梳理所需信息。 在语境中,根据单词的音、形、义学习词汇。
(二) Numbers and Animals Part B	数词:seventeen、eighteen、nineteen、twenty 疑问词:how much 描述品质:clever	表达简单的加法算式: How much is…and…? It's…	借助图片和核心语言表达简单的加法算式。

单元主题：Numbers and Animals

```
数词表达物品数量  →  数词表达加法算式
         ↓     科学  美术  音乐  数学    ↓
                      英语
我是小小农场主：电子邮件式简              我是小小计算王：简短对话交流英语数
短介绍农场动物及其数量，画一              词在加法算式中的运用，唱一唱英文数
画自己想象中的农场。                      字歌曲。
```

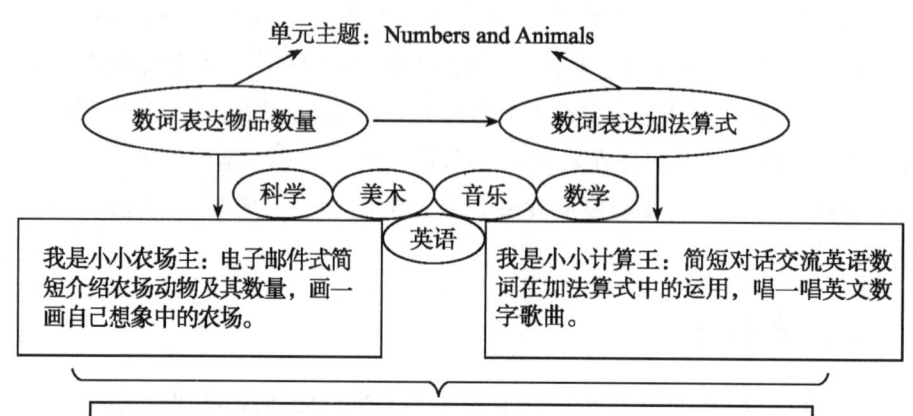

用所学语言介绍、描述常见动物，表达加法算式，了解数量词在中西方文化中的差异和在生活实际中的应用。

四、学习过程

第1课时：I have a farm

学习活动1：我是小小农场主

教学目标	学习活动	效果评价
1. 在看、听、认读的活动中，掌握 farm 的音、形和意义。（学习理解） 2. 在教师的引导下，运用核心语言 I have 描述所拥有的物品数量。（应用实践） 3. 在看、听、说的活动中，掌握单词 cow、horse、sheep 的词形和	1. 学生在分组中感知并学习新词汇 farm。 2. 学生基于已有知识储备，欣赏歌曲 Old MacDonald Had a Farm，并在教师的引导下，说出歌中相关动物的名称和数量，感知本课主题。 3. 学生在教师的引导下，学习单词 have 以及句型 I have...，并运用该句型描述所拥有的物品数量。 4. 学生观看视频，理解邮件大意，勾选出 Sally 爷爷奶奶农场上有的动物图片。借助图片、动物声音和自然拼读掌握动物词汇 cow—cows、	1. 教师观察学生能否主动融入课堂情境。 2. 教师观察学生学习兴趣是否被激发，学生能否参与互动与交流，分享个人对该主题的已有知识、经验。教师根据学生的反馈给予指导。 3. 教师观察学生对核心语言的认读、理解和运用情况，给予必要的指导。

续表

教学目标	学习活动	效果评价
意义，并在教师的引导下，学习字母组合 ee 在单词中的发音。（学习理解） 4. 在看、听、说的活动中，掌握单词 thirteen、fourteen、fifteen、sixteen 的词形和意义。 5. 在教师的帮助下，运用正确的语音、语调朗读邮件内容。（学习理解）	horse—horses、sheep—sheep 的音、形、义。 5. 学生通过 sheep，学习字母组合 ee 在单词中的发音。（学习理解） 6. 学生通过动物回栏游戏操练巩固词汇。 7. 学生再次观看视频，理解邮件大意，填写出邮件中提到的动物数量。尝试总结 thirteen、fourteen、fifteen、sixteen 的拼写规律。 8. 学生听录音跟读，朗读邮件短文，关注语音、语调等。	4. 教师观察学生完成勾选活动的情况，根据学生理解词汇、拼读单词的情况表现给予指导和提供帮助。 5. 教师根据学生的填写情况，对相关数词的理解、拼读情况给予指导和提供帮助。 6. 教师根据不同能力水平的学生朗读的情况，给予指导或者鼓励。
6. 在教师的帮助下，续编邮件内容。（迁移创新）	9. 学生在教师的引导下，关注邮件未完待续的内容，运用核心语言 We have... 从农场水果和农场蔬菜两方面续编邮件内容，为后续小组讨论汇报做好准备。	7. 教师观察学生能否发散思维，续说邮件内容。根据学生的表现给予必要的提示和指导。
7. 根据课堂生成的小组农场，在组内运用核心语言 We have... 讨论、介绍本组农场，书写相关语篇，并向全班做汇报展示。（迁移创新）	10. 学生在教师的指导下，运用核心语言 We have 讨论、写出各自农场上有的物种以及物种数量，小组成员共同上台介绍。 11. 学生在教师的引导下明白要珍惜食物，杜绝浪费的道理。 12. 学习小结。 13. Chant（自编律动 chant，串联本课核心词汇和句型）。 14. 画一画自己的农场。	8. 教师观察学生在小组内运用所学语言交流的情况，给予鼓励和帮助。 9. 教师观察学生向全班汇报的情况，评价教与学的成效。

133

[设计意图：1. 帮助学生在语境中理解邮件内容，学习短文中的词汇和核心语言。学生在教师的指导下，通过歌曲和图片，观看课文视频，从大意到细节逐步理解短文内容。在词汇教学中，学生在教师的指导下发展拼读能力，积累并拓展词汇。学生通过跟读和朗读短文，进一步理解短文内容、内化语言，为语言输出奠定基础。

2. 引导学生在归纳和整理核心语言的基础上，通过发散思维，从农场水果和农场蔬菜两方面续说邮件内容，促使语言内化，从学习理解过渡到运用实践和迁移创新，为后面的拓展输出做准备。

3. 帮助学生在迁移的语境中，运用所学语言，讨论、写出各自农场上有的物种以及物种数量，并向全班介绍。学生从课本走向现实，在交流、书写和介绍各农场的过程中，发展综合语言运用能力。]

板书设计：

Unit 3 Numbers and Animals Part A

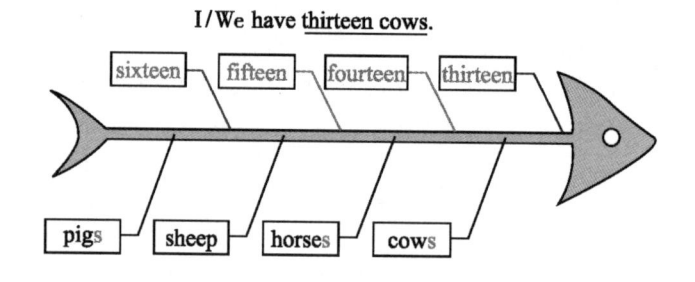

I/We have thirteen cows.

sixteen　fifteen　fourteen　thirteen

pigs　sheep　horses　cows

第 2 课时：How much is seventeen and three?

学习活动 2：我是小小计算王

教学目标	学习活动	效果评价
1. 在看、听、说的活动中，掌握 seventeen、	1. 学生基于图片和上节课知识自由问答，激活旧知。 2. 学生基于图片和已有经验，预测对话内	1. 教师观察学生能否参与复习旧知的互动和交流，根据需要进行

续表

教学目标	学习活动	效果评价
eighteen、nineteen、twenty 等的音、形、义，获取和梳理对话中加法算式的表达。	容，感知单词 clever 的含义。 3. 学生观看对话视频，验证预测，理解对话大意，根据图片里的数学算式理解 How much is... and...？ 4. 学生再次观看对话视频，理解对话视频。学习 seventeen、eighteen、nineteen、twenty。学生在教师的引导下，根据拼读规律尝试拼读，发现拼写的不同之处。 5. 学生完成趣味游戏，巩固核心语言。 6. 学生在小组内说一说数字 21—29，再在全班交流。 7. 学生听录音跟读，分角色朗读，关注语音、语调、节奏、连读和重读等。	追问或者给予帮助。 2. 教师根据学生理解对话大意的情况，给予指导。 3. 教师观察学生完成词汇理解、拼读单词和拓展词汇的情况，发现问题，及时提供帮助，给予指导和反馈。 4. 观察学生的知识迁移能力，给予指导。 5. 根据不同能力水平学生的朗读对话的情况给予指导或者鼓励。
2. 在教师的帮助下，分角色表演对话或创编对话。	8. 学生在教师的指导下，根据核心语言进行角色替换，开展同伴问答活动。参考语言： How much is... and...？ It's...	教师观察学生在语境中运用核心语言进行交流的情况，根据学生的表现给予指导和反馈。
3. 在小组内交流讨论加法算式。（程度好的学生可以尝试创编更多的童谣） 4. 设计"列算式计算""数学图形与认识——	9. 学生小组内运用核心语言补全童谣并汇报，跟随音乐学唱。 10.（1）列算式计算。 How much is thirteen and three? □□ + □□ ──── □□	1. 教师观察学生完成情况和汇报情况，评价教与学的成效。 2. 本题创设了列算式并计算的任务情境，学生需要读懂英文句子，运用数学解题思路才能正确列出算式并得出答案。

续表

教学目标	学习活动	效果评价
平面组合图形""数学条形统计图""鸡鸭同笼"课堂练习。	(2) 数学图形与认识——平面组合图形。 ① How many ○? 　_____ 　_____ ② How many △? 　_____ 　_____ (3) 数学条形统计图。 看图表，模仿例子，另写三个句子。 例：I have fifteen pigs. 1. _____ 2. _____ 3. _____ (4) 鸡鸭同笼。	本题将英语仿写和数学统计图表相结合，考查学生读图、述图能力。试题以条形统计图的形式呈现数据，对仿写的内容做了清晰、简洁的要求，并提供部分参考词汇，给学生一定的语言支撑。

续表

教学目标	学习活动	效果评价
	①How many ducks? ―――――― ―――――― ②How many hens? ―――――― ――――――	

[设计意图：1. 帮助学生在语境中理解对话内容，学习对话中的词汇和核心语言。学生在教师的指导下，通过观看对话视频，从大意到细节逐步理解对话内容。在词汇教学中，学生在教师的指导下发展拼读能力，积累并拓展词汇。学生分小组进行口头练习，培养了合作学习能力。

2. 引导学生在归纳和整理核心语言的基础上，分角色扮演，运用语言理解意义。程度较好的学生还可以通过迁移语境，创造性地运用所学语言创编新对话，感受跨学科学习的乐趣。

3. 帮助学生从学习理解过渡到应用实践，在迁移的语境中，运用所学语言完成童谣，程度好的学生可以写出更多的算式，发展跨学科学习能力。]

板书设计：

Unit 3 Numbers and Animals Part B

How mush is _____ and _____?　　　seven**teen**

It's _____.　　　eigh**teen**

　　　　　　　　　　　　　　　　　　　　　nine**teen**

　　　　　　　　　　　　　　　　　　　　　twen**ty**

五、教学反思

英语课程标准指出：激发学生对英语学习的好奇心，使他们乐于学习；能根据简单的指令做动作或做游戏；能用英语进行简单的角色扮演。本节课教学的内容是数字与动物，教学对象是四年级的学生，他们年龄小、好动、好玩，好奇心强，并且模仿能力强，也有一年的英语学习基础，有很强的说的欲望，所以根据学生的心理特征与实际情况，在教学过程中，设计了"我是小小农场主"和"我是小小计算王"活动，并能在活动的过程中，让学生互相学习，互相协助，体验成功的喜悦，培养合作精神。

（一）这节课中做得比较好的方面

1. 加强对学生学习策略的指导，让他们在学习和运用的过程中逐步学会如何学习。比如，本节课中，在学习"十几"数字的表达中，我让学生自己去发现规律、总结规律，然后把规律应用到新知识的学习中去。

2. 关注学生情感，营造民主、和谐的教学气氛，学生只有对自身、对英语和其文化有积极的情感，才能坚持英语学习的动力并取得成果。情感是学好英语的重要因素，因此，我努力营造宽松民主、和谐的教学空间，做到：

（1）互相学习，互相协助，体验成就感，培养合作精神。

（2）关注学习有困难的或性格内向的学生，尽可能让他们有发言的机会。比如本节课中的"我是小小农场主"活动，我让所有的同学都参与其中，通过体验、实践、合作、探索等方式，为学生提供自主学习和直接交流的机会。

（二）这节课中做得不够到位的方面

1. 语音语调方面，教授新单词时一定要注意培养学生静听、细看、再模仿的习惯，当学生朗读单词时，老师一定要注意观察学生的口型，以便及时纠正错误读音。对于语调的培养，可以采用升降符号、手势语来吸引学生的注意及模仿。

2. 学以致用的范围太小了，拓展延伸不够。比如在"我是小小农场主"活动中主题太小了，可以多增加几个话题，要让孩子把知识带到生活中去用，同时，也要让孩子在生活中学习英语知识。

3. 课的教学模式有待改进，试着与语篇教学模式相结合进行。在今后的英语教学中，将探寻更为有效的英语教学方法，研究英语课程标准，设计针对性强、内容丰富的课堂教学，努力做得更好。

窗花中的年味

跨学科主题活动"窗花中的年味"以走进古街,传承非遗为活动背景,围绕"剪窗花—唱窗花—舞窗花",创设真实情境。融合语文、数学、美术等学科知识,了解中国非遗项目"剪纸"以及经典芭蕾舞剧《白毛女》选段。结合寻找身边事物的窗花模型,提升学生对所学知识技能的实际运用能力,从而发展学生的审美感知、创意实践、文化理解、创新意识、问题解决等素养。

课例名片
年　级:二年级
总课时:3课时
学　科:语文、数学、美术、信息技术

一、主题分析

跨学科主题活动"窗花中的年味"的主题设计基于湘教版音乐教材二年级上册第五课内容,活动素材来源于学生的生活实际。通过观察地区过年前的景象,探索窗花中的艺术。围绕课标,结合低年级学生的生活经验,选用学生感兴趣的素材,创设与音乐情绪相适应、与生活相关联的环境和氛围,体现趣味化、生活化、情景化、综合化等特点,展开系列活动,从中体现音乐性。

在这个跨学科主题中,学习任务被划分成若干阶段,明确学业要求,结合本校校园的实际情况,走入"艺剪梅"剪纸社团,有序展开。趣味化是把剪纸带入课堂,让学生掌握艺术技能,兴趣是最好的老师,有效的导入环节是激发学生的学习兴趣,保持学生注意力的前提条件。

音乐来源于生活又还原于生活。生活化是春节前,让学生带着学习任务走进兴化古街,寻找窗花在生活中的运用,体会年味。组织学生,寻找窗花在建筑中的运用(梅园书苑)。

情景化是让孩子运用律动的方式参与,模仿边贴窗花边舞蹈的情境。欣赏芭蕾舞剧《窗花舞》，体验音乐欢快的情绪，通过听觉、视觉和动觉的结合，领略歌剧舞剧的风格。

综合化是指此项目学习中会涉及多学科元素。比如在听歌曲时运用了美术剪纸，在唱窗花中运用了语文朗诵儿歌，在舞窗花中运用了信息技术手段，通过多个网络平台搜索等等。

二、学习目标

1. 能用轻柔连贯的声音演唱陕西民歌《剪窗花》。
2. 听赏舞剧音乐《窗花舞》，引导学生以律动的方式感受乐曲轻快、活泼的情绪。

三、学习规划

"窗花中的年味"的学习结构图和规划表如下所示：

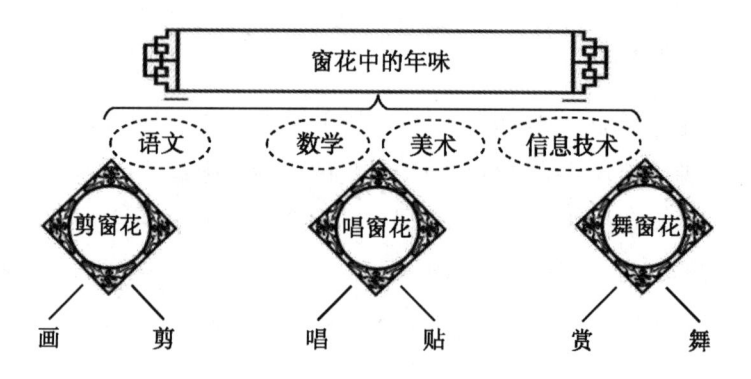

课时	任务	学习活动	课时目标	学习评价	学习资源
1	剪窗花	学习剪纸，感受中国的非物质文化遗产，激发民族自豪感，触发感受美、发现美的能力。	通过了解剪纸的历史和发展，学习剪窗花。	能够找出窗花中的对称和不对称的美。	剪纸窗花

续表

课时	任务	学习活动	课时目标	学习评价	学习资源
2	唱窗花	学会演出歌曲《剪窗花》，并能用自然流畅的声音表现歌曲。	演唱歌曲《剪窗花》、学习音乐知识以及练一练。	能用轻柔连贯的声音演唱陕北民歌《剪窗花》。	网络音乐素材
3	舞窗花	欣赏乐曲《窗花舞》，了解曲中的演奏乐器。随乐起舞，自编动作，有节奏地模仿除夕夜喜儿等待出门躲债爹爹回家过年的情景。欣赏芭蕾舞《窗花舞》，将舞剧改编为课本剧，进行表演。	1. 通过听赏西洋管弦乐演奏的具有中国典型民歌风的作品，吸引学生的参与积极性，并通过亲身实践感受中国传统打击乐器为乐曲带来的"年味"。2. 学习《窗花舞》。3. 通过听觉、视觉和动觉的结合，更深刻地领略《窗花舞》的音乐风格。	1. 能够体验音乐的情绪。2. 能随乐曲边哼唱主题边律动，体会音乐轻盈活泼的特点。3. 能通过拓展欣赏《窗花舞》的芭蕾舞剧表演，让学生随乐模仿芭蕾舞，改编为课本剧表演。	自制窗花、芭蕾舞剧《窗花舞》视频、PPT

四、学习过程

任务一：品剪纸艺术 剪创意窗花

课程预设：本次课程主要带领学生参观兴化古街，使学生了解非遗、了解剪纸历史，通过一系列活动，感受剪纸的美，通过对经典作品的欣赏，发现剪纸的美，通过初步学会剪纸的技艺，尝试创造美。

学习活动1：了解中国的非物质文化遗产，了解剪窗花的由来和历史。

> **课前准备**
> 查阅资料，初步了解什么是中国的非物质文化遗产。

1. 创设新年的喜庆情景

(1) 导入。

师：同学们，新的一年马上就要到了，你们是怎样过新年的呢？会做些什么事呢？

生：……

师：我们来看看这个视频里的人们过新年会做些什么？

（2）播放课件蔚县人民剪窗花贴窗花的画面。

（3）引出剪窗花。

2. 了解物质文化遗产和非物质文化遗产的区别

（1）PPT播放两组图片，一组为物质文化遗产，另一组为非物质文化遗产。请学生对比说出有什么相同点和不同点。

第一组：

第二组：

（2）学生分成6组，每组6人讨论图片相同点和不同点，初步知道物质文化遗产和非物质文化遗产的区别，讨论后每个小组派一名组员汇报结果。

（3）师小结。

物质文化遗产：也称为有形文化遗产，是指那些具有历史、艺术或科学价值的建筑物、遗址、纪念物、工艺品等。这些遗产可以由人类创造也可以自然形成，例如中国的故宫和长城、埃及的金字塔等都是物质文化遗产的代表。物质文化遗产的特点是有物质形态，因此它们容易被破坏或消失，因此需要特别的保护措施。保护物质文化遗产通常采用原质保护、数字化保护、修复和维护等方法。

非物质文化遗产：在中国，非物质文化遗产是指各族人民世代相传，并视为其文化遗产组成部分的各种传统文化表现形式，以及与传统文化表现形式相关的实物和场所。非物质文化遗产是文化多样性中最富活力的重要组成部分，是人类文明的结晶和最宝贵的共同财富，承载着人类的智慧、人类历史的文明与辉煌。如：中国剪纸、皮影戏、古琴等。

（4）认识中国非遗的标识，小组讨论发言，至少说出中国的 3 个非物质文化遗产。

3. 了解剪纸的由来和历史

（1）问题导入：见过剪纸吗？在哪里？什么样的？

要求每位学生在自己的纸板上写下答案，主动积极表达。

（2）PPT 播放，介绍中国剪纸的由来和历史。

①剪纸的发现

②剪纸的历史

以 PPT 形式，剪纸图片为主，配以少量文字，给学生以美的视觉冲击。

［设计意图：运用 PPT 展示大量的素材，感受中国的非物质文化遗产，激发民族自豪感，触发感受美、发现美的能力。］

学习活动 2：逛古街，欣赏剪纸艺术，动手制作

4. 实践活动

师：接下来，老师要带领你们到兴化古街参观非物质文化遗产——剪纸艺术。

（1）学生整队出发去古街，欣赏各种工艺的剪纸艺术。

唐	宋	明清	近现代

河北蔚县剪纸	山西剪纸	陕西剪纸	山东剪纸

（2）模仿剪一幅剪纸。

师：刚才我们欣赏到的剪纸各式各样，非常精美。剪纸这门手工艺术，是因地而生、因地而名。在中国红的衬托下，中国传统手工艺剪纸，百家争鸣。因为地区不同，地区的文化不同，所以剪纸的艺术表达形式也不同。因为不同，所以经典，也有了地区的名气，例如吉林剪纸、北京剪纸、山西剪纸、新疆剪纸等等。说是不同，也有相同，这些剪纸、刻纸艺术都是华夏民族的文化瑰宝，是中国劳动人民智慧的结晶。接下来请同学们来设计一个你喜欢的窗花。

①剪纸准备

检查工具和材料：A4 白芯垫板（1 块）、剪纸专用剪刀（1 把）、铅笔（1 支）、橡皮（1 块）、16K 白纸（1 张）、A4 红色手工宣纸（1 张，裁成 105 mm×297 mm）。

②观看剪纸视频（轴对称性）。

③剪纸步骤。

A. 先在白纸上设计一种几何条纹，注意条纹左右的对称连接。

B. 取一张红色手工宣纸，取中对折四次。

C. 将白纸上的几何条纹复制到宣纸上。

D. 用剪刀进行剪切。

E. 完成后展开宣纸，组内相互讨论、评价作品。如果有更好的想法，可再尝试剪一次。

5. 每组展示作品

［设计意图：本环节跨学科融入美术和数学，强调实践操作，并在实践中让学生自主体会剪纸技艺中有关对称数学的概念，初步培养创造美的能力，并促进学生的交流能力，提高合作能力。］

任务二：唱窗花 贴窗花

学习活动 1：了解窗花由来，学唱歌曲《剪窗花》

> **课前准备**
> 搜集贴窗花的传说故事

1. 课件播放《剪窗花》，引导学生聆听并回答问题师：歌曲中描述了怎样的场景？歌曲的情绪是怎样的？

生$_1$：好像是在剪窗花。情绪是喜悦的。

师：同学们听得很仔细，那么你们知道什么是窗花吗？

生$_2$：窗花是贴在窗户玻璃上的剪纸，是中国汉族传统民族艺术。

师：那你们知道窗花的由来吗？

生$_3$：窗花起源于一个神话传说，讲述了一个关于重明鸟的故事。人们为了驱赶恶灵，在窗户上放置象征性的重明鸟形象以祈求平安。这个习俗最终演变成了一种普遍的民间信仰，后来通过窗花来保护家庭免受邪恶之物的侵扰。

师：什么节日会贴窗花呢？

生$_4$：中国的传统节日春节期间，大年初一至初三。

2. 再次播放《剪窗花》，出示课件窗花歌谱（图1），并学唱歌谱

图1

（1）聆听歌曲后回答问题。

师：窗花是什么图形。

生$_1$：窗花是对称图形。

师：窗花上的歌谱有什么特点？

生$_2$：上下歌谱节奏旋律一样，左右歌谱节奏一样，旋律不一样。

(2) 聆听歌曲，师生画旋律线。（旋律线画成一个简单的窗花）

(3) 学唱歌谱。

3. 学唱歌曲《剪窗花》

(1) 有感情地按节奏朗读歌词。

(2) 师弹琴，生试着演唱歌曲。

(3) 解决难点："4"的音高。

(4) 完整演唱歌曲。

4. 加入剪窗花动作，分组边唱边表演

[设计意图：《剪窗花》是一首六声徵调式的陕西民歌，歌曲呈现了小朋友节日里剪窗花的喜庆情景，结合窗花的结构特点学习歌旋律，更直观更容易让学生理解同头异尾的曲式结构，为学唱歌曲做好铺垫。]

学习活动 2：贴窗花

1. 了解贴窗花有什么讲究，贴窗花的类型有哪些

(1) 师介绍春节为什么要贴窗花，一般会贴哪些类型的窗花。

（寓意：纳吉、祝福、怯邪、除恶、劝勉、警戒、趣味）

（类型：倒贴"福"代表福到、牡丹窗花代表富贵、葫芦剪纸代表福禄、鲤鱼莲花代表年年有余等）

(2) 把学生分成 6 组，每组设计一个窗花。

2. 了解贴窗花有什么讲究

(1) 请学生把搜集到的贴窗花的讲究叙述一遍。

(2) 师总结。

3. 窗花应该怎么贴

(1) PPT 出示贴窗花步骤。

(2) 学生分组自由把设计的窗花贴在教室的窗户上。

[设计意图：通过贴窗花，体验人们贴窗花迎新年的传统过节方式，发展学生动手能力、想象力、创造力和审美能力。]

任务三：舞窗花

学习活动1：赏窗花

1. 介绍剪窗花的风俗，搜集相关音乐的图片、视频素材等，增强学生对相关文化的了解。

2. 欣赏《白毛女》中喜儿和姐妹们跳窗花舞的场景。

3. 初听乐曲，了解《白毛女》剧情。

《白毛女》讲述了贫苦农民杨白劳被地主黄世仁逼债致死，女儿喜儿在地主黄世仁家受尽凌辱后，逃入深山，苦熬三年，头发全变白。喜儿的恋人黄大春参加八路军后随部队回来，救出喜儿，打倒了黄世仁，为千千万万的受苦人报仇雪恨的故事。

4. 引导学生，想象音乐描述的是一幅怎样的画面，根据想象到的描述出来。

5. 再听《窗花舞》，请学生哼唱主旋律，以歌唱、打击乐等表演方式，在玩中学，帮助他们更好地体验和感知音乐。

6. 思考：幸福的生活来之不易，我们应当怎么做？

学习活动 2：舞窗花

1. 自编剪窗花、贴窗花的动作。
2. 拿出自制的窗花，随乐舞蹈。
3. 拓展延伸。

（1）让学生初步了解戏剧和歌剧的特点，培养学生阅读、欣赏歌剧的兴趣和能力。

（2）了解《窗花舞》背后的故事：旧社会，喜儿原本是一个活泼单纯的小姑娘，受到非人的虐待后，逃到深山老林，头发全部变成白色，村民们都怕她，以为她是鬼。从而引导学生认识到，新中国成立前的旧社会把人变成鬼，新社会把鬼变成人，从而激发他们热爱祖国的思想感情。

（3）分组讨论，设计课本剧剧本，分配角色。

（4）分组展示表演。

［设计意图：通过活动，让学生初步了解歌剧与其他艺术的异同，通过欣赏音乐作品，培养学生的语言表达能力和创作力，并能够以模唱、表演歌剧片段的形式，感受其艺术魅力。］

五、教学反思

本课的教学目标是学习用对称等不同方法来表现简单的图案，学会用折叠的方法撕窗花；练习撕纸，通过活动学习概括、夸张的表现手法，提高学生感知、观察、思考及探索能力；欣赏窗花，感受窗花这种民间艺术的美感，懂得美可以通过创造来获得。引导学生参与祖国优秀文化的传承，养成珍惜每一张纸的好习惯，同时进一步激发学生学习美术的兴趣，培养团体协作的精神。

窗花是剪纸的常见形式。窗花不仅烘托了节日的喜庆气氛，而且也为人们带来美的享受，它集装饰性、欣赏性和实用性于一体，是博大精深的中华民族文化艺术之花。

接下来，请同学们欣赏《剪窗花》。以"她们在什么时节？在干什么？心情如何？"来引领学生观看视频、欣赏乐曲。学生回答：过年、贴窗花，非常高兴。这时，我简单介绍了作品名称《窗花舞》，以及主人公白毛女在新年夜等待躲债的爹爹回家过年的主题，从而更深地体会到作品人物的喜悦心情。这样，体会、了解之后，大家再次演唱《剪窗花》，带着喜悦的心情演唱，突破重难点。学完之后，从这几课的民歌学习中我体会到，在音乐教学中，这些民俗、地方特色与衬词、歌曲情绪、旋律特点、题材风格等，都是音乐课中引领学生学习的内容，使孩子们获得准确的音乐审美与体验，在感受、理解音乐作品的同时，更好地表现作品。

秋天的歌

2022年版音乐课标课程理念指出，"突出课程综合"以培养学生综合运用所学知识和方法，解决实际问题的能力为目标，重点解决实际问题，以跨学科主题学习为主，坚持素养导向，落实育人为本，促进学生德智体美全面发展。

艺术课程的核心素养是审美感知、艺术表现、创意实践、文化理解。义务教育艺术课程包括音乐、美术、舞蹈、戏剧（含戏曲）、影视

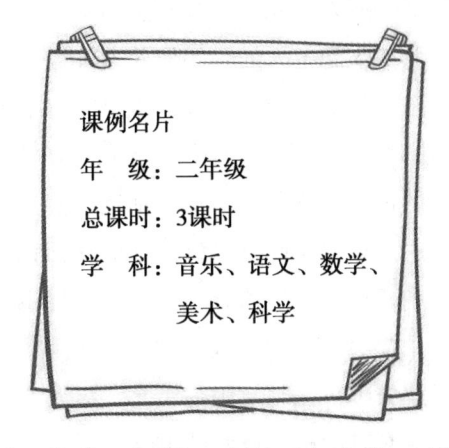

课例名片
年　级：二年级
总课时：3课时
学　科：音乐、语文、数学、
　　　　美术、科学

（含数字媒体艺术）5 个学科，以艺术实践为基础，以学习任务为抓手，有机整合学习内容，构建一体化的内容体系。

音乐学科课程内容包括欣赏、表现、创造、联系 4 类艺术实践，音乐与社会生姊妹学科、其他学科相联系，探索生活中的音乐、小型歌舞剧表演及音乐创编与展示等学习的任务。音乐学业质量表述中提出以核心素养审美感知、文化理解、艺术表现、创意实践为主的学业质量描述。

"秋天的歌"主题是在湘艺版二年级音乐上册第二单元的基础上设计的，以"秋天丰收"有关的音乐作品和音乐活动为载体，通过演唱、听赏、律动及音乐知识等形式开展音乐实践活动，学生在音乐实践中体验秋天丰收的喜悦，在体验中成长。"秋天的歌"主题意在综合应用音乐和语文、数学、美术、科学等学科的知识与方法，着力培养学生的音乐实践能力、探究意识、思维逻辑能力、社会担当等综合品质。

一、主题分析

本课是湘艺版二年级上册第二单元的内容，本主题安排"秋天丰收"有关音乐作品和音乐活动，通过演唱《金铃铛》、听赏《丰收之歌》、律动《摘果子》、学习音乐知识——节奏记号 **XXXX** 和 **X XX** 引导学生通过各种形式的音乐活动感受歌曲的情感，感受秋天丰收的喜悦，激发学生学习动机。通过音乐活动摘果子和自编舞蹈进行表演创设丰收情境，激发创造欲望，走进生活，落实立德树人的根本任务，体验劳动的价值，从而发挥学科育人功能。

通过学唱歌曲《金铃铛》、听赏歌曲《丰收之歌》、律动《摘果子》培养学生的演唱、听赏、演奏和音乐表现能力。通过搜集、配乐朗诵生活中有关秋天的古诗、诗歌、文章等活动，陶冶情操，培养学生感受美、欣赏美的能力。通过分类、计数、应用等数学活动，培养学生的逻辑思维能力，在实践应用中，培养学生的分析、解决问题的能力。学会欣赏音乐，能根据聆听到的音乐描绘秋天的丰收景象，培养学生鉴赏美、欣赏美、创造美的能力。通过了解农民耕作时使用的工具，以及制作劳动手册等活动，培养学生细致观察、认真思考和积极实践的好习惯。通过简单的体育运动，模仿果子从种子到果实成熟的过程，培养学生体育实践能力和实际应用能力。通过观察果实生长的过程，以及制作果实成长手册等活动，培养学生细致观察、认真思考和积极实践的好习惯。

二、学习目标

1. 运用音乐和其他学科知识与方法思考问题的过程，感悟音乐和其他学科知识的关系，培养学生的音乐表现能力、创意实践意识和解决实际问题的能力，发展学生的应用意识和创新意识等。

2. 经历"秋天之歌"大单元的学习，学生能够在美妙的音乐中感受歌曲的情感，会从科学的角度观察秋天，会用数学的思维思考现实生活，会用美妙的语言表达秋日美景。

3. 通过实践探究，激发学生审美情趣，陶冶学生情操、培养团队合作精神等。

三、学习规划

"秋天的歌"主题学习结构图和规划如下：

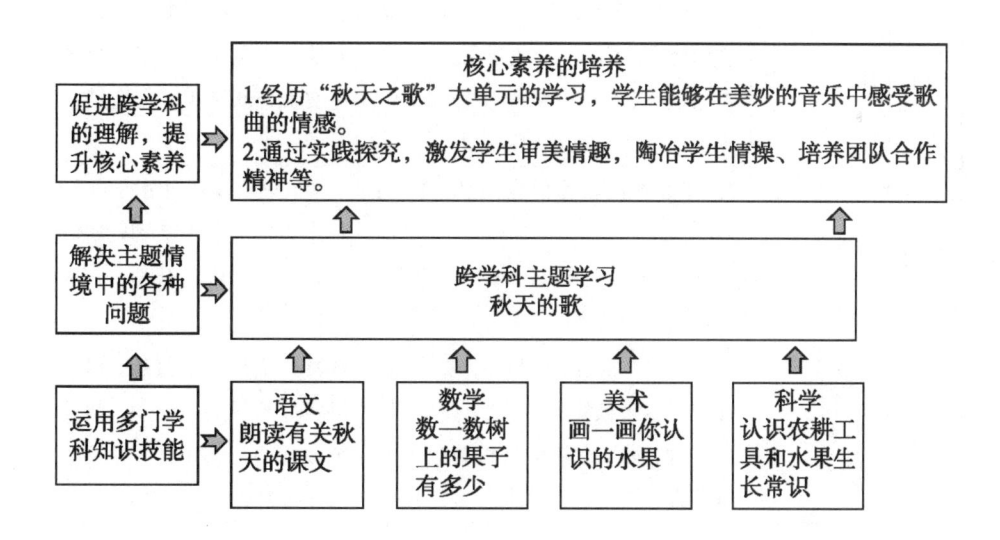

```
                          核心素养的培养
                   1.经历"秋天之歌"大单元的学习，
促进跨学科          学生能够在美妙的音乐中感受歌
的理解，提     →    曲的情感。
升核心素养          2.通过实践探究，激发学生审美情
                   趣，陶冶学生情操、培养团队合作
                   精神等。
     ↑                    ↑                            ↑
解决主题情
境中的各种     →         跨学科主题学习
问题                        秋天的歌
     ↑         ↑         ↑         ↑         ↑
           语文        数学       美术       科学
运用多门学   朗读有关秋  数—数树    画一画你认  认识农耕工
科知识技能 →  天的课文   上的果子    识的水果    具和水果生
                      有多少                  长常识
```

151

学科领域	能力类型	活动环节	活动目标
音乐	演唱、听赏	1. 学习演唱歌曲《金铃铛》，并与同学们合作演唱歌曲二声部合唱部分。 2. 听赏《丰收之歌》。 3. 随音乐《摘果子》进行律动表演。	通过学唱歌曲《金铃铛》、听赏歌曲《丰收之歌》、律动《摘果子》培养学生的演唱、听赏、演奏和音乐表现能力。
语文	理解、运用	1. 搜集生活中有关秋天的古诗、诗歌、文章。 2. 配乐朗诵有关秋天的古诗、诗歌、文章。	通过搜集、配乐朗诵生活中有关秋天的古诗、诗歌、文章等活动，陶冶情操，培养学生感受美、欣赏美的能力。
数学	解决、分析	1. 通过分类和计数活动，数一数果实的种类和数量。 2. 根据所给的果实数量和种类，创编数学问题。	通过分类、计数、应用等数学活动，培养学生的逻辑思维能力，在实践应用中，培养学生的分析、解决问题的能力。
美术	欣赏、绘画	1. 在感受音乐后用画笔绘制出音乐所表达的秋天丰收景象。 2. 在绘制活动中培养学生鉴赏美、欣赏美的审美情趣。	学会欣赏音乐，能根据聆听到的音乐描绘秋天的丰收景象，培养学生鉴赏美、欣赏美、创造美的能力。
劳动	观察、了解	1. 了解农民耕作时使用的工具。 2. 依据搜集的资料及相关数据，制作劳动手册。	通过了解农民耕作时使用的工具，以及制作劳动手册等活动，培养学生细致观察、认真思考和积极实践的好习惯。
科学	观察、了解	1. 了解生活在秋天的果实，探究果实生长的奥秘。 2. 依据搜集的资料及相关数据，设计果实成长手册。	通过观察果实生长的过程，以及制作果实成长手册等活动，培养学生细致观察、认真思考和积极实践的好习惯。

四、学习过程

第一课时：唱秋《金铃铛》

本课时教学目标：

1. 能用自然流畅的声音、欢快的情绪演唱《金铃铛》，并用肢体律动来表达丰收的场景。

2. 用和谐、均衡的声音演唱二声部合唱部分。

3. 跨学科综合学习秋天。

学习活动 1：复习柯尔文手势导入主题

1. 引导学生发现组成歌曲的基本音。

2. 柯尔文手势辅助发声练习

3. 设问：歌曲的哪一句体现了这几个基本音？

学习活动 2：聆听感知歌曲《金铃铛》

1. 初听歌曲，问题一：这首歌是用什么样的感情演唱的？

2. 复听歌曲，问题二：这首歌描绘了一幅怎样的画面？

3. 再听歌曲，问题三：哪两句是在模仿树儿和喇叭的声音？

学习活动 3：多种艺术形式学唱歌曲《金铃铛》

1. 秋的线条美。

把听到的音乐用线条画出来，并让学生猜一猜旋律线像什么？

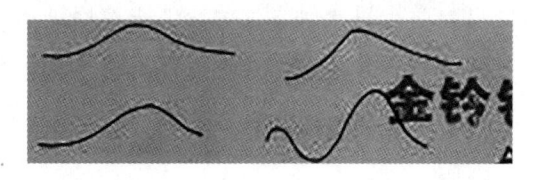

2. 秋的语言美。

用朗诵的韵味有感情地朗读歌词，可以配上《金铃铛》伴奏进行配乐诗朗诵。

3. 秋的歌声美。

（1）学生跟琴先唱谱，再跟着节奏有感情地朗读歌词，最后填词歌唱。

（2）二声部的学习

☑师唱高声部、生唱低声部，反之进行合作。

☑小组间声部进行练习。

☑同桌间声部进行练习。

（3）最后完整地齐唱，跟琴演唱，跟音频伴奏进行演唱。

4. 秋的舞动美

师编创动作与生协作，也可让生自行设计动作。

学习活动4：《金铃铛》主题拓展活动

1. 师：金铃铛指的是什么？

想一想：你还知道哪些秋收的果实？举例说明。

2. 小组朗读：用朗诵的韵味朗读歌词。

想一想：有关于秋天的诗句还有哪些？

线条美 → 语言美 → 歌声美 → 舞动美

［设计意图：二年级学生善于表现自己，好奇心强，喜欢模仿各种节奏以及情境。在本节课的教学环节中融合声势律动、表演等多种表现形式，以趣味化的方式开展音乐活动。聆听是音乐学习的基础，此"三听"设计旨在引导学生带着问题、带着任务听音乐，边听边思考歌曲的画面与内涵，建立初步的歌曲印象。用旋律线表现音乐更生动也更形象，旋律的走向起伏的线条像一座座山峰，联想到山上结满了成熟的果子。学唱的步骤环环相扣，运用各种方式进行，教师引导学生用欢快喜悦的心情来演唱歌曲，并且对学生的音准和节奏进行指导，强调要互听声部，两者兼顾。拓展部分体现了跨学科思维，进行学科迁移：音乐与语文的联系，音乐与科学的联系。］

第二课时 赏秋《丰收之歌》

本课时教学目标：

1. 听赏《丰收之歌》，能用打击乐器为歌曲伴奏，能随乐哼唱歌曲。

2. 体会丰收的喜悦，懂得珍惜劳动成果，并愿意与他人分享。

学习活动 1：情境导入主题

1. 情境导入，请学生欣赏一组图片。

2. 引导学生欣赏这一组图片，提问：从中看到一幅什么样的景象？

3. 师总结引出课题：同学们说得真好，秋天是一个丰收的季节，下面就让我们一起来学习一首在丰收时节创作的歌曲。

学习活动 2：听赏歌曲《丰收之歌》

1. 播放音乐《丰收之歌》并设问题：感受到歌曲的速度和情绪是怎样的？

2. 师介绍歌曲创作背景。

3. 课件播放秋天的一些丰收画面，再次播放音乐，让学生随乐哼唱。

4. 师出示打击乐器（碰铃、沙锤），并敲击伴奏节奏。

5. 请学生创编节奏。

学习活动 3：表现歌曲《丰收之歌》

1. 为学生进行分组——伴奏组和舞蹈组，及时对学生的表演情况进行辅导纠正。

2. 引导孩子交流本节课学到了什么。

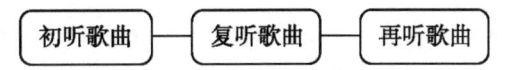

初听歌曲 — 复听歌曲 — 再听歌曲

［设计意图：《丰收之歌》是主题学习"秋天的歌"第二课时的内容，本课时安排了与"秋天丰收"有关的音乐作品和音乐活动。通过欣赏启发学生的想象，激发他们的兴趣与求知欲，使学生在聆听过程中对歌曲有初步的感受。多次聆听，让学生熟悉歌词，掌握歌曲的节奏。学生通过丰收喜悦的场面，体会劳动的价值，从而养成劳动的好习惯。与学生谈收获，培养了学生交流、反思的能力。］

第三课时　跳秋《摘果子》

本课时教学目标：

1. 引导学生在唱歌的基础上萌发律动表演的兴趣。

2. 学习转腕、收指、半蹲、倾头等动作，并按节拍完成动作，引导学生手动眼随。

3. 加深对秋天的认识，体验水果丰收的喜悦。

学习活动1：音乐情景导入主题

导入新课。

师：秋天到了，果园的水果都成熟了，小朋友们想不想亲自去摘一摘呀？

师：今天，老师为小朋友们带来了一首歌曲《摘果子》，让我们一起在歌声中感受一下摘果子的心情吧！

学习活动2：创编动作《摘果子》

1. 师：请小朋友们再把歌曲听一次，感受歌曲开心愉快的情境。

2. 随着音乐做出相应的动作、表情。

学习活动3：交流分享实践反思

1. 及时对交流中的情况进行监控。

2. 分享结束后，引导学生对本次实践表演进行反思。

> 摘果子
> 果园里——果子丰收
> 果农们——摘果子（创编）

［设计意图：学生有一定的音乐表现力，大部分学生能随音乐做出与音乐内容相符的表情动作且肢体协调。少部分学生肢体不太协调，但能通过反复练习得以改善。本课时首先创设情境，引导想象，揭示课题；然后引导思考，自主创编，并通过歌曲表演和创编动作清楚地展示；最后进行小组合作，提高学生的表达、表现能力，培养总结、反思意识。］

五、教学反思

1. 演唱《金铃铛》。

学会在聆听中了解歌曲的情感、力度等基本要素的变化，引导学生带着问题听音乐，培养学生的审美感知能力。把画旋律线和律动加入课堂，增加课堂趣味，无形中提高了学生的音高感受和节奏把握能力。

二年级学生好奇心强，喜欢模仿，二声部的片段中，歌词模仿树的沙沙声和汽车喇叭声，旋律也是音程模进形式，用自己的声音来表达丰收果园的声音，达到艺术表现和创意实践的目的拓展思维必不可少，课堂进行一定的学科迁移能够使学生在更深层次上理解音乐，也能提高他们的文化理解能力。

2. 听赏《丰收之歌》

这节课，我深感每个学生都很棒，因为有了他们的创造，才使我们的课堂变得如此丰富多彩，在这个生动活泼的教学过程中，学生由"心动"到"行动"，充分地发挥了想象力和创造力，培养了他们团结协作的精神，增强了同学间的合作意识，在开心、快乐的学习氛围中获得了审美愉快体验，增强了他们进一步学习音乐的浓厚兴趣和信心。同时，也使我的音乐教学变得更加轻松愉快。

3. 律动《摘果子》

摘果子是一节音乐律动活动课，重点是体验并表现劳动时的愉快和果子丰收的喜悦心情。创编不同方位摘果子动作，随音乐节奏合拍地做摘果子以及踵趾小跑步的动作。

这首律动一共有八小节，42拍，节奏欢快。听到这样的律动，让人忍不住想随之舞动。

活动中小家伙们的脸上始终荡漾着快乐的神情，通过这样的律动，也让我了解到任何活动都要建立在学生已有的知识经验之上，要进行相应的准备、衔接活动。要循序渐进，慢慢来，正如这节律动，要将过于复杂的动作分解再分解，将丰富有趣的肢体语言融合进音乐中。然而在这方面我做得远远不够，还有很多的不足，需不断地"多听、多看、多学、多记、多想"，向着孩子的世界一步步靠近。

兴化元宵
——小学美术跨学科主题学习

跨学科主题活动——"兴化元宵"在五年级开展，结合真实的元宵节情境，设计了三个主要环节：逛元宵、做调查；赏花灯、扎花灯、绘纹样；设计文创产品。学生在实践中，综合运用美术、语文、历史、劳动等学科知识，在实际情境中经历认识莆田元宵节的历史习俗、制作元宵节调查表、了解花灯的由来、学习制作莆田传统非遗文化工艺品、宣传莆田等具体活动。在活动过程中将民俗知识融入到作业设计中，与生活实践深度链接，拓展艺术知识的深度和广度，在潜移默化中激发学生对传统文化的热度，促进学科核心素养全面发展。

> **课例名片**
> 年　级：五年级
> 总课时：4课时
> 学　科：美术、语文、历史、劳动

一、主题分析

该主题来自 2022 年版新课标"综合·探索"领域第二学段主题活动"元宵节"，这也是源自学生生活的真实情境。课标中关于此主题活动的"学业要求"有：引导学生了解元宵节的风俗习惯，会在真实或模拟的情境中进行彩灯的设计制作并宣传。在教师的指导下，学生能够将课堂中的美术知识迁移，联系实际运用，形成学生的核心素养目标。第二学段的"教学提示"则从活动目标、内容、形式、评价等方面提出了具体的建议。这是本课例设计的参照和依据。

五年级的学生基本上对元宵节文化有一定的了解，对三维空间也有一定的掌握。因此在扎花灯时能有一些基本的认识，但对于花灯的制作方法等需要进一步的梳理使其系统化、明确化。本课例在设计与实施中重点关注了"制作调查表""扎花灯""设计纹样""宣传莆田元宵名片"这四个操作环节，加强对学生实践操作的前期指导、活动中指导及活动后的反思引导。而且对于五年级学生来说，他们是充满好奇的，会自然提出意见和感兴趣的问题，也能进行自主思考，这也成为促进学生动手探究的重要途径。因此，在活动中教师引导学生勇于参与制作，提出制作花灯中遇到的问题，鼓励学生研究感兴趣的问题。学生在操作实践、发现和解决问题的过程中，丰富经验，提升素养。

二、学习目标

1. 引导学生了解元宵节的风俗习惯，并通过欣赏，感受元宵节热烈的气氛。
2. 引导学生进行花灯的设计制作，传承和保护莆田的非遗技艺，培养学生的美术综合素质，宣传莆田元宵节文化。
3. 了解中国传统文化，培养学生的民族自豪感，激发热爱中华民族文化的情感。

三、学习规划

"兴化元宵"的学习结构图和规划表如下：

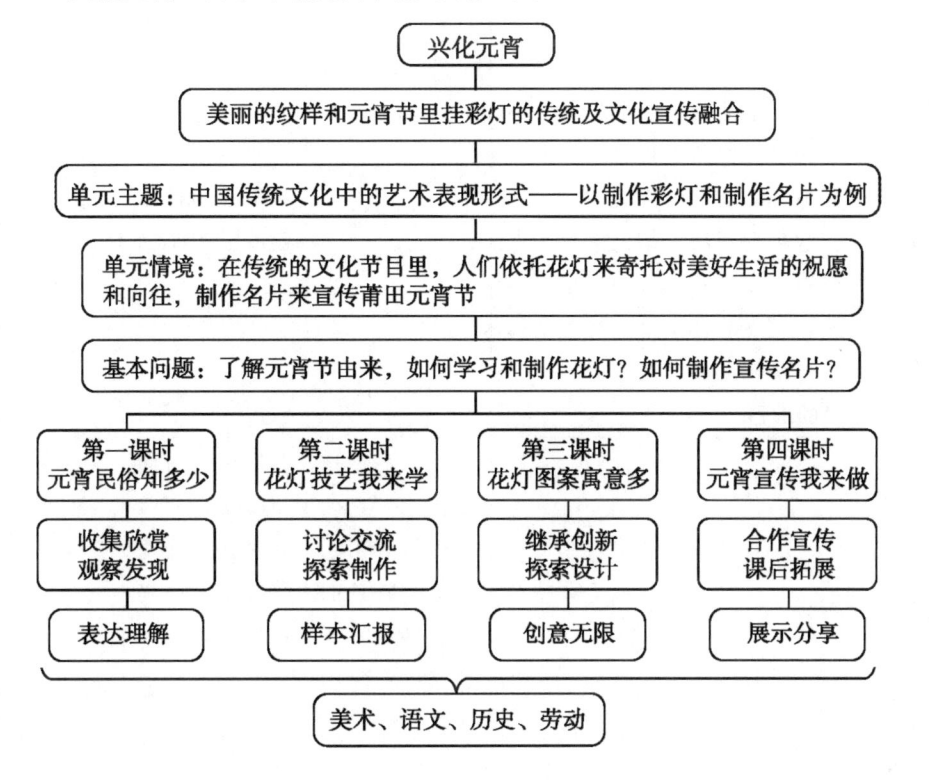

```
                          兴化元宵
                             │
              美丽的纹样和元宵节里挂彩灯的传统及文化宣传融合
                             │
        单元主题：中国传统文化中的艺术表现形式——以制作彩灯和制作名片为例
                             │
        单元情境：在传统的文化节目里，人们依托花灯来寄托对美好生活的祝愿
                  和向往，制作名片来宣传莆田元宵节
                             │
        基本问题：了解元宵节由来，如何学习和制作花灯？如何制作宣传名片？
           │              │              │              │
        第一课时        第二课时        第三课时        第四课时
      元宵民俗知多少   花灯技艺我来学   花灯图案寓意多   元宵宣传我来做
           │              │              │              │
        收集欣赏        讨论交流        继承创新        合作宣传
        观察发现        探索制作        探索设计        课后拓展
           │              │              │              │
        表达理解        样本汇报        创意无限        展示分享
           └──────────────┴──────┬───────┴──────────────┘
                         美术、语文、历史、劳动
```

159

小学美术课例1

课时	任务	学习活动	课时目标	学习评价	学习资源
1	了解元宵由来以及莆田元宵节的习俗活动。作为当地人,你对莆田元宵的了解有多少?	活动1:视频播放元宵节热闹场景,预设元宵节情境,带学生了解元宵节由来。	了解元宵节的历史渊源,增加学生文化底蕴。	积极参与查找和搜集教材中有关的美术资料。	
		活动2:以莆田元宵节的习俗为主题来做调查,填写调查表,绘画莆田元宵节活动项目等。	能够比较准确地调查出莆田元宵节的习俗以及各项活动,并且能直接画出来。	利用课余时间主动发现并考察身边的古元宵习俗,向家中长辈等回访调查。	学习调查单
2	带领学生去兴化府文化街参观,向非遗传承人学习扎灯笼的技术。培养学生的审美能力以及动手操作能力,体验传统工艺传承的乐趣。	活动3:抓住莆田传统花灯的制作方法特点,集绘画、书法等艺术与扎、编、糊等工艺来表现出具有莆田特色的灯笼。	发现灯笼的造型、纹样特点以及不同之处。	积极参与课堂学习与创作。	课件、图片、视频
3		活动4:设计纹样,并绘画在花灯上。	领会非遗传统工艺内涵,能够用传统工艺将莆田特色的非遗灯笼呈现出来,表现出灯笼之美。	利用课余时间主动搜集资料,并对保护非遗传统工艺品提出自己的观点。	学习单

续表

课时	任务	学习活动	课时目标	学习评价	学习资源
4	引导学生运用传统纹样和宣传标语创作出与莆田元宵节相关的名片作品，来宣传莆田元宵节。培养学生的审美能力以及动手制作能力，体验学习的乐趣。	活动5：抓住莆田元宵节的特色之处，采用莆田元宵节宣传名片，来表现莆田的文化历史习俗。	发现莆田元宵节的习俗、节日活动、节日美食等。能够对莆田的元宵节历史文化进行思考，用自己喜欢的传统纹样方式结合自己独特的风格设计来制作宣传文创作品，进行推广。	积极参与课堂学习创作。利用课余时间主动发现并考察身边的文创作品形式。激发爱家乡的情怀。	1. 课件、图片、视频 2. 学习单

四、学习过程

第一课时　元宵民俗知多少

本课时的主要目标是激发学生参与活动的兴趣，在真实情境中结合学生的已有经验了解莆田元宵节的由来、习俗活动、风俗特色等，提出感兴趣的问题，制作调查表。

学习活动1：在生活中认识元宵节

师：今天我们的课堂迎来了来自哈尔滨的小可爱们。恰逢元宵节，让来自远方的朋友来感受我们莆田人民的热情吧。我们将一起探索这个传统节日背后的故事和庆祝活动。

教师请学生来讲解元宵节的历史由来。

师：同学们，你们对莆田元宵节的了解有多少？每个人家里的元宵节活动都一样吗？

教师组织学生讨论：莆田元宵节有哪些节日习俗活动，莆田每个地方的节日活动有哪些异同点？教师做简要的总结。

学习活动 2：做莆田元宵节的调查表

师：同学们，请你们根据莆田每个地方的元宵节习俗异同点，向街坊邻居进行询问。

学生根据询问，做小调查，在课堂上分享自己所在地区的元宵节习俗和节日活动，并填写调查表。教师进行总结。

［设计意图：本学时要求学生多方位地了解莆田元宵节的特色，加深对莆田元宵节的印象，为后续制作花灯和制作莆田元宵节宣传名片奠定基础。感受艺术与生活的紧密联系，感受莆田元宵节特色与历史意蕴，培养学生的审美情趣与文化理解，提高学习兴趣。］

第二课时　花灯技艺我来学

本课中，学生走进兴化府文化街，向非遗传承人学习制作灯笼的技术，在课前需要做些准备工作，在学习中能够抓住莆田特有的花灯制作工艺。

学习活动 3：制作花灯

师：同学们，元宵节赏花灯是必不可少的项目，今天我们和哈尔滨的小朋友们一起走进兴化府文化街区，制作花灯吧！

学生走进文化街，近距离感受元宵节文化，直观感受花灯的魅力。

生：我们发现了这边有好多的灯笼，每个灯笼都有些不一样的地方，我们要研究一下是怎么制作出来的。

学生们之间互相探讨彩灯的制作方法。教师分享制作步骤，交流方法的科学性。学生提出问题相互交流。请非遗传承人讲解制作花灯时所用到的工具。

师：在我们莆田油纸灯笼从未缺席。首先我们要准备竹条、灯笼胚、白纸等。在莆仙方言中，灯与丁，竹与德同音，竹子做的灯笼代表了财丁兴旺、德泽绵长，这种充满地域性色彩的手工艺，一直留存至今。细竹丝为骨架，以纱葛或油纸蒙骨，这种纯手工的莆田古式油纸灯笼规制着严格的礼制内容，有着丰富的民间传说。元宵一到，灯一挂，火红的气氛就来了。

教师示范步骤：

1. 削竹篾条

竹子要选长得好、树龄在两到三年的竹子，然后削成长度、厚薄一样的竹篾条，削成大小统一的竹篾是编制灯笼的关键。

2. 编制成胚

按照自己需求的大小编制成胚，制作大灯笼需要固定的模具。从造型上分，有葫芦形、圆形、心形、柱状等。

3. 挑送灯胚

做好的灯笼胚，要送去下一道工序。

4. 糊上白纸

白纸打上浆糊粘在竹制灯笼上，是其中的一道工序。

5. 绘制灯笼

写、画灯笼一定要很仔细，因为灯笼纸较薄，要慢慢写画；依据不同寓意画上人物、山水、花鸟、龙凤等等，画好的灯笼要用竹竿撑着等待晾干。

6. 漆上桐油

给灯笼上桐油，是最后一道工序。让灯笼更牢固、古朴美观，起到防水、防风的作用。

每一道工序都要有讲究，编制时要有技巧，哪一环节不到位，做出的灯笼就不好看、不耐用，甚至会变形。

学生学习制作，大部分学生在本节课中做到了糊上白纸。

教师总结：油纸竹编灯笼绚丽轻盈，备受莆仙百姓欢迎，今天的课堂接近尾声了，同学们，我们把灯笼提回去，下节课，我们一起在灯笼上装饰纹样。

［设计意图：本课属于新课标中"综合·探索"学习领域课程。本课的教学目标是结合其他所学的知识、技能，让学生体会美术与生活和传统文化的关系。在教学中以学生为中心，体验与分享节日文化的多种感觉，有意识地引导学生在生活中发现与美术相关的问题，提高对莆田传统非物质文化遗产的继承和保护意识，让学生能在精心策划的文化场景中去体验生活。］

第三课时　花灯图案寓意多

本课时的目标主要是鼓励学生自己设计纹样，在传统纹样的基础上结合自己的想象，创作出新的纹样来装饰花灯。

学习活动4：为花灯设计纹样

教师创设"元宵节游花灯"体验情境。

师：暗夜点燃一盏灯，照亮茫茫三千界，同学们，我们要给自己的元宵花灯设计纹样啦！

教师展示传统花灯上的纹样以及欣赏生活中利用纹样装饰的生活用品。学生初步感受纹样的美感。

第五章 跨学科主题学习的实践

学生交流，教师总结。

1. 课件展示大自然中的花卉和图案纹样花卉，形成对比。学生交流花卉纹样的变化过程。

教师小结：变化方法要经过夸张变形来表现。

2. 欣赏单独纹样，了解单独纹样的骨架结构。
3. 构思、设计单独纹样。

学生利用纹样的绘制方法，结合传统的纹样，设计自己喜欢的纹样图纸。

学生将纹样绘制在灯笼上，画灯笼一定要很仔细，因为灯笼纸较薄，要慢慢写画；依据不同寓意想象绘画出自己喜欢的纹样，画好的灯笼要用竹竿撑着等待晾干。

在元宵节设置的情境中，学生们展示自己的花灯，学生之间相互评价，教师点评、小结。

[设计意图：本课以发展学生核心素养为导向，旨在让学生了解纹样的基本知识，掌握其图案装饰的一般规律，知道纹样不只在元宵节花灯中常见，在日常生活中也有广泛作用。教师引导学生用以前所学过的点、线、面等装饰方法和夸张、变形、省略等方法来对纹样进行装饰，培养学生的审美能力。]

第四课时　元宵宣传我来做

本课时的目标主要是激发学生设计出关于宣传元宵节的名片，可以根据第一课时中所调查的内容，结合第三课时设计的纹样，以及展现莆田习俗的古诗词来设计具有家乡特色的名片，宣传莆田元宵节，增强学生的社会责任意识以及对家乡的热爱之情。

学习活动 5：设计元宵宣传名片

师：回顾上节课所学的知识，原来我们家乡的元宵节蕴含着如此深厚的历史文化。而随着时代的变迁，城市的更新，许多传统文化都将慢慢消失，我们如何运用美术的方法做一些力所能及的事弘扬家乡的元宵节传统文化，从而留住家乡的记忆呢？

教师先通过问题导入，引发学生思考如何运用美术的方式弘扬家乡元宵节的文化，在学生的集思广益下，引出任务，帮助学生明晰本节课所要探究的大方向，从而保证课堂的顺利进行。

师：要想设计出具有家乡特色的莆田元宵节的文化宣传名片，首先需要对名片的设计过程有一定的了解，现在老师想请你们以小组为单位，先尝试猜想一下，名片的设计都需要考虑哪些步骤？

本环节主要培养学生初步形成小组合作意识，教师组织学生以小组为单位，初步探索文化宣传名片的设计思路，学生进行自主探究，教师对学生的成果进行评价与补充。通过对名片设计流程的了解，学生开始提出自己的问题，教师在其中提供引导、辅助的作用，确保学生在最近发展区内进行学习并解决问题。

小组合作，自主探究。本环节是整堂课的关键环节，学生需要不断地打磨设计，这对于刚刚接触设计的学生来说有一些困难，同时小组合作每个人的想法都不同，在分享意见的时候也出现了一些分歧，在教学过程中还是需要教师的帮助，不断地引导学生确定方案，设计成品。

成果展示，分享交流。

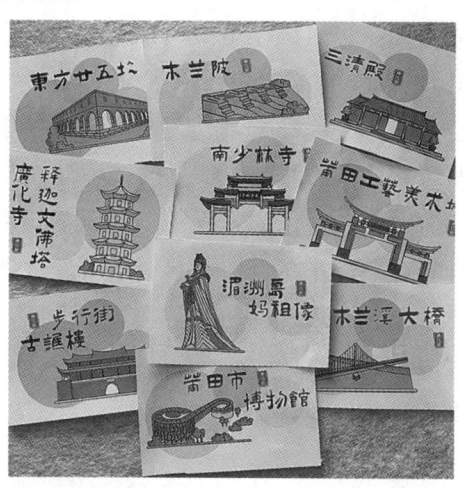

师：各组制作好最终版的产品后，我们班级来举行一场宣传活动，每组想好设计思路和宣传语，上台一起交流分享。

本环节教师组织学生开展班级文化交流活动，鼓励学生将设计好的成品进行小组之间的交流和分享，并且小组内还要选出文案撰写人、产品发言人、文本记录员等等，共同参与产品的宣传，增强学生参与美术创作与设计活动的热情，培养学生的团结协作精神。

教师组织学生回顾课堂所学知识，交流反思，总结、探究学习过程中运用到的学科知识内容，整合零散的知识。同时要求学生根据活动中的具体表现完成自评、他评，教师结合各组的最终成果以及学生的评价给予最终的评价并及时反馈，引导学生"学而思"。

[设计意图：本学时要求学生在多方位了解莆田元宵节特色的基础上，以莆田元宵节宣传名片设计为活动内容，以小组为单位协调合作完成跨学科主题任务，在潜移默化提升个人的综合能力与素养的同时，培养学生运用美术的方法，将创意转化为具体的成果，在创意实践的过程中感受和理解家乡以及我国深厚的文化底蕴。]

五、教学反思

本次课程以元宵节为切入点创设学习情境，将其转化为利于学生理解并且能够激发学生学习兴趣的驱动任务。在教学内容上强调用不同的学科方法解决问题，不论是文化内容的挖掘（历史），还是设计理念与宣传语的撰写（语文），又或是运用不同的媒体素材进行创意设计（劳动），再或是贯穿整个课程的创意实践与艺术表达（美术），不难发现，正是各学科之间的相互交融合作，才使得问题得到了具体的回应，学生的核心素养和能力也在此过程中得到了发展。同时，学生也在合作的过程中，发现不同想法之间的碰撞，使得作品有了出乎意料的效果，并在合作学习中不断激发创造性，培养合作意识和合作技能，促使学生不断反思，不断提高。

小小气象员

跨学科主题活动"小小气象员"在三年级开展，通过创设基于现实生活的科学问题情境，设计了气温的测量、降水量的测量、风和云的观测、制作与展示天气日历四个主要环节。学生在实践中综合运用科学、数学、美术、语文等学科知识，在实际情境中，对天气的一些基本特征进行观察、记录和分析。在活动过程中，学生将对天气有比较全面、科学的认识，产生研究天气现象的热情和好奇心，观察力得到提升，着力培养科学实践能力、探究意识、思维逻辑能力、社会担当等综合品质。

课例名片
年　级：三年级
总课时：4课时
学　科：科学、数学、美术、语文

一、主题分析

该主题来自教科版小学科学三年级上册第三单元"天气"。本主题所涉及的科学核心大概念源自《天气》单元概念目标，此主题活动的"学业要求"为"能识别常用的天气符号，理解天气预报用语；学会使用仪器测量和记录气温、风力、风向、降水量等气象数据；能在教师的引导下，利用气象数据，描述一天中的气温变化，建立气象数据与天气状况之间的联系；对天气等事物具有好奇心和探究热情，乐于动手实验，如实记录观察结果，具有用事实说话的意识"。第二学段的"教学提示"中对活动过程提出了具体建议，这是本课例设计的参照和依据。

天气与我们的生活密切相关。三年级的学生对天气已有较为丰富的生活体验，已经注意到天气在影响着我们的生活；有些学生在家长的影响下，还养成了收听、收看天气预报的好习惯；对于常见的天气情况，绝大多数学生能用简单的词汇进行较准确的描述，如"晴天""阴天""刮风""冷""热""暖和"等。但是，学生还不清楚天气的基本特征，不了解天气的观测方法，往往不能根据天气情况来调整生活。另外，学生在一年级"比较与测量"单元中知道了用肉眼观察和用简单仪器观察的不同，在二年级"我们的地球家园"单元中了解了各种各样的天气，知道有阴、晴、雨、雪、风等天气现象，这些都为完成本活动的教学目标提供很好的知识、技能基础。因此，在活动中教师要引导学生重视生活体验，通过亲身实践感受天气对人类的影响，学会用观察、测量、描述、记录等方法，了解天气变化特点及其对动植物的影响。

二、学习目标

1. 了解天气的概念，知道各种天气现象都是发生在大气圈中的自然现象，并且每天都在以一定的规律变化；知道天气预报是气象部门收集大量的数据后，分析并发布的；感受到长期进行科学观察与记录的重要意义。

2. 通过学习知道天气变化影响着我们的生产、生活，能够根据天气变化的规律，应对天气对生活的影响；能够举例说明天气影响着我们的生活，台风、洪涝、干旱等天气会带来灾害。

3. 知道气温、降水量、风和云等天气特征可以用气温计、雨量器、风向标等工具测量；知道工具的使用可以让天气的观测更加准确、便利，乐于尝试运用各种工具完成对天气特征的观测。

4. 在收集天气信息过程中，能够选择恰当的工具观察并描述天气，能够用科学的词汇、符号、简图等准确记录天气。能够用统计图等工具整理天气数据，并进行分析和总结。

5. 在天气日历的设计与制作过程中，能够综合利用跨学科知识解决问题。在作品展示汇报时，能够与同学交流自己的观测、记录过程与得出的结论，给他人提出合理建议并根据他人建议改进自己的作品。

6. 表现出对天气现象的探究兴趣，能够实事求是地进行科学探究，增强实证意识。

三、学习规划

"小小气象员"的学习结构图和规划表如下。

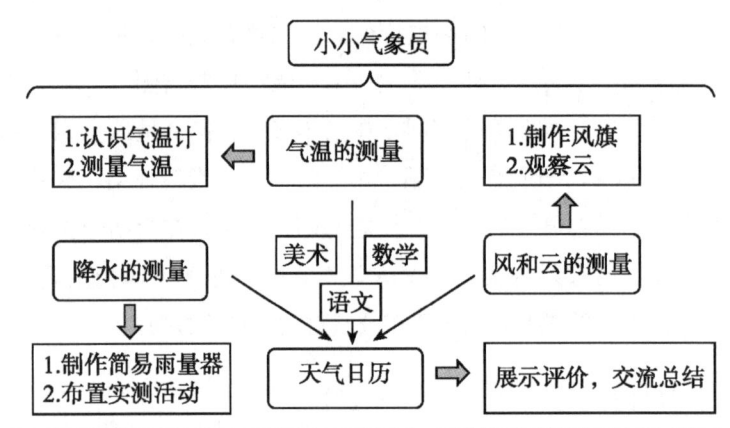

课时	任务	学习活动	课时目标	学习评价	学习资源
1	气温的测量	活动1：认识气温计活动 活动2：测量气温	1. 学生通过观察，认识气温计，掌握气温计的使用方法 2. 通过亲身体验测量气温，知道工具的使用可以提高测量气温的准确性	1. 正确使用气温计测量并记录教室外一天中的气温变化 2. 通过数据整理，分析获得一天的气温变化规律	1. 气温计 2. 活动记录单 3. 天气日历表 4. 温水

续表

课时	任务	学习活动	课时目标	学习评价	学习资源
2	降水的测量	活动3：制作简易雨量器 活动4：布置实测活动	1. 通过动手操作，让学生理解雨量器的原理 2. 培养学生持续观测天气现象的兴趣，以及认真仔细的观察习惯	能认识到对天气的认识是建立在长期观察、连续记录的基础上	1. 雨量器实物 2. 雨量器制作材料 3. 活动记录单 4. 天气日历表
3	风和云的观测	活动5：制作风旗 活动6：观察云	1. 培养学生的动手能力，学会用自制的小风旗测量风向和风速 2. 认识云的几种基本形态，并根据云量判断天气	1. 能在实地测量中通过风旗状态测定风向、估计风速 2. 能通过图文记录和对比资料判别云的三种基本形态	1. 小风旗制作材料 2. 活动记录单 3. 天气日历表
4	天气日历	活动7：展示评价，交流总结	1. 能用比较科学的词汇、图示符号，记录、描述天气信息 2. 能用统计图表等整理天气数据，并进行分析和总结	1. 能清晰表达和交流自己的收获和反思 2. 初步养成记录天气日历的习惯	天气日历表

四、学习过程

第1课时

本课时的目标主要是让学生认识气温计，并在真实情境中体验气温的测量过程，分析发现一个时间段内气温的变化规律，引导学生懂得测量标准及其意义。

学习活动1：认识气温计

课前谈话：在二年级《各种各样的天气》中我们知道可以根据气温、降水量、风、云量等来判断天气，这

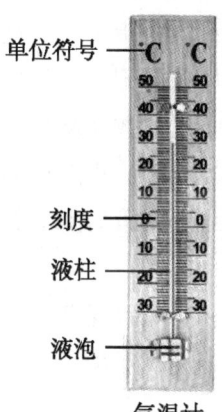

气温计（图示标注：单位符号、刻度、液柱、液泡）

个单元我们一起来学习如何用这些天气现象来描述天气。

师：在日常生活中，我们常常用冷和热来描述气温这一天气情况，那么这样描述准确吗？

教师出示两杯温水，请几名学生用手指测试水的温度，学生描述冷热情况。师生明确：对于冷热，不同人的感受不同，不同人对同一温度的描述也可能不同，所以我们需要一种工具来测量气温。

师：我们可以用什么工具来测量气温呢？

生$_1$：温度计、气温计……

教师分发气温计，学生小组内观察，教师引导学生分享所得。

生$_2$：气温计一般由液泡、液柱、刻度、测量单位等部分组成。

生$_3$：气温计的常用单位是摄氏度，用符号℃表示。

生$_4$：气温计是利用玻璃管中液体热胀冷缩导致液柱上升或下降来指示温度的。

生$_5$：0℃刻度线以下温度要把"零下"读出来。

……

教师总结读气温计时的注意事项，学生练习读数，为下一活动测量气温做准备。

学习活动 2：测量气温

师：同学们已经认识了气温计，明白了测量气温的办法。我们马上要到教室外面测量气温了，外出测量需要注意什么？

教师引导学生交流回答后再出示温馨提醒，明确要求后，以小组为单位到教师指定地点进行测量。提醒测量过程中及时做好记录。测量结束后回到教室，学生汇报各组的数据及发现。

师：我们在同一个时刻去室外测量气温，各个小组的测量数据都很接近，那一天的气温是否都一样呢？

布置任务：收集一天五个时间点的数据，绘制柱形统计图。

测量时间	气温（℃）
早晨（8:00）	7
上午（10:00）	9
中午（12:00）	12
下午（14:00）	15
傍晚（16:00）	11

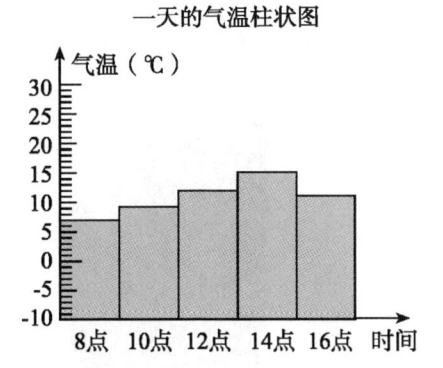

一天的气温柱状图

[设计意图：学生在交流中发现问题，归纳出正确的气温计读数和记录方法，认识规范使用测量工具对于获得精确数据的重要性，明白气温计测量气温对描述天气情况的意义。通过整理、分析活动收集的原始数据，培养学生简单地分析数据得出结论的能力，使学生认识到规范测量对于获得精确数据具有重要意义，并对统计工具的优点达成共识。]

第2课时

本课时将引导学生自制一个简易雨量器，理解雨量器的工作原理，并用雨量器测量、记录降雨量。

学习活动3：制作简易雨量器

师：下雨是一种常见的天气现象，其实下雨、下雪、下冰雹等，这些都是降水的形式。

学生交流讨论水循环。

师：我们生活中怎样判断雨量大小？

教师引导学生调动相关经验，说一说是怎样判断的。

生$_1$：通过观察雨滴的大小和稀疏。

生$_2$：可以根据雨滴打在雨棚上的声音来判断。

生$_3$：还可以根据地面积水的深浅来判断。

……

师：那么，我们怎么测量降雨量的多少呢？

引出雨量器，观看雨量器工作原理视频。

师：气象学家用雨量器来收集雨水，用雨水在雨量器中的容量来衡量该地区在某一时间段降雨量的多少。

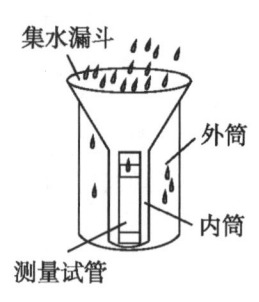

教师出示雨量器的制作方法的讲解视频，分发材料包，学生在小组内制作雨量器，教师巡视指导。

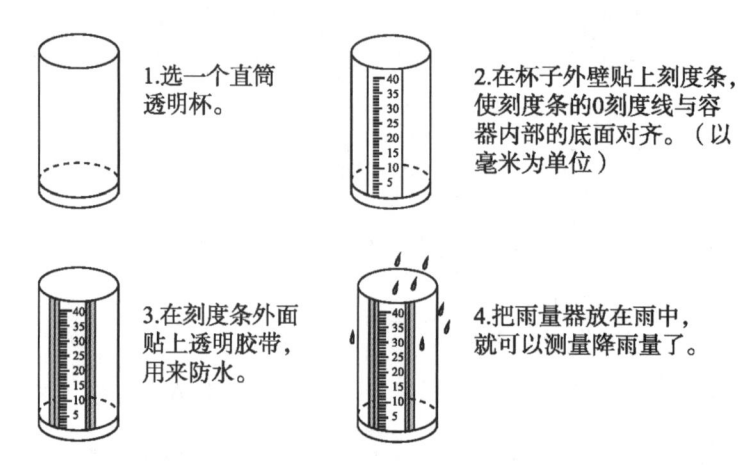

1. 选一个直筒透明杯。

2. 在杯子外壁贴上刻度条，使刻度条的0刻度线与容器内部的底面对齐。（以毫米为单位）

3. 在刻度条外面贴上透明胶带，用来防水。

4. 把雨量器放在雨中，就可以测量降雨量了。

展示各小组做的雨量器，如有不合格马上修改或完善。

教师演示雨量器使用方法，学生模拟练习。

学习活动4：布置实测活动

师：通过前面的练习，我们已经知道了如何用雨量器来测量降水量。接下来请大家完成一个挑战：用自制的雨量器在下雨时测降雨量，记录并对照"24小时降雨量等级标准"，确定这场雨的降雨量等级。查询当地气象台关于这场雨的降雨量等级报告，并和我们的测量结果进行比较。

教师组织学生进行实测活动，并布置为期一个月的观察降水量任务。

24小时降雨量等级标准

单位：毫米

0.1~9.9	10.0~24.9	25.0~49.9	50.0~99.9	100.0~249.9	≥250.0
小雨	中雨	大雨	暴雨	大暴雨	特大暴雨

［设计意图：观看雨量器原理的视频突破了本节课的难点，既避免了现场实验难以操作，又直观展示了实验现象，给学生以强烈的视觉冲击，继而进行思考。在师生交流中，学生逐渐建构降水量的概念，理解为什么要测量水的高度而不是多少。］

第3课时

本课时将引导学生通过制作风旗、观察风旗的状况来确定风速的三个等级和风向，认识几种基本形态的云，并学会根据云量的多少区分天气，探索风和云与天气之间的关系，并完成天气日历中关于风和云的观察和记录。

175

学习活动5：制作风旗

师：我们在上一课知道了如何对降水进行测量，那对于看不见的风，我们又该怎么测量呢？用什么方法可以知道风的大小和方向呢？今天我们就来观测风。教师引导学生交流讨论怎样根据地面物体判断风。

生$_1$：根据烟囱中冒出的烟的方向可以判断风的方向。

生$_2$：根据小树弯腰的方向也能知道风的大小和方向。

生$_3$：可以观察操场上红旗飘动的方向来观测风。

……

师：风的大小可以用风速来描述。

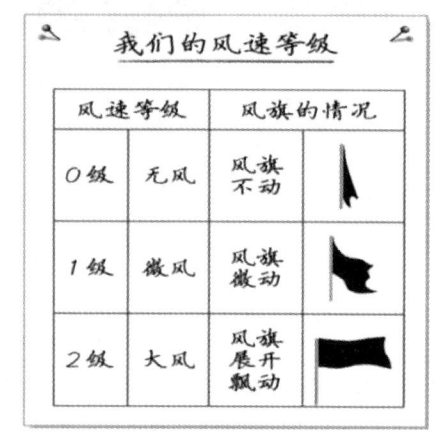

教师出示风旗：小风旗就是一个专门用来测量风向和风速的装置。为了

176

随时能够测量观察风，我们一起来制作一面小风旗。

教师演示如何制作风旗并介绍用风旗测量风速的方法，学生小组内合作完成小风旗制作并模拟测量风速。

学习活动 6：观察云

师：天空中的云朵千变万化，不同的云预示着不同的天气。云可以告诉我们哪些天气的信息呢？云不像风可以吹动物体，也不像雨水可以收集，我们该如何观察云呢？

大团、堆积的云	均匀成层、灰色似雾的云	纤维、羽毛状的云
（积云）	（层云）	（卷云）

教师引导学生观察云的形状，认识三种基本形态的云。

师：虽然云无法测量和收集，但是我们可以观察云的形状和多少，把云画下来。教师介绍不同云的形状、特点及其与天气的关系。

跨学科主题学习的实践探索

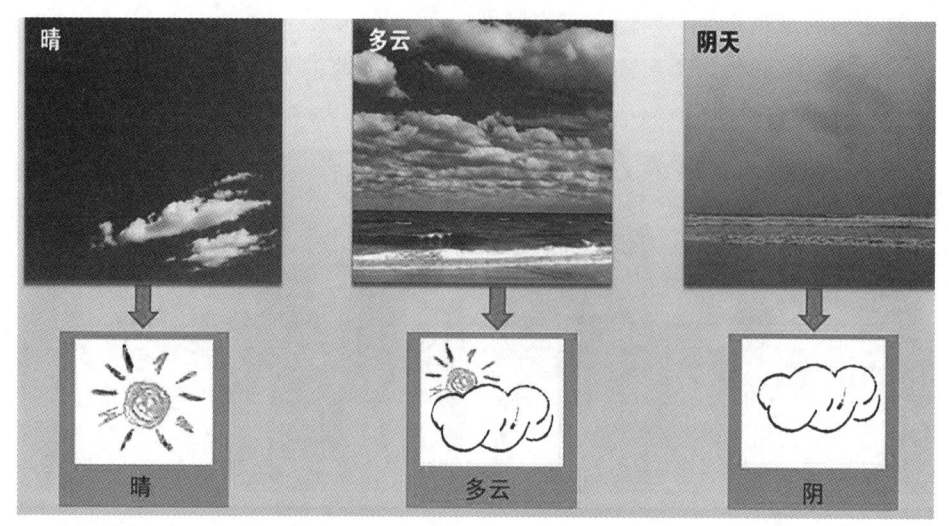

　　教师引导学生观察云后画下云的形状，区分晴天、多云和阴天。

　　教师分发活动记录单，组织学生以小组为单位到操场上不同地点观测风和云，并布置为期一个月的观测风和云的任务。

　　师：百年来，我国劳动人民在生产实践中根据云的形状、来向、移速、厚薄、颜色等的变化，总结了丰富的"看云识天气"的经验，并将这些经验编成谚语，介绍气象谚语。

　　[设计意图：自制小风旗是一个很有意义且适合小学生的制作活动，可促进学生进一步对观测风"工具与方法"的研究，并有助于提高天气日历对风观测记录的精准度。教师带领学生到室外进行风向和风速的观测，学会观测风的方法，突破难点。因为云无法收集，所以我们要从室内走到室外，亲自去观察云，记录云。学生只需感知云有不同形状，在观察基础上利用图文记录，再通过对比学过的有关云的形态的相关知识，加深对云形状的认识。通

178

过研讨活动，能把学生的生活经验与本节课所学知识建立联系，并能够很好地回顾所学知识，感兴趣的学生可以再深入了解云的分类。〕

第 4 课时

本课时中，通过展示交流"天气日历"，教师引导学生分享天气观测过程中的所学所得。

学习活动 7：天气日历表

师：经过这段时间收集的数据，我们的天气日历表已经逐渐完善了。现在由小组进行展示和介绍。

学生汇报展示作品，教师采用"画廊式"的交流方式，学生大方地展示自己小组制作的"天气日历表"，分享学习过程中带来的特别体验和别样收获。学生可以到其他小组观摩学习，提出自己的建议，交流遇到的问题及解决的方法。

〔设计意图：搭建研讨论证平台，发展学生创新思维。让学生先表述自己的看法，再倾听他人的意见，然后综合大家的智慧，这一方式有利于培养学生团队合作的精神，易于获得真正意义上的团队学习成果。〕

五、教学反思

本活动教学设计让学生代入"气象员"这一角色，围绕"天气变化有何规律？"这一真实问题展开探究，学生对气象员的工作无比好奇，对于与他们生活息息相关的天气情况有着浓厚的探究兴趣，这更能帮助学生全身心地投入到学习当中。学生通过亲身体验气象员的观测工作，加深对气象观测的认识，了解其工作内容的同时又掌握相关知识，让所学知识具有更加深刻的意义。在进行教学设计时，重视各个活动之间在逻辑上的衔接，秉持承上启下的作用原则，既能对前面的内容加以巩固，又能帮助学生深入拓展。将"气温的测量"作为第一个活动，目的在于让学生通过简单的探究活动来熟悉项目式学习的方式，了解科学探究需要经历问题的提出、猜想与假设、实践与探究、总结与交流等过程。学生在经历了"气温的测量"之后，在第二个子任务"降水量的测量"中表现出明显的对项目式学习模式的熟悉与理解，并且能够将"读数"这一技能从"气温计读数"迁移到"降水量读数"情境中，进而总结出"读数"的要点和注意事项。作品的展示是对他们能力的一种肯定，也是对学生积极参与项目活动的一种肯定，是提升学生学习兴趣的重要策略。除此之外，在交流的过程中，学生们积极地开展自评与互评，学会客观评价，也学会倾听他人的意见与建议，反思自身的不足之处，从中吸取经验教训，并且意识到学会反思与完善优化的重要性。

  本课也存在一定的不足，为未来的教学设计提供了改进的空间。如课堂时间的分配上尚有优化空间，特别是在学生进行"气温的测量"与"降水量的测量"两个实践活动时，部分学生由于操作不够熟练或对仪器的理解存在差异，导致活动进度不一，影响了整体教学节奏的把控。老师可以在分组时考虑学生能力差异以及设置更明确的操作指南和步骤提示来平衡时间分配，确保每位学生都能在有限的时间内充分参与并有所收获。本课的评价体系虽已涵盖自评、互评等环节，但评价标准的明确性和可操作性仍有待加强。可以与学生共同制定详细的评价标准，明确评价的具体指标和权重，如实验操作的规范性、数据记录的准确性、团队合作的效率等，并为学生提供具体的评价示例，以便学生能够更加客观、全面地评价自己和他人的表现，从而促进学生之间的共同进步。

学做支援小武警

——排球正面双手垫球跨学科主题学习

本课以《义务教育体育与健康课程标准（2022年版）》的新课程理念为依据，在核心素养的导向下，坚持"健康第一"的教育理念，以学生为本，融合道德与法治、数学、信息技术等学科，充分挖掘跨学科课程综合育人价值，促进学生德智体美劳全面发展。本课以"学做支援小武警"为主题，设置"甘肃地震灾区物资支援"的学习主线，创设演练情境进行闯关活动，模拟情景中的真实问题，引导学生以探究式学习方式主动参与练习。学生通过将已有的知识与技能进行迁移运用，从而较好地掌握各种动作技能，同时也渗透德育，让他们感受武警战士赴灾区支援的奉献精神，培养学生不怕困难、团结协作的优良品质。

课例名片

年　级：五年级
总课时：1课时
学　科：**体育与健康、国防教育、音乐、数学、信息技术**

一、主题分析

本课是以五年级排球正面双手垫球为主的技能教学，主要是在技能与体能训练中引导学生扮演武警战士赴甘肃地震灾区进行物资支援的演练活动，让他们理解所承担任务的重要性。课中，学生通过扮演武警角色，创设体验武警接到命令后进行的"紧急集合、翻山越岭、运送物资、盘点物资、传送物资以及胜利返程"等环节，发展学生灵敏、速度、力量、协调等身体素质。课前利用前置任务单，观看受灾视频、图片等学习资源，引导学生在问题的解决中能综合利用信息技术、数学、音乐、体育与健康等知识进行融汇学习。例如课前通过信息技术查询了解甘肃地震和救灾场景，感受武警战士义无反顾的奉献精神，从而对学生进行爱国主义教育；将"运送物资"中的垫球运动融入数学知识，通过已学等边三角形以及图形的角度大小知识体会技术动作是否到位，从而提高他们垫球的协调性、灵敏性等身体素质。

二、学习目标

1. 健康行为：通过前置任务单，提前了解甘肃地震的灾害以及武警战士赴前线支援的情景，知道在国家面临自然灾害时所应具备的品质和能力。

2. 运动能力：通过"学、练、赛、评"，使学生初步掌握排球垫球时两臂夹紧、伸直、手腕下压等动作要领，发展学生协调、灵敏、速度和耐力等身体素质。

3. 体育品德：主动参与各项活动、提升在突发情境下快速反应、交流合作、解决问题的能力；在武警身份的感染下，弘扬爱国主义精神，树立责任担当意识，形成团结合作、挑战自我、遵守规则的体育品德。

三、学习规划

"学做支援小武警"的学习结构图和规划表如下。

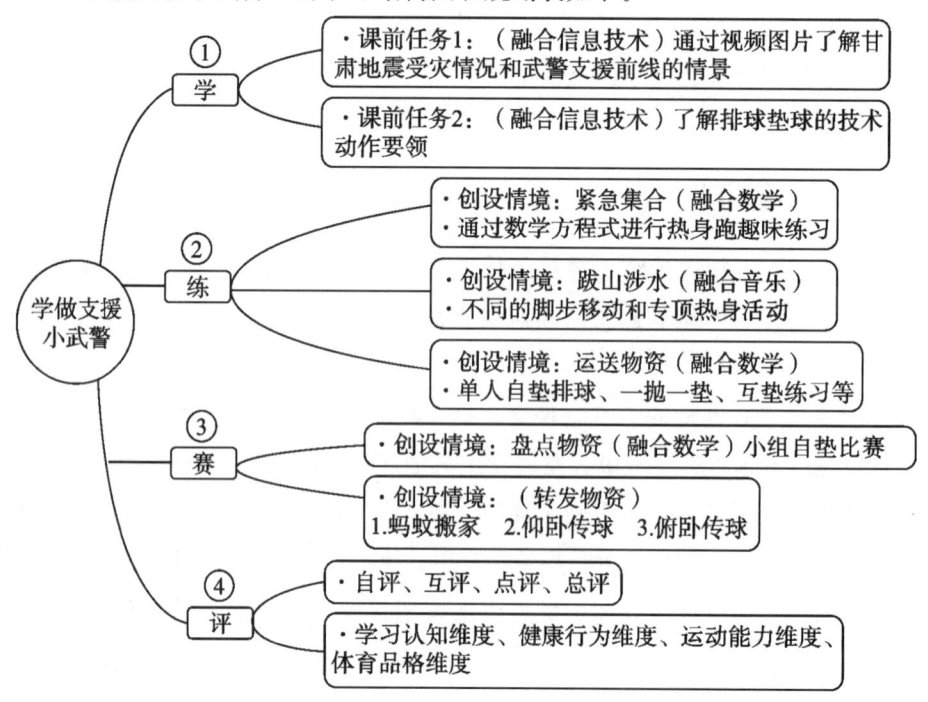

学做支援小武警

① 学
- 课前任务1：（融合信息技术）通过视频图片了解甘肃地震受灾情况和武警支援前线的情景
- 课前任务2：（融合信息技术）了解排球垫球的技术动作要领

② 练
- 创设情境：紧急集合（融合数学）
- 通过数学方程式进行热身跑趣味练习
- 创设情境：跋山涉水（融合音乐）
- 不同的脚步移动和专项热身活动
- 创设情境：运送物资（融合数学）
- 单人自垫排球、一抛一垫、互垫练习等

③ 赛
- 创设情境：盘点物资（融合数学）小组自垫比赛
- 创设情境：（转发物资）
  1.蚂蚁搬家 2.仰卧传球 3.俯卧传球

④ 评
- 自评、互评、点评、总评
- 学习认知维度、健康行为维度、运动能力维度、体育品格维度

1	前置任务	根据任务单，在家用信息技术等查询关于甘肃地震情况和武警支援情景，以及了解排球垫球的技术要领。	目的是通过观看视频、图片等线上资源，了解地震灾害及垫球的基本技术，激发学生的情感和认知，为下一个环节创设情境学习做好铺垫。	能认真观看视频并做好记录，会与家长或同伴交流感受和学习的体会。	1. 学习任务单。 2. 家中电脑或手机等线上资源。
2	紧急集合	成一路纵队绕球场慢跑，当老师说 $3x=15$ 时，学生快速解方程后立即5人1组集合，以此方法，能既准又快地做出集合队形。	情境创设，融合数学知识，增加游戏活动的趣味性。	能快速做出反应，一切行动听指挥。	1. 球场。 2. 学生自备排球。
3	跋山涉水	听音乐和老师一起进行步伐移动和专项球操活动。	语言导入，激发学生学习兴趣，提高球性，为学习排球正面双手垫球做好准备。	熟悉排球专项活动的一些基础性动作并充分热身。	音乐。
4	运送物资	初步掌握排球自抛自垫活动； 尝试连续自垫练习； 两人合作一抛一垫练习； 鼓励优生挑战互垫练习。	情境导入，初步了解垫球的基本技术并循序渐进掌握其垫球动作，同时融合数学知识（三角形、角度等）提高正面双手垫球协调性。	1. 能说出垫球的技术要领。 2. 能较好完成垫球练习。 3. 乐意与同伴配合完成合作性的练习。	排球挂图1张。
5	盘点物资	以小组为单位，每人参与垫球，利用统计图进行统计记录。	语言激发，融合数学的统计图使用，通过比一比、赛一赛，反馈练习信息，提高比赛的趣味性。	乐意展示、团结协作。	统计图1张。

续表

6	传送物资	通过"蚂蚁搬家"、仰卧传球、俯卧滚球进行体能练习。	情境导入，发挥排球的一材多用效果，进行有趣的体能活动，增强素质。	能积极并高效完成动作练习，能理解提高体能对身体的重要性。	起点线、终点线各1条。
7	胜利返程	配合音乐练习，放松肢体、愉悦身心。	音乐渲染，拉伸放松，调整呼吸节奏及肌肉伸展性。	能和同伴交流心得体会。	1. 音乐。 2. 评价表。

四、学习过程

本课时为第 1 课时：排球正面双手垫球。本课时目标主要是激发学生参与活动的兴趣，在创设的情境中结合学生的认知情感、运动水平初步学习排球垫球技术动作，同时体验遇到困难时勇于担当、团结协作的精神力量。

学习活动 1：准备部分

1. 情境导入：了解支援前线的武警战士

以 12 月 18 日甘肃发生地震的话题导入，创设情境，引导学生回顾地震灾区情景以及八方支援的感人场面，同时抛出探究性问题："如何让灾区的人们用上急需的物资？"

学生依据前置任务单所搜集的资料，讨论交流，例如：武警战士应该火速进行灾区支援，一切行动听党指挥、不怕困难、团结协作等。

前置任务单

想一想：

1. 我国最近发生的一次最为严重地震是什么时候？在哪里？
2. 地震带来的最大灾害是什么？
3. 地震后急需的物资如何送达？
4. 说说排球正面双手垫球的手形和动作要领。

引导学生跟随视频了解地震灾区的更多内容，教师点评后追问：你们想不想体验支援前线的武警战士的工作？

2. 热身活动

第一关：紧急集合

情景创设：甘肃地震发生后，灾区积石山县急需帐篷、食品等物资，我们的武警战士接到命令火速备好物资奔赴前线支援。同学们，这节课我们也来体验武警战士不怕困难、团结协作支援前线的战斗，做到以下几点后才能通关。

教师带领学生一路纵队绕篮球场，当老师说 $4x+1=17$ 时，提示学生 x 是多少，就是多少个同学马上集合在一起，列队依次向右看齐站好，未能如数做到深蹲 5 个后再归队，以此方法进行，再次绕场跑动。

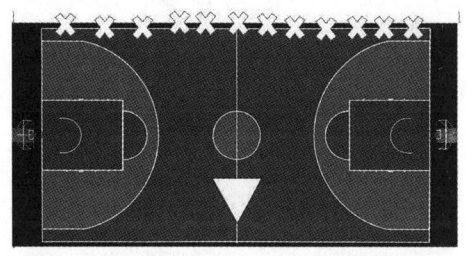

第二关：跋山涉水

同学们，福建到甘肃路途遥远，一路上要翻山越岭，需要跋山涉水才能到达，那下面我们将通过各种移动步伐和排球的专门性球操练习来体验这个活动吧！

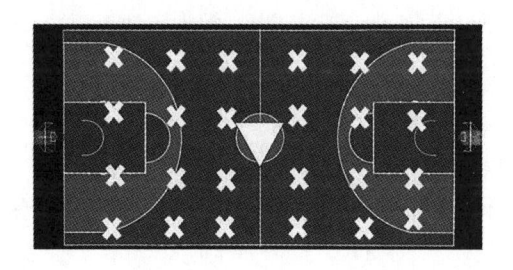

学习活动 2：基本部分

第三关：运送物资

问题 1：路途中运送物资不可丢失落下，那怎样更好地保护物资呢？（将排球垫起不落地）

1. 组织

师：集中看垫球挂图，大家比比垫球的手臂动作并找出击球点位置，并思考双手垫球时两臂夹紧伸直和双肩所构成的图形以及抬臂的高低，与学过的数学图形和角度有关系吗？引导探讨，相互检查纠正。下面场内自由分开依次进行自抛自垫练习、连续自垫练习，尝试两人合作一抛一垫，熟练后可以两人相互对垫进行练习。

学生依次进行相应的垫球练习，可以相互探讨学习、检查纠正，注意场地的合理利用。

2. 评价

小组成员相互评价，每个大组推荐 2 个代表进行展示，告诉大家高质量完成垫球动作的秘诀。观察同学做出的动作是否完整、规范、协调、连贯，动作是否描述正确。

第四关：盘点物资

问题 2：物资安全送到，我们将怎样如数盘点再做分发？

师：全班分成4大组，每组在指定区域内各自进行一分钟排球自垫计数，最后由小组长在准备好的数学统计图上做好合计用条形图记录。

小组长带领各自组员在区域内自垫计数，每人自垫数目如实上报，小组长统一在统计图上画出条形图表示。

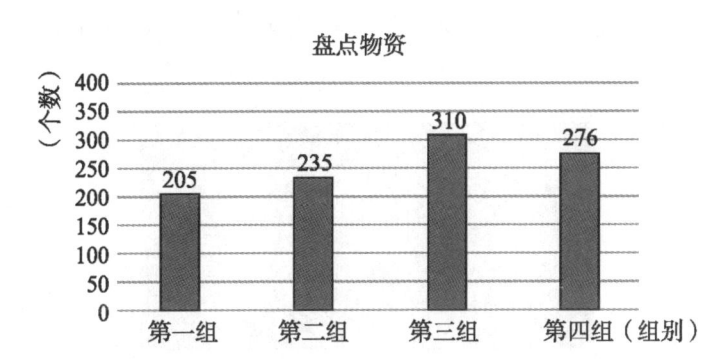

盘点物资

（个数）

组别	个数
第一组	205
第二组	235
第三组	310
第四组	276

第五关：传送物资

情境创设：支援物资已盘点完毕，下面我们需要把手中的物资传递到每个灾民手中，那我们用哪些方式来完成呢？

1. 组织

师：将学生分成较为均衡的4组。

生：4小组列队统一在起点线上用"蚂蚁搬家"的动作将球放在终点处，之后站成4列纵队进行平躺仰卧传球比快和俯卧滚球比快的体能活动。

2. 评价

在规定的时间内比比哪一组垫的多、哪一组传的次数多，以动作规范、准确率高为标准。

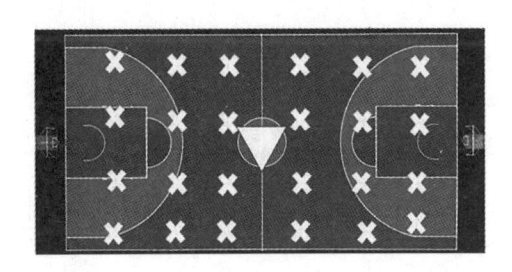

学习活动 3：结束部分

第六关：顺利返程

（1）放松身心

师：为灾区送去了温暖，相信大家都感到无比的欣慰和自豪。

播放歌曲《祖国有我》，教师带领学生跟随音乐节奏进行身体各部位拉伸运动，放松身心。

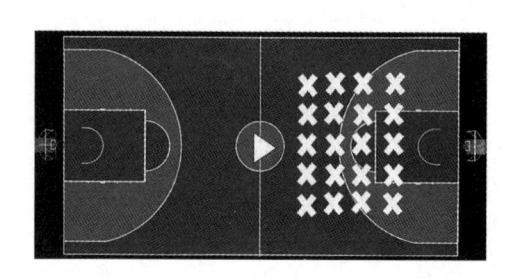

（2）评价与体会：谈谈知识与知识之间的联系以及学科间的融合。

评价内容	自评	互评	教师评价
能和同伴交流课前观看视频的体会 【☆☆☆☆】			
能描述排球垫球的要领和触及的部位 【☆☆☆☆】			
一分钟自垫排球练习【☆☆☆☆】			
对垫球练习【☆☆☆☆】			
小组合作练习垫球比赛情况【☆☆☆☆】			
能积极参与团队合作，活动中能遵守规则 【☆☆☆☆】			
在这个任务中，共获得（　　）颗☆			
评价标准：运动小达人 7—12 颗☆　运动小能手 13—18 颗☆　运动小先锋 19—24 颗☆			

评价方式：

（3）讨论：问题 3——如何掌握更多的技能为国家做贡献？

引导学生要有责任担当，使其感受认真学习知识技能的力量，体会坚持不懈、不怕困难、团结协作的体育精神。

（4）小结与作业

拓展作业
1. 请你用自制的统计图记录每日在家排球垫球练习情况。
2. 体能练习："蚂蚁爬行"、仰卧起坐、天天跳绳，每组 1 分钟做 3 组。

五、教学反思

本节课融合了信息技术进行课前预习，以及将学生已学的数学知识迁移运用于练习活动中，同时结合甘肃地震时武警抗震救灾的事例，适时地对学生进行了国防方面的学习教育。教学中，我融合多学科知识于正面双手垫球的第一课时技术动作学习中，学习目标明确，教学创设的情境适时、合理、有趣，营造了一个良好学习氛围。教学设计切合学生的实际，突出了学生的主体地位，所采用的教学方法通过学科融合得到了最大优化，注重"学""练""赛""评"一体化教学，针对学生的学习层次，如有些学生排球技术较高，有些是刚刚学习不久的新手，课堂中采用的分层教学和互助学习小组的方式，让学生全身心地进行学习与练习，启发了学生的学习思维，练中思考，学中思维，学中得到提升，让学生更好地全面发展。

整节课用形象生动的语言导入描述，引导学生在课堂中充分展示自己的运动能力，互助学习、团结向上，教师有针对性地指导，让学生能够在学习与练习过程中去感受学习排球的乐趣并积极主动地获得成功，学生兴致勃勃、跃跃欲试。

当然，在课堂组织练习中也有不足之处：

1. 有的学生垫球水平较差，应该引导一些排球技术较好的同学作为小组长帮助这些同学提高垫球水平，这样会更好地提高课堂学习效率。

2. 在"盘点物资"这一关，出现个别小组为了争强好胜而瞒报"物资"（垫球个数）或小组内互相埋怨现象，教师应该适时引导教育学生实事求是、团结协作。

我喜欢的昆虫
——画图软件综合活动教学设计

一、主题分析

跨学科主题活动"我喜欢的昆虫"在三年级开展，结合年段共读一本书活动，灵活综合运用已学过的"画图"软件的工具和命令，创作计算机绘图作品。本主题活动共设计了两个内容：认识有趣的昆虫和画"喜欢的昆虫"。学生立足信息技术课堂，综合运用语文、口语交际、美术等学科知识，通过自己设计和

案例名片
年　级：三年级
总课时：2课时
学　科：信息技术、语文、
　　　　口语交际、美术

创作作品，增加学生的成就感，激发学习热情，增加学生综合应用的能力。

二、学习规划

1. 主题概述

（1）核心概念

本单元技术属于2022年版课标"信息交流与分享"模块，主题来自"闽教版"信息技术三年级下册第三模块：综合活动"我喜欢的昆虫"。本综合活动源自三年级的学生在认真阅读《昆虫记》的基础上，利用信息技术学科课堂，灵活使用计算机的画图软件绘制出个性化的作品，突出课程内容结构化，加强课程内容的内在联系，以此提高学生应用数字设备解决问题的能力；通过小组合作设计和创作作品，增强学生的成就感，激发学生学习热情，增强学生综合应用的能力。以培养学生的信息技术学科核心素养为主要目标，充分体现信息技术环境下的教育理念和学习观。

（2）内容结构

本单元围绕"我喜欢的昆虫"的主题展开任务，包括有趣的昆虫、画我

喜欢的昆虫。

（3）学习规划

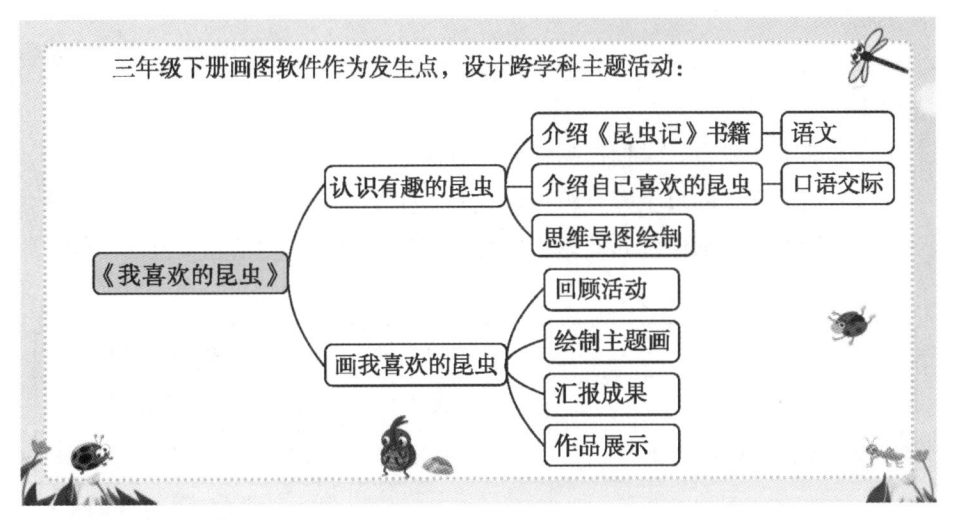

```
三年级下册画图软件作为发生点，设计跨学科主题活动：

                        ┌─ 介绍《昆虫记》书籍 ─ 语文
          ┌─ 认识有趣的昆虫 ─┤
          │              └─ 介绍自己喜欢的昆虫 ─ 口语交际
《我喜欢的昆虫》┤
          │              ┌─ 思维导图绘制
          │              ├─ 回顾活动
          └─ 画我喜欢的昆虫─┤ 绘制主题画
                         ├─ 汇报成果
                         └─ 作品展示
```

（4）育人价值

在完成"我喜欢的昆虫"主题活动过程中，学生通过画图软件工具的使用，以及主题作品的绘制活动过程，领会作品创作思想与画图技巧，同时拓展自己的创作思维；提高学生对计算机绘画工具的综合应用能力，让学生学会选定作品主题并构思、规划计算机绘画作品，进一步使用画图工具绘制主题作品从而激发学生的学习兴趣，充分发挥想象力与创造力；提升信息交流与分享技能，感受跨学科学习过程中知识的综合运用给学习带来的便捷性。

2．主题学情分析

学生在第二单元"我是计算机小画家"的学习中，已经初步认识计算机画图软件工具的使用技巧。学生也具有一定的审美能力，会绘制一些主题不鲜明的、线条简单的计算机绘画作品。对三年级的学生而言，他们对认识昆虫兴趣深厚，对昆虫世界的探知充满了好奇。通过本课的体验、设计、制作与作品欣赏，逐步完善学生对昆虫世界各方面的认识，启发学生创作思维，使计算机绘画创作有效地进行。

3．开放性教学环境

Windows 7 操作系统、画图软件、多媒体转播控制系统、课件（包含任务内容、操作要领展示等内容）。

4. 单元教学目标

（1）熟练应用画图软件工具绘制图形，并应用绘画技能与技巧，修改完善主题画。

（2）会欣赏计算机绘画作品，领会作者创作思想，懂得鉴别作品的艺术表现手法。

（3）能大胆发言，掌握作品评价的方法。

（4）培养学生的自主探究精神，提升学生小组合作能力。

（5）激发学生创作优秀计算机作品的兴趣，培养学生信息交流的习惯。

5. 教学过程

课时	活动序号	教学主要任务
第1课时：认识有趣的昆虫	活动1	认识昆虫
	活动2	介绍我喜欢的昆虫
	活动3	绘制昆虫思维导图
第2课时：画我喜欢的昆虫	活动4	回顾活动
	活动5	绘制主题画
	活动6	汇报成果
	活动7	作品评价

三、学习过程

第1课时：《有趣的昆虫》

教学目标：

1. 愿意分享共读的《昆虫记》书籍。

2. 能结合自身的喜好介绍自己喜欢的昆虫，锻炼口语表达能力。

3. 能与同学交流讨论"我喜欢的昆虫"思维导图绘制技巧。

4. 能与同学共同合作绘制出思维导图。

5. 愿意分享活动经验，对活动进行自我评价。

教学重点和难点：

1. 教学重点：讨论思维导图的绘制。

2. 教学难点：绘制思维导图。

教学方法：

1. 展示法：通过课件展示《昆虫记》书籍。

2. 交流讨论法：在学生用绘图软件绘画的基础上，引导学生交流、讨论怎样绘制"我喜欢的昆虫"思维导图。

3. 小组合作探究：通过小组合作探究，分工协作绘制思维导图。

4. 总结评价法：让学生对活动过程进行总结与评价，积极参与交流讨论活动和班级互动，养成善于分享经验、善于与人交流的习惯。

学习活动设计：

学习活动1：认识昆虫

1. 赏评书籍，导入活动。

师：同学们，在这个快乐的暑假我们共读了一本有趣的书籍——《昆虫记》。

学生认真回忆《昆虫记》的作者、写作背景、内容等方面。

2. 师：哪些同学来介绍《昆虫记》这本书？

（学生思考并踊跃举手回答，激发学生学习热情，锻炼学生的口语表达能力。）

学习活动2：介绍我喜欢的昆虫

1. 师展示课前问卷星调查。

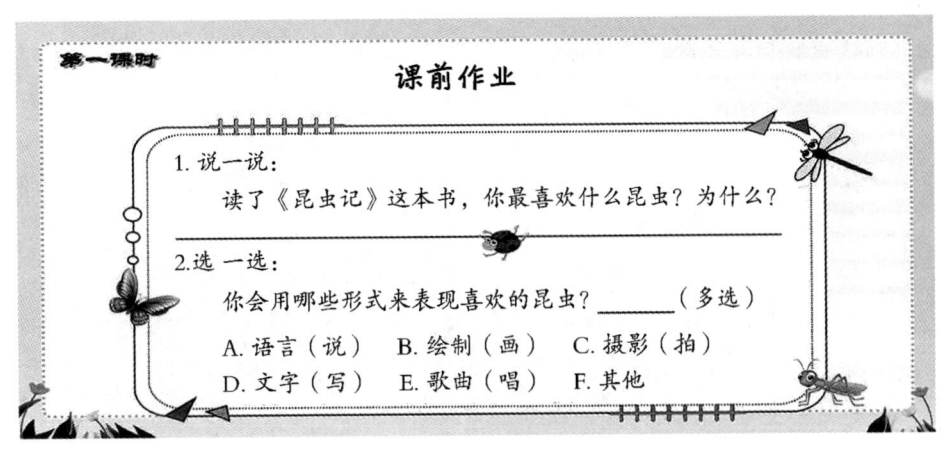

第一课时　　　　　课前作业

1.说一说：
　读了《昆虫记》这本书，你最喜欢什么昆虫？为什么？
＿＿＿＿＿＿＿＿＿＿＿＿＿＿＿＿＿＿＿＿＿＿＿＿
2.选一选：
　你会用哪些形式来表现喜欢的昆虫？＿＿＿＿＿（多选）
　A.语言（说）　B.绘制（画）　C.摄影（拍）
　D.文字（写）　E.歌曲（唱）　F.其他

（学生认真观看、思考）

2. 请学生说一说：你最喜欢哪种昆虫？为什么？

（学生踊跃举手回答，锻炼学生的口语表达能力）

学习活动 3：思维导图绘制

1. 师：今天，老师向大家推荐使用数字设备——电脑中的画图软件来绘制。

2. 小组讨论用画图软件绘制的步骤与注意事项。（小组讨论）

3. 小组合作绘制出思维导图。

第一课时　　　　　　　课中作业

画一画：

用画图软件工具绘制你喜欢的昆虫，该考虑哪些方面，请画出思维导图。

作业设计说明：

设计意图	让学生通过对思维导图的绘制，对"画图软件"这个工具进行梳理，有助于学生更有效地对"画图软件"进行探究学习。
检测知识、能力、方法	检测学生本学期所学的"画图软件"工具掌握情况，把绘画技能运用在计算机画图上。
作业时间	7分钟
难易程度	★★★
批改方式	通过极域教学软件展示，学生互看互批。

4. 请小组长介绍本组的思维导图。

（认真倾听并欣赏同学绘制的思维导图）

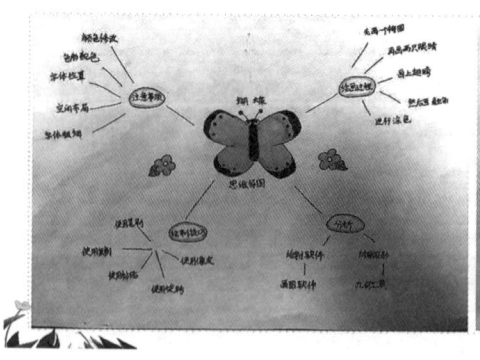

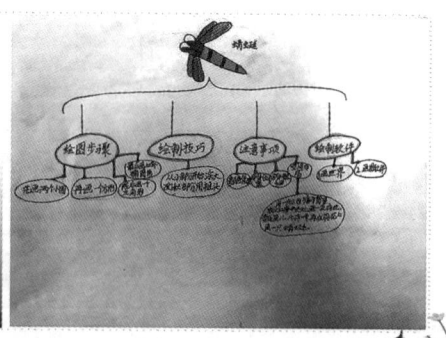

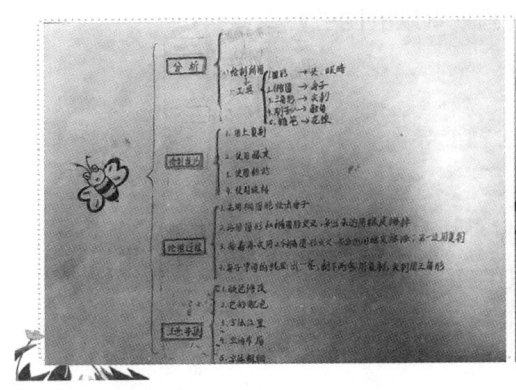

5. 点评总结。

(1) 鼓励同学之间互评，并给出建议和意见。

(2) 教师点评。

(学生认真倾听、思考)

活动板书设计：

有趣的昆虫

说一说——昆虫记与喜欢的昆虫

议一议——怎样绘制

画一画——绘制导图

谈一谈——点评导图

课后作业设计：

美化、修改思维导图。

课后评价设计：

核心能力	评价标准	自评	互评	师评
感知能力	感受书籍的魅力			
口语能力	介绍自己喜欢的昆虫			
创新能力	思维导图的创意设计			
团队合作	共同合作，乐于帮助他人			

第 2 课时：《画我喜欢的昆虫》

学习活动 4：回顾导入

本课时，学生按上节课所设计的思维导图，小组合作用画图软件合作绘制出"我喜欢的昆虫"主题作品。

1. 回顾：通过上节课小组讨论并动手绘制思维导图，本节课同学们该大显身手啦！请同学们用你们灵巧的双手打开画图软件开始绘制吧！

（学生认真倾听、思考）

2. 板书：画只我喜欢的昆虫。

（学生启动画图软件）

学习活动 5：绘制主题画

1. 出示分层任务，学生选择。

2. 学生动手绘制，老师巡视指导。

3. 温馨提示：互相帮助、合作完成。

（组内互助，实践操作）

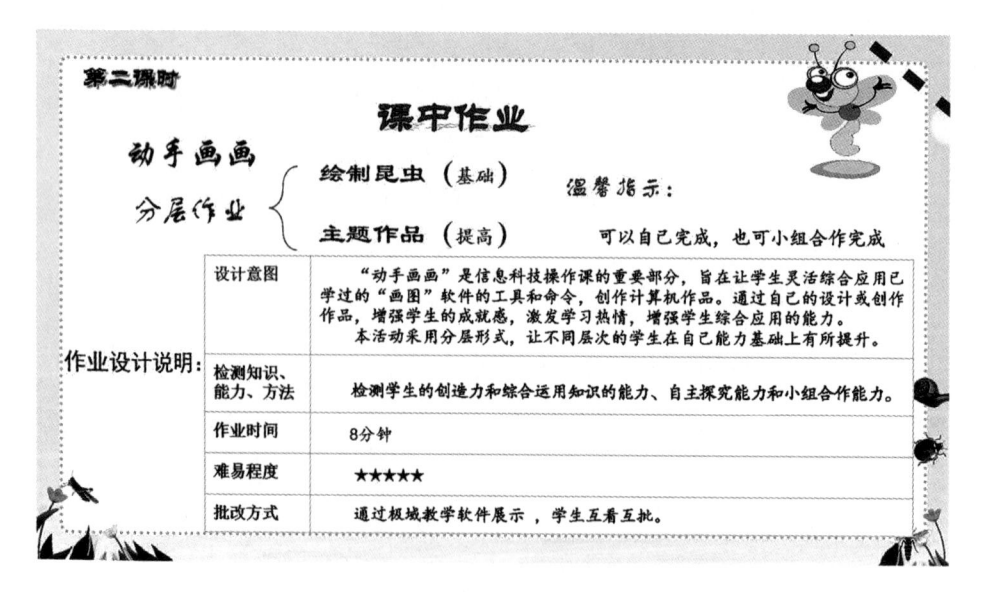

第二课时 课中作业

动手画画 分层作业
- 绘制昆虫（基础）
- 主题作品（提高）

温馨提示：可以自己完成，也可小组合作完成

作业设计说明		
设计意图	"动手画画"是信息科技操作课的重要部分，旨在让学生灵活综合应用已学过的"画图"软件的工具和命令，创作计算机作品。通过自己的设计或创作作品，增强学生的成就感，激发学习热情，增强学生综合应用的能力。本活动采用分层形式，让不同层次的学生在自己能力基础上有所提升。	
检测知识、能力、方法	检测学生的创造力和综合运用知识的能力、自主探究能力和小组合作能力。	
作业时间	8分钟	
难易程度	★★★★★	
批改方式	通过极域教学软件展示，学生互看互批。	

学习活动 6：汇报成果

1. 小组欣赏交流。

2. 代表上台汇报成果——介绍自己或本组同学作品。

（学生认真倾听、思考）

3. 师小结：感谢代表的精彩汇报，同时也感谢全体同学创造出这么多精美的作品。把掌声送给自己吧！

学习活动 7：评价总结

1. 请同学们谈谈本次活动的收获。

2. 小组评价——评选优秀小组作品。

第二课时		课后作业		自评	组评	师评
作品评价（用★表示）	**能力评价**					
	项目评价	评价标准				
绘画内容	计算机绘制技术	能熟练应用"画图"软件工具，体现计算机绘制技巧。				
构图技巧	交流评价	能大胆说出自己的构思；会描述作品创新之处；会评价他人的作品。				
色彩搭配	共同合作精神	乐于帮助他人，共同合作精神。				
创意设计	会上传作品到指定文件夹	能把绘画作品上传到指定文件夹。				
工具应用	知道如何欣赏同伴画图作品	可以通过绘画内容、构图形式以及表现手法欣赏作品。				

棒 ★★★　不错 ★★　须努力 ★　　评价等级：优 A　　良 B　　合格 C　　加油 D

遇到困难时的表现：自己解决（　）　请教同学（　）　请教老师（　）　参考教材（　）　小组讨论（　）

3. 自我评价——填写评价表。

4. 师总结：同学们，希望你们能像法布尔一样，对任何事情永远保持好奇之心，认真观察这个美丽的世界，创造出属于你们的美好画卷！

活动板书设计：

　　　　　画我喜欢的昆虫

　　　　　知识回顾

　　　　　动手画画

　　　　　汇报成果

　　　　　总结评价

活动效果展示：

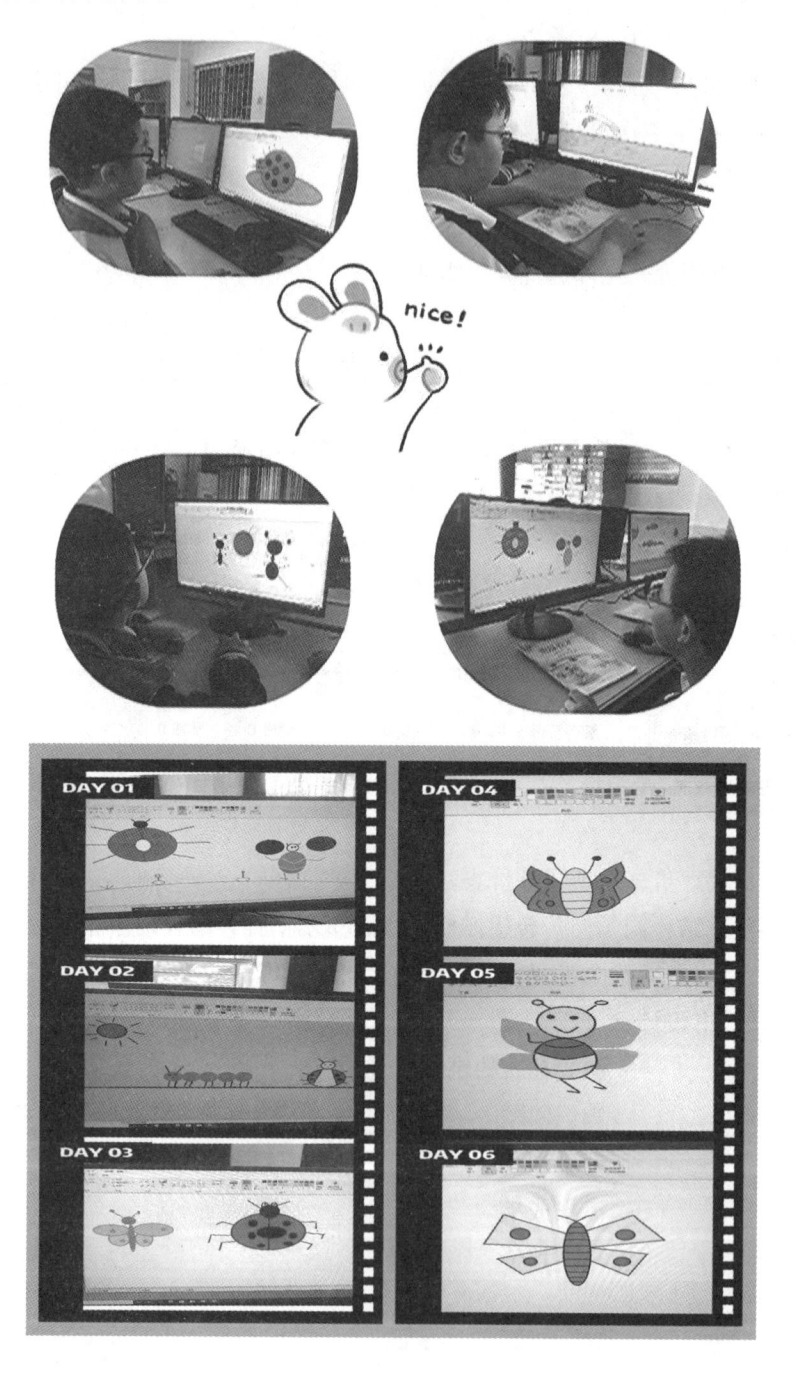

五、教学反思

通过此次跨学科设计，学生们能够积极主动参与到课堂教学中，反思如下：

1. 课内外同向：小学信息技术课每周就一节 40 分钟，时间非常有限，通过课前作业为课堂教学提效，课中作业掌握巩固教学内容，课后作业对课堂内容做补充和拓展，让课内外方向一致，让学生所学更贴近生活，更符合新课标要求，使所学为学习和生活服务。

2. 多软件同步：三年级的学生在认真阅读《昆虫记》的基础上，利用信息技术学科课堂，灵活运用本学期所学画图软件的工具和命令，创作计算机绘图作品——我喜欢的昆虫。课前我利用"问卷星"平台，来布置作业。同时，在课中与课后利用教学广播软件展示学生作品与评价表，让多软件在课堂中同步进行。

3. 让家校同心：本活动的形式是跨学科学习，通过亲子共读一本书——《昆虫记》，让孩子在家长陪同、协助下共同完成作业任务，是有意义的亲子活动，学会利用信息技术手段记录美好，让家校同心共促孩子成长。

我的电子报刊

一、主题分析

本次综合活动教材内容是规划电子报刊主题，获取、收集、处理素材。涉及本册所学的主要技能有：信息的获取与查找、在线制作艺术字、Word 软件处理图片素材。活动内容建议两课时。

教材从回顾第二单元的 Word 字处理软件基础知识入手，让学生了解 Word 字处理软件不仅可以处理文档，也可以制

> 课例名片
> 年　级：四年级
> 总课时：2课时
> 学　科：信息技术、美术、道德与生活

作电子报刊。本活动让学生感受到规划电子报刊的全过程，培养综合活动项目学习的思想。

应用 Word 字处理软件的图片设置的基础操作，将图片、艺术字、花边等素材插入 Word 文档中进行格式、版式、效果等处理，为下一个报刊版面设计与制作的活动做好准备。

填写"制作报刊前期活动总结表"，分享主题讨论。制订规划，获取收集素材等活动经验。及时进行活动小结，让每位学生都有话可说，也都有机会在班上交流、讨论，锻炼语言表达，学会在倾听别人的陈述中解决问题。

各组报刊制作规划表、整理素材进行展示。以报刊元素、报刊主题、内容规划、素材收集与整理、小组配合等五个维度开展学生自评、同学互评、老师点评，学会取长补短、公正处事。以评促学，找差距，补短板。

二、学习目标

1. 了解电子报刊制作流程与组成元素。

教材中以箭头工序表示法列出了制作报刊的各环节：确定主题、规划内容、获取素材、设计版式、制作报头、编排内容、调整版面、保存作品、分享作品，并明确本次活动的重点是确定主题，制订规划，收集素材。以流程图的表示方式，列出电子报刊各元素的关系。

2. 了解报刊主题与内容。

了解报刊的主题特点与板块内容。介绍主题的分类，让学生对报刊主题的选择有初步的印象，启发引导学生从自身的学习情况、兴趣爱好、生活经验出发，积极主动地选择有意义的电子报刊主题。

3. 确定主题，制订规划。

启发引导学生开展交流讨论活动，积极讨论报刊主题的内容和制作的可行性分析，制订出报刊制作的规划表。教材中提供一份规划表样例，引导学生思考制订报刊的规划表要考虑哪些问题。学生从规划表制订过程中能够对报刊主题需要获取的素材更加明确。

4. 获取、收集报刊素材。

教材中提供了围绕报刊主题所需要的文字、图片以及艺术字、花边等素材的多种途径获取、收集、处理的方法。让学生明白各类素材来源的多样性，同时也渗透知识产权与肖像权的意识。

三、学情分析

四年级学生开始转变思想方法，从过去笼统的印象转变为具体的分析，他们具备一定的道德认知能力，有一定的意志力控制自己的冲动。他们的思维开始从模仿向半独立和独立转变，培养思维的独立性和发散性在四年级尤其关键，而独立性和发散性是创造性的必要条件，因此这个阶段是培养学生创造性的关键期，让学生设计制作电子报刊的综合性活动项目是创造性培养的一个切入点。

学生在学习生活中已有制作手抄报的经验，他们在本册第一单元、第二单元学习中已经掌握网络获取信息与 Word 字处理软件的基础操作，但综合应用的实践经验较少，对报刊作品的创作还未形成先规划后制作的习惯，收集获取素材通常也会杂乱无章，会造成后期制作的低效率局面。因此本课的重点要让学生学会制作电子报刊的前期规划，能够有目的地多途径获取、收集、处理报刊素材。本课的难点是获取、处理报刊素材。

教学时，可以让学生先了解什么是报刊的主题。建议让学生自己提出主题，教师引导学生对提出的主题进行提炼与筛选，保留 6—8 个主题，选择一个主题进行电子报刊制作的规划。规划表设计活动结果，适当展示 1—2 个规划表，提出合理之处、不足之处，可改进的建议等，供学生修改完善小报规划。以学生设计的报刊制作规划表内容为例，讨论素材获取、收集、制作的途径。由于学生的产权意识较薄弱，活动过程中教师还应渗透知识产权意识，鼓励学生制作原创素材。引导了解各种原创素材制作的途径，如文本内容、图片素材、艺术字可以通过学习过的 Word 字处理软件、画图软件进行制作，有些素材还可以使用网络上的在线制作软件制作。引导学生形成产权意识，引用别人的素材，要注明出处。整理素材需建立相关的文件夹，建议教师在学生获取、处理素材前就让学生建立好文件夹。

通过本活动的学习，让学生进一步认识 Word 字处理软件的功能和网络的应用，感受生活中信息技术应用，信息技术来源于生活又服务于生活，从而培养学生学以致用的良好品质。

第1课时：《规划主题收集资料》

教学目标：

1. 能通过生活经验、观察实例了解电子报刊制作的流程与组成元素。

2. 能结合自身的兴趣、生活体验，通过与同学的交流讨论确定电子报刊作品的主题。

3. 会围绕确定的主题，制订报刊制作的规划表。

4. 能结合网络信息搜索、画图软件、Word软件，对报刊素材进行获取、收集、处理。

5. 会对报刊素材收集过程中所获得经验进行归纳总结。

6. 会提出本活动中遇到的问题并进行交流讨论，愿意分享活动经验，锻炼口语表达能力。

7. 会对本阶段的活动进行自我评价，从中找差距、补短板。

教学重点和难点：

1. 教学重点：制订报刊制作的规划表。

2. 教学难点：获取、处理报刊素材。

学习规划：

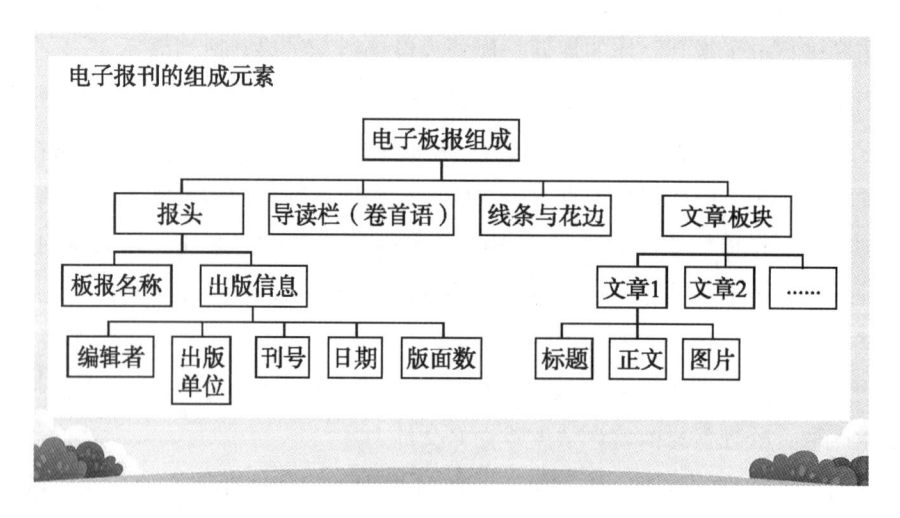

电子报刊的组成元素

```
电子板报组成
├── 报头
│   ├── 板报名称
│   └── 出版信息
│       ├── 编辑者
│       ├── 出版单位
│       ├── 刊号
│       ├── 日期
│       └── 版面数
├── 导读栏（卷首语）
├── 线条与花边
└── 文章板块
    ├── 文章1
    │   ├── 标题
    │   ├── 正文
    │   └── 图片
    ├── 文章2
    └── ……
```

教学方法：

1. 展示法：通过展示报刊样例，让学生讨论报刊组成要素，明确报刊制作流程。

2. 交流讨论法：在学生对报刊主题有一定的认识基础上，引导学生交流、讨论主题的分类，从生活实际出发，确定有意义的电子报刊主题。

3. 小组合作探究：通过小组合作探究，设计报刊制作的规划表，分工协作获取、收集、处理报刊素材。

4. 任务驱动：本活动任务分为确定主题、制作报刊内容规划表、获取收集报刊素材三项内容。通过完成任务，让学生多动手、多动脑、多实践，提高学生的信息技术综合应用能力。

5. 总结评价法：让学生会对活动过程进行总结与评价，会积极参与交流讨论活动和班级互动，养成善于分享经验、善于与人交流的习惯。

学习活动设计：

学习活动1：了解小板报

1. 导入

师：（出示一张已修饰好的小板报）同学们，班级小板报是宣传国家大事、介绍班级新人新事、传播科普知识等内容的一个非常重要的窗口。

2. 新授：设计小板报

教师将收集的小板报进行展示，激发学生学习热情，告诉他们小板报的组成及文中细节，并将一些优秀小板报分享供学生浏览。只有图文恰当的结合才能做出一个优秀的板报作品。

学习活动 2：确定小报主题

1. 确定主题。

2. 收集资料。

教师讲解选择主题的一些注意事项。

学生 4 人分小组讨论后，汇报教师，确定主题进行登记。

教师到学生中去，边倾听，边指导。针对检查中发现的问题及时纠正指引，帮助学生确定正确的小报主题。

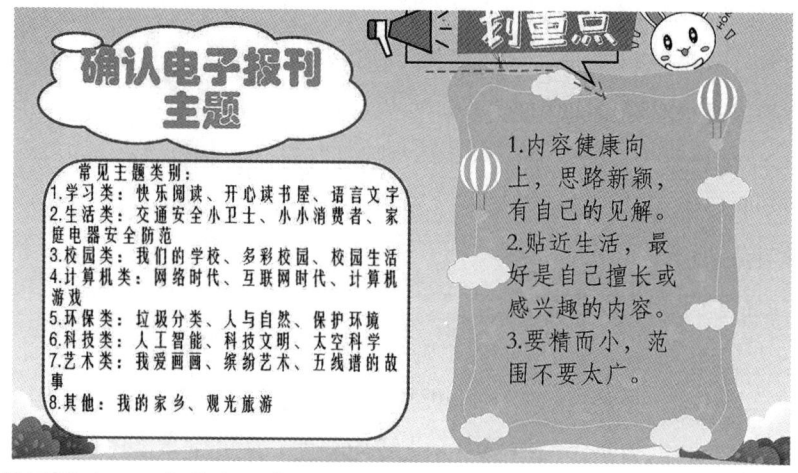

学习活动 3：动手试一试

试一试：请根据自己的板报主题，设计你的电子板报的版面。

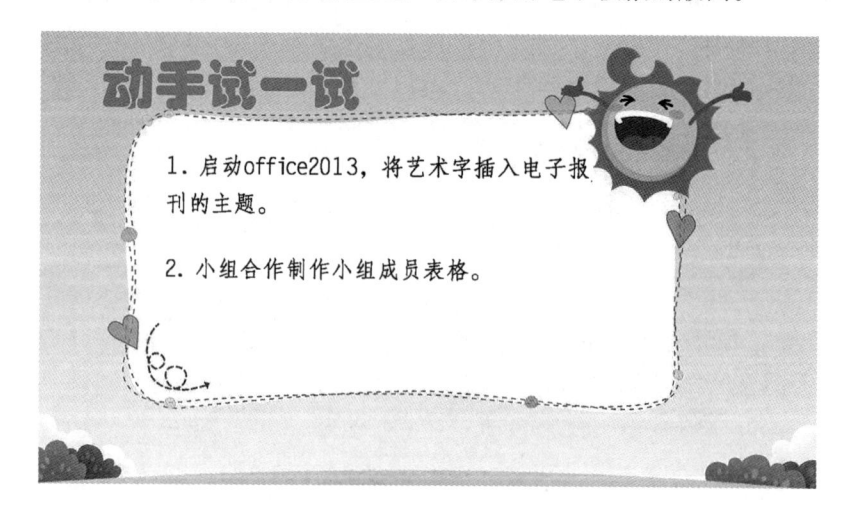

板书设计：

确认报刊主题、规划报刊内容、收集和处理素材。

作业设计：

课时	第1课时：规划主题、收集资料	内容	
作业类型	作业内容	作业安排	设计意图
驱动性作业	1. 引导学生回顾第二单元所学的内容：Word字处理软件编辑文本、设置文本格式、段落排版、插入图片、制作表格等基础操作。 2. 提出问题：Word字处理软件除了进行文档处理和表格制作，还可以做什么？ 3. 引导观察，了解报刊都有哪些信息，引导学生思考能否使用Word软件的功能。 4. 边讲授边使用箭头工序表示法展示电子报刊制作流程。	课前	回顾旧知，帮助学生梳理前面的旧知，通过问题启发，为Word报刊的制作埋下伏笔。 联系生活中的报刊，结合Word的基础操作，了解报刊内容可以用Word软件实现的方法。通过倾听讲解了解报刊制作流程，为后继学习做好准备。
探究性作业	1. 引言：有了报刊主题，还要规划好报刊制作的内容，才能在后期快速有效地制作报刊。 2. 提出问题，引出规划报刊内容活动：围绕主题，报刊需要哪些内容呢？ 3. 引导学生分析"如何设计报刊制作的规划表"，引导小组讨论，填写规划表样例中空缺的内容。 4. 引导开展"设计报刊制作的规划表"活动任务。 (1) 设计制作规划表的表格。 (2) 小组讨论规划表内容，填写完整。 5. 展示规划表，点评。	课中	通过"如何围绕主题，规划报刊内容"的话题的讨论，明确对报刊内容选择的方向。通过分组讨论，动手设计规划表，掌握设计报刊制作规划表的方法。展示介绍各组的规划表，让学生取长补短完善本组的规划表。

205

续表

课时	第1课时：规划主题、收集资料	内容	
作业类型	作业内容	作业安排	设计意图
拓展性作业	1. 对学生本节课的活动进行评价小结。 2. 引导各小组课后补充完善素材，收集、记录活动中遇到的问题，准备下节课课堂上交流讨论。	课后	通过评价小结了解学生活动的情况。活动的延伸任务引导学生课后完善本次活动的内容，以及对本次活动进行反思。

课后评价设计：

核心能力	评价标准	自评	互评	师评
审美感知	色彩的搭配			
艺术表现	计算机绘画技术			
创新能力	绘图的创意设计			
文化理解	流利的构思，会评价他人的作品			
团队合作	共同合作，乐于帮助他人			

教后反思：

1. 学生是否明确电子报刊制作流程与报刊组成元素。

2. 学生是否掌握获取、处理素材的方法。

3. 学生是否积极进行活动交流与评价。

4. 学生是否能正确、客观地进行自评与互评。

第2课时：《设计版面制作报刊》

课时：1课时

教学目标：

1. 页面的设计。

2. 加添文字和设置文字格式。
3. 艺术字的应用。
4. 设置背景。
5. 表格应用。
6. 自选图形应用。
7. 页面边框设置。
8. 用 Word 助手进行帮助。

学习规划：

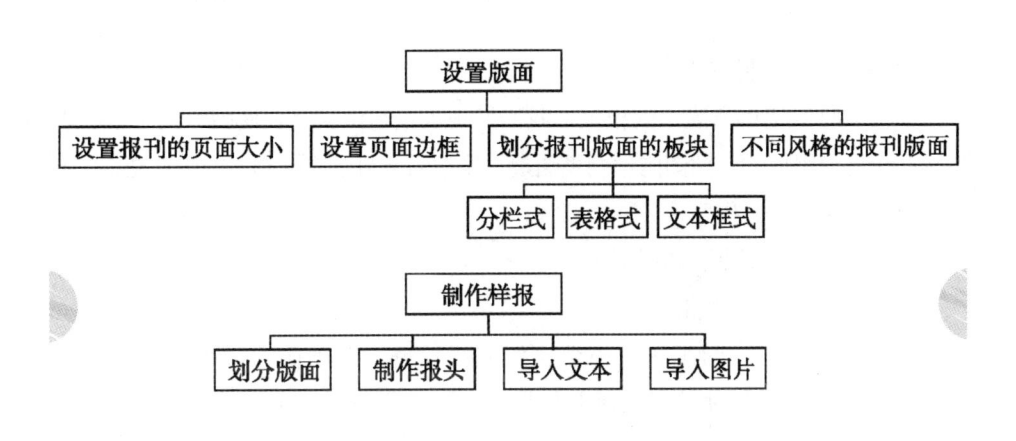

```
                          设置版面
        ┌──────────┬──────────┼──────────────┬──────────────┐
   设置报刊的页面大小  设置页面边框  划分报刊版面的板块   不同风格的报刊版面
                                ┌────┬────┐
                              分栏式 表格式 文本框式

                          制作样报
              ┌──────────┬──────────┬──────────┐
            划分版面    制作报头    导入文本    导入图片
```

学习活动设计：

学习活动1：设置版面

教学重点和难点：

结合所有制作、优化小报技巧制作出一份优质小报。

教学准备：

网络教室、教学资源。

师：（出示优秀小报作品）这节课，我们要应用学习过的知识和 Word 的操作技能，制作出如老师展示的这份精美板报。同学们可以根据自己的爱好和兴趣，设计制作出主题、风格不同的板报。

设置版面——划分报刊版面的板块

一份报刊除了报头以外，主要是由文字板块构成的。一份报刊可以有多篇文章，因此需要将版面划分为多个板块，常见的划分方式有三种：分栏、表格、文本框。

学习活动2：制作小板报

师：如刚才老师所展示的板报，我们发现板报是由文字、插图、艺术字和表格等几个部分组成的，插图同学们可通过百度搜索与自己主题相关的图片获取。

（学生分小组合作完成）

（教师巡视，交流、指导）

做一做：制作小板报。

学生对照课本中的步骤，小组合作完成任务。在操作的过程中，要同桌互助，小组互助。教师巡视交流并指导。

设置版面——划分报刊版面的板块

1 分栏方式

将页面分为两栏、三栏或三栏以上，文章内容按顺序分栏排版。

这种划分方式简单，但是文章之间不独立，改一个地方，整个版面都发生变化。

设置版面——划分报刊版面的板块

2 表格方式

利用表格的单元格划分板块，版面整洁、直观，文章之间相对独立，可以单独调整。

设置版面——划分报刊版面的板块

3 文本框方式

利用插入菜单中的文本框工具划分版面。文本框功能丰富，后期调整版面方便，显得更加生动、活泼、大方。

【温馨提示】插入文本框时，文本框"版式"应设置为"浮于文字上方"。

学习活动3：创新活动

试一试：用 Word 助手查找如何给文字设置阴影格式。

设置版面——设计不同风格的报刊版面

板书设计：

确定主题、设计版式、制作报头、编排内容、调整版面、分享作品。

作业设计：

课时 作业 类型	第 2 课时：设计版面制作报刊	内容	
	作业内容	作业 安排	设计意图
驱动性作业	提出问题：有了主题，有了素材，如何动手制作报刊呢？ (1) 版面设计：设置纸张大小及方向、设置页面边框、划分板块。 (2) 报头制作：报刊名称艺术字效果、报头插图、报刊制作信息。 (3) 板块内容制作：导入文本、图片素材。 (4) 板块调整：板块文字内容格式设置、板块位置调整、板块内容空间调整、线条花边修饰等。预先完成版面设计、报头设计。	课前	课前回顾旧知，梳理前面的旧知，通过问题启发，为 Word 报刊的制作埋下伏笔。联系生活中的报刊，结合 Word 的基础操作，了解报刊内容可以用 Word 软件实现的方法。通过倾听了解报刊制作流程，为后续学习做好准备。
探究性作业	1. 展示报头制作的样例，说明报头板块包含的信息。 2. 布置报头制作任务。 (1) 打开本组素材文件夹中准备好的"图片素材.docx"文件，将处理好的报头艺术字图片放到正确的板块位置。 (2) 输入报刊主编辑、期数、出版日期等信息。 (3) 插入图片、花边修改报头。 3. 巡视指导，检查各小组报头制作情况。 4. 演示引导学生如何将制作好的报头的图片、艺术字、文本框等报刊设计信息使用"白箭头"工具选中，组成一个整体。	课中	通过自主探究、提问题、交流讨论、观察对比、解决问题、再实践的流程，让学生循序渐进地掌握解决问题的方法，并在实践中掌握 Word 版面设计中报头制作等综合应用操作技能。

续表

课时	第 2 课时：设计版面制作报刊	内容	
作业类型	作业内容	作业安排	设计意图
拓展性作业	1. 预设文章板块比较浪费空间的问题，引导思考解决的方法。 2. 演示形状与文本框组合的方法，调整版面空间。 3. 展示任务：调整版面。 （1）将文本空间比较空的文章板块应用形状、文本框组合方式进行调整优化空间。 （2）根据版面排版的需求，调整文章板块的位置与大小。 4. 巡视指导。	课后	通过预设浪费版面空间的问题，引导学生思考如何综合应用已学的操作，寻找不同的解决方法。培养学生多种方法解决问题的意识。

四、课后评价设计

核心能力	评价标准	自评	互评	师评
审美感知	色彩的搭配			
艺术表现	计算机绘画技术			
创新能力	绘图的创意设计			
文化理解	流利的构思，会评价他人的作品			
团队合作	共同合作，乐于帮助他人			

教后反思：

1. 学生是否掌握报刊版面的板块划分方法。

2. 学生是否掌握文本、图片素材的导入方法。

3. 学生是否熟练设置文本框、图片、艺术字的格式。

4. 学生是否积极进行活动交流与评价。

5. 学生是否能正确、客观地进行自评与互评。

通过本次活动的开展，学生知道信息技术与我们学习、生活紧密相连，它是我们学习的内容，也是学习的工具。教材采用分步、递进的方法组织教学资源，并提供了样例欣赏、主题归类、规划表样例、活动总结、活动评价表等资源，旨在帮助学生形成活动的过程性记录。

第三节　超学科案例

寻家乡红色记忆，燃强国爱家之志
——"让'家国情怀'根植于心"主题学习

"寻家乡红色记忆，燃强国爱家之志"这一主题学习，依托真实的实践活动，融合语文、美术、信息技术、音乐等学科，引领学生回眸家乡红色记忆；立足当下，切身体验家国情怀。在跨学科实践活动中，追忆与传承红色基因，弘扬爱国、爱家乡的精神。

课例名片
年　级：五年级上学期
总课时：6课时
学　科：语文、美术、
　　　　信息技术、音乐等

一、主题分析

以"让'家国情怀'根植于心"主题学习为切入口，通过"寻家乡红色记忆，燃强国爱家之志"这一真实的大情境，积极调动学生的多种学习经验及能力，融入跨学科主题实践学习，引领学生追寻家乡红色记忆，穿越时空，触摸那一颗颗赤子之心；唤醒学生立足当下，切身体验家国情怀。让学生置身于浓厚的红色文化氛围中，在先辈精神的感染下，激发强国爱家的热情，树立坚定的理想信念，获得思想的启迪、情怀的培植。在真实的情境中学会真诚表达，在多元的实践中追忆与传承红色基因；在劳动实践中体悟革命者的坚毅品格、吃苦耐劳的精神，唱响

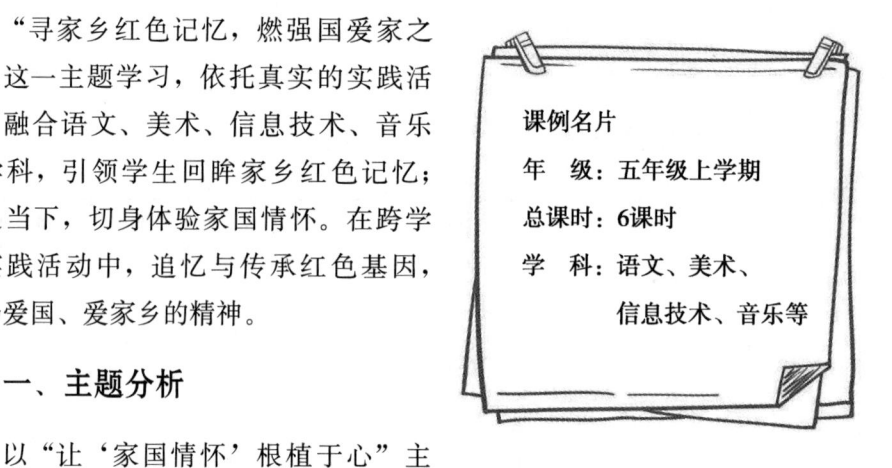

致敬爱国英雄的赞歌。

二、学习目标

1. 收集相关资料，引导学生追寻家乡红色记忆，在内心根植家国情。

2. 通过绘画、歌唱、草编、扎染、插秧等实际的跨学科活动整合语文、艺术、劳动、信息技术等学科内容，唤醒学生立足当下，在生活情境中动手操作，激发学生爱国爱家乡的热情，培养学生学习老一辈吃苦耐劳的坚毅品格和艰苦奋斗的革命精神。

三、学习规划

课时	学习内容	学习活动	学习资源	学习评价
1	任务一：寻家乡爱国英雄	活动1：交流我查到的资料 活动2：制定我喜欢的档案	网络资源、走访、相关图书查阅等。	1. 学生搜集、分类、整理资料的能力。 2. 学生制作档案的效果。
2	任务二：颂家乡爱国英雄	活动1：家乡爱国故事我来讲 活动2：家乡爱国诗歌我来唱 活动3：家乡红色家书我来写	1. 回忆形容人物高尚品质的词语，并能举例说出词语形容的人物。 2. 搜集革命和建设时期相关的现代诗歌和革命歌曲，进行朗诵练习和传唱练习。 3. 利用美术加工，美化红色家书。	1. 学习活动中学生的参与度与表现。 2. 学生朗诵、传唱、录制短视频的效果。
3	任务三：祭家乡爱国英魂	活动1：祭扫烈士陵园 活动2：瞻仰英雄纪念馆	1. 瞻仰闽中革命烈士陵园。 2. 组织参观陈天章纪念馆。	学生参与活动的态度。

续表

课时	学习内容	学习活动	学习资源	学习评价
4、5、6	任务四：践行爱国爱家乡精神	活动1：巧手学草编，指尖记智慧 活动2：古街学扎染，布里记节俭 活动3：田间学插秧，践行记辛劳	展览馆学草编、古街学扎染、田间学插秧。	学生在活动实践中的态度和表现。 学生所完成的任务效果。

四、学习过程

任务一：寻家乡爱国英雄

活动目标：

1. 通过课前搜集到的资料，巩固已有的"收集资料，帮助理解内容"的学习能力。

2. 让学生在追寻家乡红色记忆的同时，初步渗透家国情怀。

学习活动1：交流资料，认识英雄

1. 小组内交流搜集到的家乡爱国英雄人物及事迹。

2. 推选小组代表发言，汇报家乡爱国英雄人物及事迹。

学习活动2：明确任务，制定档案

1. 明确任务。

引导学生按照需要，对收集的资料仔细分类。（按不同时期进行分组）

2. 初步建立英雄档案。

①按时间顺序，学生组建小组，给自己的小组起名。

陈天章　林兰英（天英小组）

陈炳靖　黄绳熙（劲希小组）

王屏南　等　（抗日小组）

②各小组研讨如何完善英雄档案。

［设计意图："家国情怀"这一主题离学生的生活有一定的距离，可以借助相关资料帮助学生深入理解主题。教师上课伊始学生分享资料、建立英雄档案，既是在巩固"收集资料，帮助理解内容"的学习能力，又能让学生在

追寻家乡红色记忆的同时,在内心根植家国情。]

任务二:颂家乡英雄故事

活动目标:

让学生在多样化的活动情境中感悟先辈们的爱国情怀。这些活动也是对人物理解加深的过程,是家国情怀内化于心的过程,让学生接受革命文化的洗礼。

活动准备:

1. 准备故事会召开的相关事宜,如海报宣传等。

2. 制定故事的选择要求和评价标准。

3. 收集家乡革命人物的事迹或观看相关影视作品。

4. 根据收集革命和建设时期相关的现代诗歌和革命歌曲,进行朗诵练习和传唱练习。

5. 信纸、信封。整理莆田老一辈无产阶级革命家的家书。

学习活动1:宣讲故事,体悟品格

1. 回忆、认读形容人物高尚品质的词语,并能举例说出词语形容的人物。

2. 各小组派代表讲述家乡爱国故事,体会人物品质。

3. 评选"家乡红色故事宣讲大使"。

[设计意图:故事会是学生喜爱的形式,讲述的故事都有鲜明的主题思想,是对学生进行立德树人教育的重要依托,在故事主题思想方面,不做多元解读。讲故事的过程也是对人物理解加深的过程,是革命文化内化的过程,让学生接受革命文化的洗礼,更加热爱自己的祖国。既是树立文化自信,也是一种文化的传承。]

学习活动2:诵唱诗歌,抒发情感

1. 革命现代诗我学习。

①复习现代诗歌的学习方法。有感情地朗读诗歌,懂得诗歌表达的意思,学习英雄人物精神。

②借助资料理解不懂的诗句。

2. 革命现代诗我来唱。

①信息课上观看抗日爱国志士王屏南相关的影视作品。

②学唱革命歌曲和朗诵革命现代诗歌，为唱诗会做好准备。

③将革命歌曲的传唱和朗诵录制成短视频。

[设计意图：此项学习任务更加侧重学生的情感表达，在收集背景资料的过程中，加深对诗歌内容和表达的精神的理解。通过学唱革命歌曲和朗诵革命现代诗歌，激发内心的共鸣。再辅以革命题材影视作品的跨界阅读，加深了对延安精神、红船精神、井冈山精神的了解，激发起学生学习、了解、收集、摘抄革命歌曲和革命现代诗歌的热情。]

学习活动3：书写家书，表达心声

1. 家书我来学。

①阅读收集的家书，交流读后的发现。

②学习书信的格式，借助生活经验和例文，增进学生对书信的认识。

2. 家书我来写。

①节选"红色家书"节目中莆籍"飞虎英雄"陈炳靖家书。

②完成习作"写信"，尝试以电子邮件的形式发送。

③参观哲理钟楼红色教育基地，开展主题班队会活动。听讲解员介绍纪念馆，给家人书写明信片并邮寄，表达自己的爱国志向。

[设计意图：此项学习任务侧重于学生的真实生活，向家人表达自己的情感。随着通讯方式的改变，书信在人与人沟通中已经不那么重要了，但是书信是人类文明的象征，更是传统文化的重要组成部分，在学习、生活、工作中有着特殊的意义。课堂中学习习作——写一封家书，并通过电子邮件发送，体现了与时俱进的特点。而参观红色教育基地，书写明信片并邮寄则是在真实情境中完成的任务，学生能从中获得真实的体验和感受。]

任务三：祭家乡爱国英魂

活动目标：

了解闽中人民在长期的革命斗争中树立的坚定的理想信念，学习他们在长期的革命斗争中表现出来的英勇斗争的精神，以及他们在长期的革命斗争中始终保持的艰苦奋斗的作风不断探索适合本地区实际情况的革命道路与方法的创新精神。

学习活动1：祭扫陵园，致敬英雄

1. 祭扫烈士陵园。

①学生献上花圈，缅怀为国家、为民族洒尽鲜血的家乡英魂毅魄。

②学生代表栽上苍松翠柏。

③全体学生宣誓。

2. 结合瞻仰过程孩子们的表现，进行思想教育。

师：烈士陵园是凝聚着国家、民族和人民的爱国主义象征，是奋斗过、牺牲过的英雄烈士的安息之地。让我们继承先烈们的遗志，发扬他们的精神，为实现我们的梦想而努力奋斗吧！最后，希望大家能够珍惜这次参观烈士陵园的机会，深刻领悟先烈们的伟大精神，为我们伟大的祖国献出自己的一份力量！

学习活动2：参观纪念馆，加深体验

1. 参观陈天章纪念馆。

①听工作人员讲陈天章的革命事迹。

A. 斗地主，为农民分土地

B. 打土匪，闹革命

C. 带领群众进行游击斗争

②结合参观体验，进一步进行思想教育。

师：通过参观，我们深刻感受到了陈天章烈士坚定的信仰、无私的奉献和顽强的毅力。他身上展现出的忠诚、担当、勇敢和坚守信仰的品质，值得我们每一个人学习。希望大家能够铭记陈天章烈士的事迹，将他作为我们前进的动力，为实现中华民族复兴的伟大中国梦而努力奋斗！

[设计意图：通过参观烈士陵园和陈天章烈士纪念馆，让学生了解烈士的英勇事迹，激发学生的爱国情怀，培养学生的民族自豪感和责任感，有助于学生传承和弘扬革命精神，树立为国家和民族的事业不懈奋斗的信念。让学生亲身感受革命先烈的丰功伟绩，引导他们树立正确的人生观、价值观和世界观，达到立德树人、培根塑魂的目的。]

任务四：践行爱国爱乡精神

活动目标：

依托校本资源，开展大语文跨学科综合实践活动，让学生置身于浓厚的红色文化氛围中，在革命先辈精神的感染下获得思想的启迪、情怀的培植，托起复兴梦。此活动是通过引导学生围绕"让'家国情怀'根植于心"的主题，让学生继承先辈遗志，发扬吃苦耐劳的优良传统，在活动实践中奉行爱国爱乡精神。

学习活动1：巧手学草编，指尖记智慧

1. 读导语，了解草编。

在革命老区展览馆，陈列着几双草鞋，记录着革命先辈用脚步丈量的红色之路，今天让我们走进草编，了解老一辈人们手上的绝活——草编。

2. 看草编，了解历史。

①草编材料：选择细长柔软，富有弹性，容易编织的植物茎或叶子。

②观看草鞋编织视频：用麻绳做草鞋，麻剥皮之后搓成绳，做成的一双草鞋。

③谈话交流：当时红军条件是非常艰苦的，没有鞋子穿、就地取材利用当地的草编织一些草鞋穿，学编草鞋也让更多的人来了解当时人民军队的不容易。草编是广大劳动人民在长期实践中创造的智慧结晶，取自自然，回归自然，祖辈教会我们懂得勤劳、节俭与自强，希望我们的后辈也能传承这样的文化，学会草编技艺。

3. 分组交流，分享智慧。

学习提示：
  1. 交流自己的草编作品，介绍自己的做法。
  2. 评价成员的草编作品，给出改进的建议。

评价标准：
  设计合理★   形状清晰★   效果美观★

---

①让学生亲历草编过程：材料的选取，编织的技巧，持续的发展。

②鼓励学生综合运用各学科知识、关键能力探讨并解决现实生活中的问题：草编保温袋、草编装饰品、草编扫把等。

学习活动 2：古街学扎染，布里记节俭

1. 读导语，了解扎染。

"自己动手，丰衣足食"，革命老区勤劳节俭的奋斗精神值得我们学习。扎染是把布料折叠、扭曲、束缚或压紧然后染色，通过阻止染料渗透到某些布料区域来创造出图案。

2. 看扎染，了解步骤。

（1）把布泡到水里。　　　　（2）把布拧干。

（3）把布叠成自己喜欢的造型。　（4）绑皮筋。

（5）戴上手套。　　　　　　（6）滴染。

（7）浸泡染。　　　　　　　（8）剪皮筋。

（9）把布用清水洗干净。　　（10）晒干。

3. 分组交流，重温历史。

学习提示：
　1. 交流自己的扎染布艺，介绍自己的做法。
　2. 评价成员的扎染布艺，给出改进的建议。

评价标准：
　　色彩明丽★　　形状清晰★　　效果美观★

（1）小组展示评价。

（2）齐读扎染童谣。

麻布圆，棉布方；折捏转，扎又绑；扎成布团浸清水，浸好放进大染缸；解开布团去晾晒，缤纷扎染风中扬。

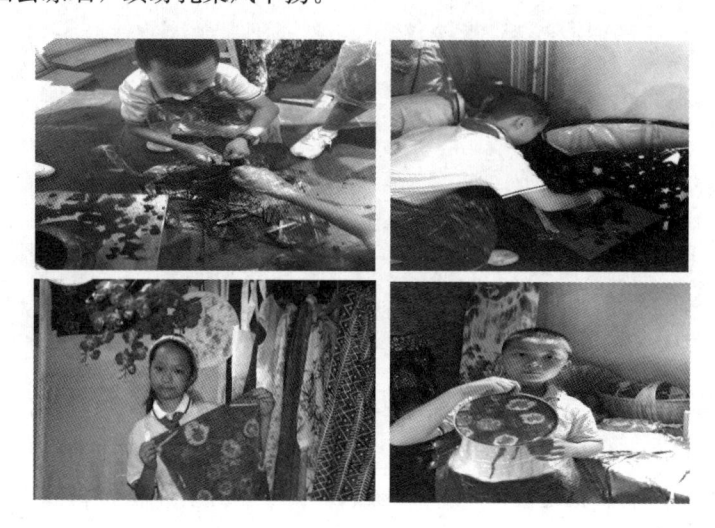

学习活动3：田间学插秧，践行记辛劳

1. 忆活动，话说插秧。

（1）"开闽新世系，抗倭振家声。"这是涵江萩芦镇抗日爱国志士王屏南自拟的家训。家居期间，他积极兴办家乡公益事业，如出资修建庄边桥，兴办肥田粉厂，创设冬耕试验田等，并捐献军粮，支援解放军。

（2）周末，教师带领中队来到了莆田市城厢区常太镇岭下村，师生踏着田垄，拎着秧苗，闻着泥土的芬芳，心装着未来丰收的喜悦。

（3）播放大家插秧劳动视频。

2. 谈体会，赞颂劳动。

学习提示：
  1. 交流自己的插秧过程，介绍自己的做法。
  2. 评价成员的插秧方法，给出改进的建议。
评价标准：
  速度快★　　插苗稳★　　苗距合理★

（1）小组代表发言交流，全班评价。

（2）师小结：插秧，让我们体验了"自力更生，丰衣足食"，体会了"一粥一饭来之不易"，日出而作，日落而息，插秧劳动升华为一种闪耀着真理的光芒，学习先辈不怕苦、不怕难的精神，这是我们永远的传家宝——热爱家乡，热爱祖国。

板书设计：

践行爱国爱乡精神

草编　记智慧　爱祖国
扎染　记节俭　爱家乡
插秧　记辛劳　学本领

［设计意图：通过三个实践活动的汇报交流，意在让学生感受先辈们的智慧、节俭、辛劳，记住先辈们的崇高精神，弘扬和传承革命先辈精神，进一步激发爱家乡、爱祖国的情感。］

作业设计：每组整理一个践行爱国爱乡"社会实践表"。附表如下：

社会实践表

班级_____ 姓名_____ 时间_____

忆往昔峥嵘岁月，无数家乡人民用自己的智慧和双手创造了当下美好的日子。还有哪些旧物件、旧手艺、传统生产劳动体现了大家爱家乡、爱祖国的情怀？请你探寻，并留下记录。

探寻项目：_____

受访对象：_____

学习要点：（1）_____

　　　　　（2）_____

　　　　　（3）_____

学习收获：_____

五、教学反思

1. 基于客观学情，从"书本语文"走向"生活语文"。

"家国情怀"这一主题与学生的生活时代、生活经验的距离都比较远，此类题材所表现的当时的社会环境、当时人们的内心世界，以我们今天的孩子的视角去理解，存在一定困难。新课标中将文化自信这一核心素养摆在首位，通过这一主题的学习让学生继承和弘扬爱国精神也势在必行。因为在我们的语文课程标准当中非常明确地提出了我们培养的人是要具有爱国主义精神的，是要具有爱国情怀的。同时，热爱祖国也是我们对学生核心素养当中所关注的特别重要的一块。学生的语文课程核心素养是在积极的实践活动中体现出来的，努力创设多样的综合性实践活动教学，进行多学科融合，在更开放的学习环境中学生才能更好地达成目标。

2. 融入课标理念，用情境任务驱动学习活动。

跨学科学习的最高境界是将语文学科与其他学科的知识与能力、过程与方法、情感态度与价值观等有机融合，运用多个学科知识、多种技能开展探究性学习，让学生成为全面发展的人。本次学习活动带领学生重温家乡爱国仁人志士的事迹，在真实的活动情境中学会真诚表达、在多元的实践中追忆与传承红色基因，使红色英雄教育与家乡的非遗传统文化、农耕文化相结合，培养学生吃苦耐劳、坚持不懈、团结合作的精神。学生在真实的情境中，将"家国情怀"深深根植于心，在丰富的实践中，唱响致敬英雄的赞歌，把"家国情怀"内化于心、外化于行。

"增设运动会集体项目"跨学科教学设计

本案例以"增设运动会集体项目"为主题，以"调查收集最受学生欢迎的集体项目、征集的运动项目是否合适"为线索，学生完整尝试了"主题整体明确→开展调查（收集数据、整理数据、分析数据）→制订运动项目增设方案→征求意见、优化调整→具体实践、反思完善"等过程。实践期间，学生充分利用各种资源，灵活采用多种科技手段，在数据收集分析、确定集体项目等方面综合运用了数学、体育、信息技术等多学科知识，最后完满地完成了任务。在方案的设计过程中，学生的应用意识、数据意识、协作意识等得到提高，问题解决的能力等得到发展。

案例名片
年　级：四年级上学期
总课时：2课时
学　科：数学、信息技术、
　　　　体育、道德与法治

一、主题分析

跨学科主题学习"增设运动会集体项目"颇具生活化，将增设运动会集体项目融入大情境中，学生在日常学习生活中经常接触各种统计表、统计图，有一定的数据收集能力和数据分析能力。在第一学段，学生已经初步经历了简单的数据整理过程，能用自己喜欢的方式（文字、图画、简单的统计表等）呈现分类计数的结果，但学生对"如何用条形统计图描述和表达数据"及"条形统计图有什么特点"等问题不容易理解，因此在学习过程中设计了"运动会集体项目调查"这一活动，让学生在已有知识和经验的基础上，经历统计的过程，同时也进行了体育知识的渗透和团结协作等道德与法治方面的教育。本主题学习通过创设真实的情境，让学生经历条形统计图的形成过程，同时体会到数学来源于生活、提炼于数据的道理，通过解读条形统计图，培养学生的数据分析意识，体现了主题学习的真实性。

学生都能独立绘制统计图，但能做到数据准确、卷面干净和整体美观的却没有多少。因此，事先做好调查，了解学生学习电脑绘图的兴趣，充分认识到计算机绘图的便捷、准确及美观。现代科技的优越性与学生手工绘图的直面对撞，会直接激发学生学习现代科学知识技能的积极性，培养学生使用科技产品的意识，在学习中积极融入信息技术学科，拥抱文明，体现了主题学习的科学性和实践性。

条形统计图在日常生活中有着广泛的应用，结合学生已有经验，以"统计新增运动会小集体项目"为问题导向，引导学生经历数据分类整理和用不同方法描述数据的过程，体验从条形统计图中获得信息的方法，初步感受条形统计图具有直观形象表示数据的特点和优势。主题学习过程中设计的"增设集体项目"活动，既培养了学生的统计意识和能力，进一步发展学生的数据意识和应用意识，又融合了各尽所能、因材施教的体育思想，体现了主题学习的数据严谨性。

二、学习目标

1. 经历收集、整理、描述、分析简单数据的过程，体会条形统计图的意义。

2. 初步认识简单的条形统计图，绘制一格代表一个或几个单位的条形统计图。

3. 感受统计的价值，体会统计在现实生活中的作用。

三、学习规划

课时	任务	学习活动	课时目标	学习评价	学习资源
1	开展调查，确定方案	活动1：适合四年级的集体项目有：跳长绳、小马过河、袋鼠跳、滚铁环接力。你们最喜欢哪个项目？你们手里都有一张最喜欢的集体项目调查表，请在你最喜欢的项目下面画√。（填写调查单） 活动2：我们一起来整理得到的数据，除了统计表还可以用什么方式来描述这些数据呢？ 活动3：这里的几种统计方法，你最喜欢哪种？为什么？得出条形统计图结合了前两种方法的优点，进行比较分析，确定方案。	1. 感受条形统计图的特点，培养学生初步的数据意识和应用意识。 2. 感受数学与生活的密切联系，养成勇于探索的科学精神。 3. 渗透体育知识和团结协作等方面的教育。	1. 能够从真实情境出发，发现和提出涉及多个学科的有价值问题。 2. 能够大胆尝试，跳出思维定势的圈套，注重分析过程中的成与败。 3. 小组之间分工明确，互相补充。	1. 思维导图。 2. 课后任务清单。 3. 平板或电脑等电子设备。
2	多种方法绘制、解读分析数据	活动1：手工绘制条形统计图，激发了学生的兴趣，活跃了学生的思维。 活动2：电脑（运用Excel表格）生成统计图。 活动3：对比学习，总结方法。 活动4：解读数据，分析交流，知道调查与统计在我们的生活中用处很大。	1. 体会现代科技的优越性，激发学生学习现代科学知识技能的积极性。 2. 进行信息技术学科的渗透教育。 3. 感受统计的价值，体会统计在现实生活中的作用。	1. 能够灵活运用知识，选择适当的方法，能够从多种方法中提炼共同点。 2. 学生小组独立思考，协作交流得出结论，充满自信。 3. 能够筛选出相关的知识，以"发现—分析—解决"问题进行学习活动。	1. 课后任务清单。 2. 平板或电脑等电子设备。

四、学习过程

第1课时：开展调查，确定方案

本课时主要是让学生经历、了解条形统计图的结构特征和表示数量的方法，在对比中感受条形统计图的特点。

学习活动1：创设情境，开展调查

（一）创设情境，提出问题

1. 师：同学们，我们先来看段视频（运动会的视频），这是什么场景呀？（运动会）对，现在秋高气爽，天气晴朗，正是举行运动会的好时候，我们学校也准备在近期举行秋季运动会，你们高兴吗？

生：高兴。

2. 师：更高兴的是，为了让大多数同学能参加运动会，今年，学校将在每个年级新增加一个集体项目。你们看，适合四年级的集体项目有：跳长绳、小马过河、袋鼠跳、滚铁环接力。你们最喜欢哪个项目？

生$_1$：跳长绳。

生$_2$：滚铁环接力。

……

3. 师：大家喜欢的都不一样，我们到底增加哪个项目好呢？（我们可以举手投票，也可以写票）有什么好办法可以帮我们统计票数？

（二）开展调查，收集数据

1. 师：那我们就用写选票，画"√"的方法来收集我们的数据，好吗？

2. 师：你们手里都有一张最喜欢的小集体项目调查表，请在你最喜欢的项目下面画"√"。（填写调查单）

学习活动2：分析决策，解决问题

（一）整理数据，学习方法

1. 师：现在我们一起来整理一下我们得到的数据吧。（我来唱票，请一位同学来帮忙记录，你想用什么方法记录？）

生：可以画正字，画√，画○形。

2. 师：你们觉得哪种方法会更好？（画正字，便于统计）

3. 师：好，我开始唱票了。

4. 师：同学们，通过大家的努力，我们把数据整理在这张统计表里了，你们看，从这张统计表中，我们可以获得哪些数学信息呢？你还能提出什么问题？

（二）分析决策，解决问题

1. 师：除了统计表还可以用什么方式来描述这些数据呢？对，我们还可以用统计图（板书：统计图），还记得在二年级的时候，我们就学习了象形统计图，可以用一个○形或其他的图形代表一个人，你能用老师准备的磁铁摆出这些数据吗？（生摆）

2. 师：你从这个象形统计图中一眼能看到什么数学信息？

3. 师：除了象形统计图，其实还有很多统计图都能表示这些数据，今天我们就来一起学习其中的一种，叫条形统计图。

4. 学生交流，老师小结。

学习活动3：比较分析，确定方案

1. 师：这里的3种统计方法，你最喜欢哪种？为什么？

师：所以，这种条形统计图结合了前两种方法的优点，是最直观，也是最好的。（板书：能形象、直观地看出数据的多少，便于比较）

2. 师：好，同学们，根据我们统计的数据，现在你会跟学校建议我们四年级增加哪个集体项目呢？

师：都同意吗？还有没有不同的想法？

生：这只能代表我们班的想法，要想知道四年级所有同学的想法，我们要在整个四年级做调查。

师：你考虑得真周到，为你点赞。

3. 师：今天学的单式条形统计图用1格表示一个或多个单位。下面，让我们集体感知一下条形统计图的各部分要素吧！

4. 比较分析，确定方案。

师：统计表和条形统计图各有什么特点？条形统计图有什么优点呢？

［设计意图：通过创设情景，提出问题：到底增加哪个项目好呢？引发学生

产生调查的需求，真正做到了统计来源于生活。在这里用现实而有意义的生活问题来创设良好的情境，让学生发现信息、提出问题，培养学生产生问题的意识，激发学生求知的欲望。本环节重在让学生经历收集、整理、描述、分析数据的过程，做到方法优化，从而培养学生分析数据、解决问题的能力。]

第2课时：多种方法绘制，解读分析数据

本课时主要是让学生掌握用1格表示1个或多个单位的条形统计图的制作过程，进一步认识条形统计图。

学习活动4：手工绘制条形统计图

师：结合刚才的统计表想想，如何把统计表中的数据转化成统计图中的图形，生成的统计图由哪几部分组成？

生动手绘制统计图。

学习活动5：电脑（运用Excel表格）生成统计图

师：统计图好画吗？你运用什么工具画统计图既便捷、准确，又美观呢？

生$_1$：用电脑来画。

师：要用到电脑的哪个程序呢？

生$_2$：运用Excel表格来画。

师：动手操作吧。

学习活动6：对比学习，总结方法

学生绘制出了两种统计图，一种是用1格表示一个单位的，一种是用1格表示两个单位的。

1. 师：你是怎么绘制的？为什么这样绘制？

学生先在组内互相交流自己的想法，再全班交流汇报。

2. 对比学习，总结方法。

①学生观察两个统计图，并说一说这两种统计图的区别。

②思考：这两种统计图你认为哪个更适合表示这组数据，为什么？

师：在用条形统计图表示时，有时"以一当一"，有时"以一当二"，有时"以一当五"，还有时"以一当十"，究竟1格表示多少？你有什么好的建议？

生：1格表示几个单位，要根据题目中的数据而定。数据大，1格表示的

单位就大；数据小，1 格表示的单位就小。

3. 将手工绘制的条形统计图与电脑绘制的条形统计图比较，感受信息技术的便捷，发展学生欣赏美的眼光。

学习活动 7：解读数据，分析交流

1. 分析数据，让学生看图说一说知道了什么？

（1）增设了哪种运动项目？

（2）1 个小格代表几人，你是怎么知道的？

（3）你还能从图中得到哪些信息？（学生自由交流）

师：同学们说得都非常好。确实是这样的，在生活中我们要根据实际需要去选择合适的数据表示。

师：从这个统计图中，我们能获得什么信息？你想说什么呢？你看这样就照顾到了大多数人的意愿，对吧？所以，调查与统计在我们的生活中用处可大了。

五、教学反思

新课标指出："注重发挥情境设计与问题提出对学生主动参与学习活动的促进作用，使学生在活动中逐步发展核心素养"；新课标还指出："统计教学应引导学生在学习过程中，了解统计的基础知识，感悟数据分析的过程，形成数据意识"。基于以上的课标建议，教学设计注重情境的创设，让学生在具体的情境中经历数据的收集、整理、描述和分析的过程，依据统计的结果进行分析，培养学生的数据意识和应用意识，感受统计的价值。

一是创设贴近学生生活的情境，感悟统计与生活的联系。让学生了解适合四年级的小集体项目有：跳长绳、小马过河、袋鼠跳、滚铁环接力。你们最喜欢哪个项目？通过解决简单而又熟悉的实际问题，结合体育学科，吸引学生注意力，激发学生的学习兴趣，激起学生的求知欲望。另外，课前作业让学生收集生活中的条形统计图，进一步感受条形图在生活中应用广泛的特点，统计与我们的生活息息相关，渗透了信息学科知识。

二是注重新旧知识间的联系。通过运用第一学段学习的知识去收集、整理、表示喜欢各个运动项目各有多少人，让学生对比用哪种方法表示更清楚，激发学生的认知冲突，让学生明白条形统计图的优点。

三是注重读图分析，培养学生的数据意识。 教学中鼓励学生从数据中提取尽可能多的有效信息。学生对数据的读取分为三个层次：①是数据本身的读取，包括用能够得到的信息来回答具体问题；②是数据之间的读取；③是超越数据本身的读取，包括通过数据进行推断、预测、推理，并回答具体的问题。在第一学段的学习中，学生基本能达到对数据读取的前两个层次，因此本节课在数据分析中也突出数据读取的第三层次：超越数据本身的读取，引导学生从不同角度提取有用信息，逐步提高学生从统计图中获取数据信息的能力。

"数"说剪纸

跨学科主题活动"数说剪纸"以"校长来信：请每个班级为学校雅思楼文化长廊剪裁美丽窗花"为真实情境，融合了数学、美术、劳动等学科内容，基于学生的认知基础，结合梅峰小学校园剪纸文化，设计了三个主要任务：探寻剪纸中的轴对称、探索剪纸的方法、美化剪纸。本课例学生将灵活运用数学、美术、劳动等学科知识、调用综合能力、投入情感和意志、持续努力才能加以解决。在探究真实情境问题解决的过程中学习，使学生能像从业者一样进行有意义、有目的地活动，并能够把获得的知识和经验有效迁移应用到解决实际生活问题中去。

课例名片
年　级：四年级
总课时：3课时
学　科：数学、美术、劳动

一、主题分析

"数"说剪纸是基于学生的认知基础，结合梅峰小学校园剪纸文化，围绕具有真实情境的问题，运用数学轴对称知识，并整合美术学科对称的美的相关知识和方法，将图形变换、轴对称知识融于生活、课堂中，开展了一次综合性的跨学科主题研究，培养学生的创新意识、实践能力。

二、学习目标

（1）通过观察和分析轴对称图形的特点，让学生了解轴对称图形的概念和基本特征，掌握轴对称图形的剪纸方法和技巧。

（2）通过实践操作，让学生掌握剪纸的基本技巧和方法，如折纸、画图、剪刀使用等技巧，能够独立完成一些简单的剪纸作品。

（3）融合美术等学科，丰富主题的内容和形式，提高综合运用知识的意识与能力。

（4）经历运用数学和其他学科知识与方法解决问题的过程，感悟数学知识和其他学科知识的关系，积累活动经验，培养学生的创新意识和解决实际问题的能力，发展学生的空间观念、应用意识等。

三、学习规划

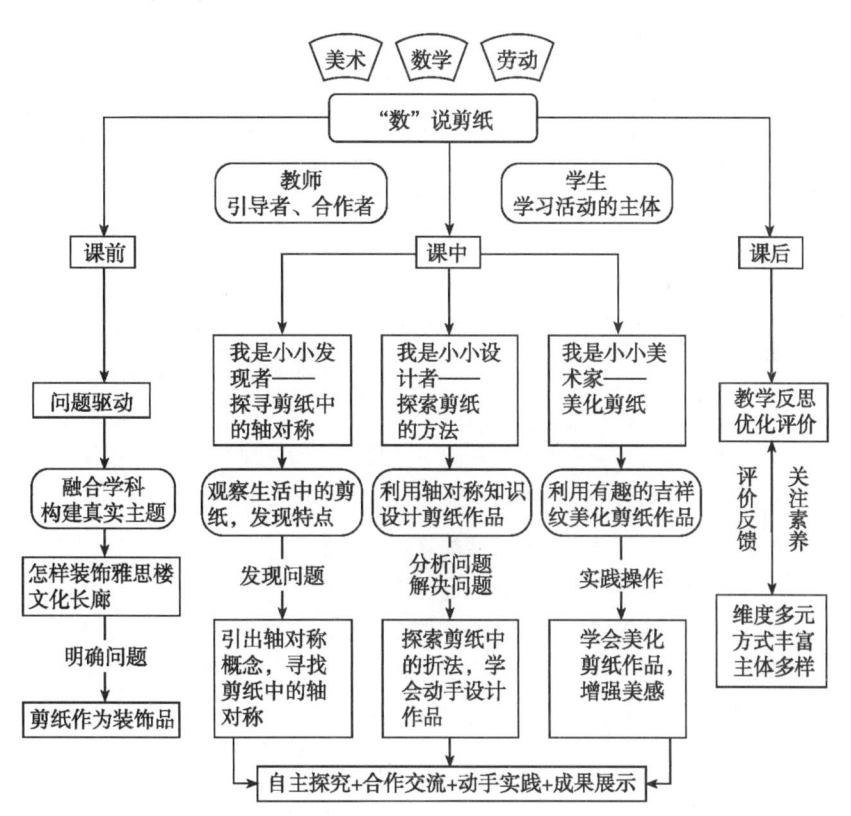

课时	任务	学习活动	课时目标	学习评价	学习资源
1	任务一：我是小小发现者——探寻剪纸中的轴对称	活动1：我是小小手工师，认真观察这些窗花的特点，并动手大家一起来折一折。 活动2：我是小小发现师，发现窗花的特点，引入轴对称图形的概念	1. 通过观察和分析轴对称图形的特点，掌握轴对称图形的剪纸方法和技巧。 2. 通过实践操作，让学生掌握剪纸的基本技巧和方法，能够独立完成一些简单的剪纸作品。 3. 培养学生的审美能力和创新意识。	1. 能够从真实情境出发，发现和提出涉及多个学科的有价值问题。 2. 学生小组独立思考，协作交流得出结论，充满自信，并能通过板演讲解等方式展示成果。 3. 进行操作时目标明确，思路清晰，动手操作灵活，能够及时调整，应变能力强。	1. 多媒体教室及电子设备 2. 合作小组 3. 评价量表 4. 剪刀、刻刀等工具
2	任务二：我是小小设计者——探索剪纸的方法	活动3：收集丰富多样的手拉手图案，尝试设计手拉手的剪纸作品。 活动4：收集春节各种各样窗花图样，尝试自主设计春节窗花图样。	1. 通过折一折、画一画，能剪出连续的对称图案。培养学生的动手实践能力，感悟跨学科主题学习的意义。 2. 通过亲自动手剪一剪和观察图形的形成过程，培养初步的空间观念和抽象逻辑思维能力。 3. 在剪纸活动中，让	1. 能够从真实情境出发，发现和提出涉及多个学科的有价值问题。 2. 进行操作时目标明确，思路清晰，动手操作灵活，能够及时调整，应变能力强。	1. 多媒体教室及电子设备 2. 合作小组 3. 评价量表

续表

课时	任务	学习活动	课时目标	学习评价	学习资源
			学生感受其中蕴含的数学知识及数学美，培养学生的想象力和创造力。		
3	任务三：我是小小美术家——美化剪纸	活动5：观察剪纸作品的纹样，学习剪纸语言。活动6：设计和制作吉祥纹剪纸。	1. 了解剪纸文化及其特点，通过剪纸语言讲述剪纸故事，培养学生热爱生活的情感。2. 掌握设计简单的剪纸故事纹样的基本方法和步骤，发展动手能力，结合剪纸故事培养学生的创造性思维，锻炼语言组织能力和口头表达能力。3. 增强学生对民间艺术的情感和对剪纸文化的热爱。	1. 学生小组独立思考，协作交流得出结论，充满自信，并能通过板演讲解等方式展示成果。2. 会查阅资料，并能将有关信息进行有序整理。	1. 多媒体教室及电子设备 2. 合作小组 3. 评价量表 4. 彩笔

四、学习过程

第1课时：我是小小发现者——探寻剪纸中的轴对称

由剪纸引出数学轴对称图形的概念，培养学生的几何直观能力和空间思维能力。通过在开头引入剪纸的历史，向学生传达传统文化的价值观和精神内涵，同时也能吸引学生的注意力并激发他们的兴趣。折纸过程是一个实践和观察的过程，学生需要在脑海中构建图形的空间形态，这对于提高学生的几何直观能力和空间思维能力有很大的帮助。折纸是一种艺术，学生在折纸的过程中需要发挥自己的创造力，找到不同的折纸方法，锻炼动手能力和创造力。

学习活动1：我是小小手工师，观察窗花的特点，动手折一折

师：孩子们，请你们代表各自班级，为学校雅思楼文化长廊设计一款美丽的窗花吧。如何设计一款美丽且能代表梅峰小学特色的窗花呢？窗花的历史由来又是什么呢？

（文化渗透：中国传统文化剪纸最早起源于春秋战国时期，那时造纸术还没有发明，人们就运用各种能够镂刻的材料，比如在竹片、树皮、皮革、金箔上进行雕刻。随着造纸术的发明，剪纸艺术得到了蓬勃发展，材料的易取得性让剪纸进入到正轨，从而带动整个行业的发展。同很多传统的文化艺术一样，剪纸艺术也是在明清时期达到鼎盛。这是由于明清时战乱较少，社会相对稳定，给各个艺术文化领域提供了一个休养生息的机会，也成为它们发展壮大的宝贵时期。）

师：同学们认真观察这些窗花的特点，你发现了什么？

生$_1$：这些窗花对折都能够重合。

生$_2$：中间都有一条折痕。

师：所有的窗花都有这个特点吗？

生$_3$：是。

师：我们一起来折一折吧！请看大屏幕要求，谁来读一读要求？

生$_4$：1. 我选择（①，②，③，④）来折（请勾选你喜欢的序号）；展示作品：

① ②

③　　　　　　　　　　　　　　　　④

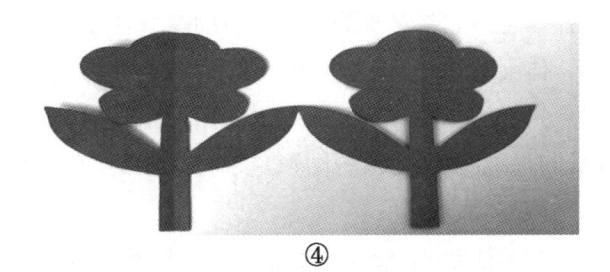

学习活动 2：我是小小发现师，发现窗花的特点，引入轴对称图形的概念

（师引入轴对称图形的概念）

生$_1$：如果一个平面图形沿着一条直线折叠，直线两旁的部分能够互相重合，这个图形就叫轴对称图形。

师：自己动手做一个轴对称图形，并举例轴对称图形在其他领域的运用。

生$_2$：物理学中的晶体结构。

生$_3$：工程中的建筑设计。

小贴士：《义务教育课程标准（2022 年版）》指出，教材素材的选取应尽可能地贴近学生的现实，开头引用中国传统文化剪纸的由来，增加作品的传统文化内涵，剪纸是中国传统文化的重要组成部分，具有独特的艺术形式和丰富的文化寓意。通过在开头引入剪纸的历史，向学生传达出传统文化的价值观和精神内涵，同时也能吸引学生的注意力并激发他们的兴趣。折纸过程是一个实践和观察的过程，学生需要在脑海中构建图形的空间形态，这对于提高学生的几何直观能力和空间思维能力有很大的帮助，也培养了学生的动手能力和创造力。

教学反思：通过动手折一折，帮助学生理解和掌握轴对称图形的概念和性质。通过实际操作，学生可以观察到轴对称图形的特点，也能促进他们的合作学习，学生之间可以互相交流、讨论和分享折纸的方法和技巧，这样可以帮助学生建立良好的合作关系，促进学生的共同发展。学生在查阅资料的过程中，增强了查阅资料的意识和习惯，培养了主动学习的能力。

第 2 课时：怎样剪出轴对称——探索折法

本课时是在学生已经学习了轴对称、平移、旋转等知识基础上进行教学的，由于学生已经会剪简单的对称图形，这为本次教学做了铺垫。观察与动手操作都是非常重要的手段，借助剪纸活动，感受图形的运动在生活中的运用，体会数学与生活的密切联系，感受数学的美。本节课在教学中，首先突出了折纸的方法，以保证剪出的图形是轴对称图形；其次在对折之后的纸上画图时，要注意剪出的图形是手拉着手的。通过实践操作过程，培养学生反思与调整的能力。

学习活动3：收集丰富多样的手拉手图案，尝试设计手拉手的剪纸作品。

1. 课前收集丰富多样的手拉手的图案。

师：为了装饰美丽的梅小校园，我们要一起剪出手拉手的小人图案，那请同学们在课前先收集丰富多样的手拉手的图案吧！

课前，学生在父母的帮助下，通过电脑搜索、查阅书籍等方式收集图案。

2. 出示各式各样的手拉手图案，尝试设计手拉手的剪纸作品。

学生展示自己课前收集的手拉手的小人图案，教师对于学生积极踊跃的课前准备表示肯定。

（探究剪手拉手的小人的剪纸方法？）

师：大家看看我手中的4个头对头、手拉手的小人，你发现了什么？

生：4个小人一样，而且手拉手没有断，图案是轴对称图案。

师：对称轴在哪里？

（引导学生对图案进行细致分析并尝试剪出4个手拉手的小人图案）

（生汇报成功的步骤）

①对折；②在完全闭合处画半个小人；③剪。

师将学生剪出的小人贴到黑板上，找出不成功的原因，进行对比。

学生自主尝试剪出丰富多样的多个小人手拉手的图案。

活动4：收集春节各种各样窗花图样，尝试自主设计春节窗花图样。

1. 小组交流所收集的春节窗花图样。

同学们根据不同春节窗花款式，尝试自己动手剪窗花图样，并认真观察这些图样，说说自己的发现。

（师引导学生针对春节窗花对折的情况进行讨论）

生：在这节课我们剪一剪的过程中，我们发现有的春节窗花纸只能对折一次，有的窗花可以对折再对折图形仍然可以重合。

2. 交流分享作品。

学生通过小组展示、上台展示等形式，出示自主创意、独具想象的作品。

3. 全班开展评价活动。

生生、师生互相评价，学生提出自己在剪纸过程中所遇到的问题或困难。

设计师：		作品名称：《	》	
评价指标	自评评价	同伴评价	家长共评	教师点评
积极参与，善于探究	☆☆☆	☆☆☆	☆☆☆	☆☆☆
学会思考，勇于创新	☆☆☆	☆☆☆	☆☆☆	☆☆☆
作品完整，美观合理	☆☆☆	☆☆☆	☆☆☆	☆☆☆
乐于交流，表达清晰	☆☆☆	☆☆☆	☆☆☆	☆☆☆

小贴士：通过观察小纸人图形，可以激发起学生学习的兴趣，使他们感到数学就在身边。通过提问，激发他们对剪纸的喜爱和探究剪纸方法的愿望。通过观看教师示范，再动手剪一剪，分享自己成功的经验，不仅给予其他同学启示，也使自己体验了成功的喜悦。让学生帮助动手能力较弱的同学找出原因，努力克服在数学活动中遇到的困难，促进了学生之间的相互交流，也

激发了学习的积极性。接着让学生欣赏优秀作品,感受图形的美,提高了学生的学习兴趣。学生之间展示交流学习成果,培养学生的鉴赏能力,提高反思、总结能力。

五、教学反思

这节课在操作时,需要合理利用学生已有知识积累,联系学生的生活实际,呈现新的问题情境,让学生从情境中提取信息,从而提出问题,为学生的探索提供广阔的空间。在探索阶段,教师应该引导学生主动探索、合作交流、独立解决问题。通过生生互动,让学生明白先要观察图形的特点,再动手会更加准确。在纠错中成长,避免犯同样的错误,教师要注意归因训练,理清思路。

第3课时:有趣的吉祥纹——美化剪纸

本课是在《对称》《相同图样排排队》等内容的基础上,引导学生对剪纸的知识与技法、文化与内涵做深层次的认知和解读。广泛欣赏不同风格的吉祥纹样,解读中国吉祥文化中的艺术语言和表达方法,启发学生用概括、夸张等手法,以左右对称、独立、连续等表现形式,设计制作有吉祥寓意的剪纸纹样,表达对生活的美好祝愿。

学习活动5:观察剪纸作品的纹样,学习剪纸语言

师:你看到了哪些纹样?为什么会叫"连年有余"呢?

(学生欣赏剪纸作品,小组讨论,汇报交流)

1. 展示更多的剪纸作品,了解剪纸语言。

师：这些剪纸上的吉祥纹有哪些寓意？

（学生小组讨论吉祥纹的寓意）

师生共同梳理吉祥纹的表现手法：

①分类：对称、单独；

②外形：圆形、正方形等；

③造型：夸张、放大、缩小；

④细节：水纹、羽毛纹、柳叶纹、飞燕纹、月牙纹、锯齿纹等。

2. 尝试设计纹样。

师：怎样组合吉祥纹可以得到美好寓意？

（学生尝试组合吉祥纹样？）

学习活动6：设计和制作吉祥纹剪纸

1. 自主设计吉祥纹剪纸图案。

2. 根据设计好的纹样，运用学过的折法与剪法，制作出一幅有吉祥寓意的剪纸作品。

学生准备制作剪纸的材料和工具，根据设计图折一折、画一画，制作出寓意吉祥的剪纸作品。

3. 展示交流。

展示学生作品，并组织学生进行评价：你喜欢同学的作品吗？喜欢作品的设计吗？同学的作品有哪些优点？鼓励学生针对作品的设计和手法提出建议。

小贴士：活动 5 通过观看教师示范及温习剪纸语言，让学生总结剪制吉祥纹样的方法，并强调学习方法的养成。活动 6 通过制作吉祥寓意的剪纸作品，提高学生的策划能力和动手能力，增强学生的审美感知和民族文化理解。通过课上交流的方式完成自评与互评，使学生养成善于观察、乐于表达的习惯。

五、教学反思

本节课是进行剪纸作品的美化，通过信息的收集，学生能够在本次的整理中学会过滤、筛选、提取、梳理的方法，培养学生整理和加工信息的能力。学生在经历整幅剪纸作品的制作、展示、汇报、交流的过程后，体会实践活动的综合性；开展自评和他评过程中形成评价与反思的意识，从而提高解决问题的能力和创新意识。但本节课创作的广度和宽度较高，对学生来说有一定难度。设计制作吉祥纹样对于部分学生存在操作难度，在教学时教师应当进行示范加个别指导，引导学生总结剪制吉祥纹样的方法，应用方法美化剪纸作品。

旅 游 节
——莆阳宋城

跨学科主题活动"莆阳宋城旅游节"在五年级开展，结合真实的旅游活动，设计了五个主要环节：收集资料，参观古街，写生古街，保护古建筑，交流与反思。学生在实践中综合运用数学、语文、音乐、美术、信息技术、道德与法治等学科知识，在实际情境中经历认识莆阳宋城、写生古建筑、保护古建筑等具体活动，围绕莆阳宋城，发现、提出、分析、解决问题，在活动过程中欣赏了

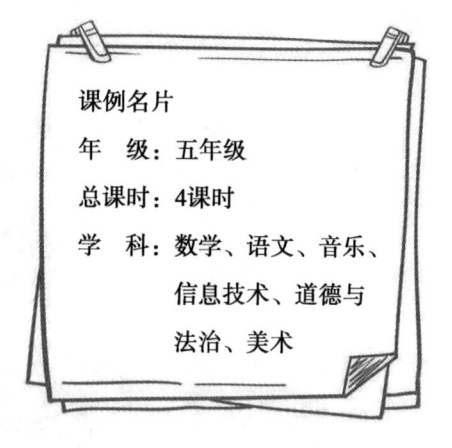

课例名片
年　级：五年级
总课时：4课时
学　科：数学、语文、音乐、信息技术、道德与法治、美术

解古建筑，正确认识古建筑的价值，了解保护古建筑的意义，整理本地区古建筑资料，用自己喜欢的方法表现古建筑。培养学生分析、探究、总结问题及动手操作能力，培养热爱家乡的自豪感，树立保护身边古建筑的意识。

一、主题分析

该主题来自 2022 年版课标"综合与探究"领域第二学段主题活动"旅游节"，这也是源自学生生活的真实问题。课标中关于此主题活动的"学业要求"为"收集本地的旅游图片，了解人文、景观旅游资源，认识古建筑的价值，用自己喜欢的方法表现古建筑，能比较准确地画出古建筑的局部或外形，思考保护古建筑的措施"。而第二学段的"教学提示"中则从活动目标、内容形式、评价等方面提出了具体的建议。这是本课例设计的参照和依据。

五年级的学生基本都有一些跟随家人去旅游的经历，因此对旅游有一些基本的认识，但这些认识是走马看花式的，需要进一步梳理使其系统化、明确化。本课例在设计与实施中重点关注了"莆阳宋城古建筑写生"这个操作环节，加强对学生实践操作的前期指导、活动中指导及活动后的反思引导。由于五年级的学生是充满探究的，会思考性地提出自己感兴趣的问题，这也成为打开学生探索古建筑保护的重要路径。因此，在活动中教师引导学生善于观察、提出有关古建筑保护的问题，鼓励学生去研究感兴趣的问题。学生在操作实践、发现和解决问题的过程中，丰富经验，提升艺术素养。

二、学习目标

1. 收集本地的旅游图片，了解人文、景观旅游资源。
2. 认识古建筑的价值，用自己喜欢的方法倡导保护古建筑。
3. 能比较准确地画出古建筑的局部或造型，创作出富有地方特色的作品，思考保护古建筑的措施或建议。
4. 对自己或同伴的学习过程进行评价。

三、学习规划

"旅游节——莆阳宋城"的学习结构图和规划表如下：

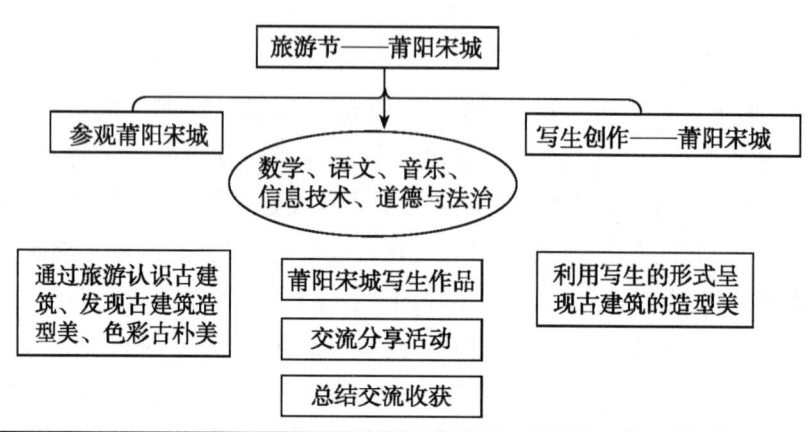

```
            旅游节——莆阳宋城
           ↙        ↓         ↘
   参观莆阳宋城   数学、语文、音乐、    写生创作——莆阳宋城
                信息技术、道德与法治

 通过旅游认识古建      莆阳宋城写生作品      利用写生的形式呈
 筑、发现古建筑造                          现古建筑的造型美
 型美、色彩古朴美      交流分享活动

                     总结交流收获
```

课时	任务	学习活动	课时目标	学习评价	学习资源
1	收集莆阳宋城相关资料，认识富有家乡特色的古建筑之美。	活动1：预设旅游节情境，引导学生收集莆阳宋城的相关资料。	发现富有家乡特色的古建筑造型美、色彩的古朴美。	积极参与教材中有关美术资料的查找和收集。	1. 课件、图片、视频； 2. 学习单。
2	参观莆阳宋城，认识古建筑，发现古建筑造型美、色彩的古朴美。	活动2：预设旅游节情境，带领学生参观莆阳宋城，认识古建筑。	发现古建筑造型美、色彩的古朴美。	积极参与教材中有关美术资料的查找和收集；利用课余时间主动发现并考察身边的古建筑；感受古建筑的价值，并对城市发展与保护文物提出自己的观点。	1. 课件、图片、视频； 2. 学习单。

续表

课时	任务	学习活动	课时目标	学习评价	学习资源
3	引导学生运用写生的方法画出古建筑物，培养学生的审美能力及动手创作能力，体验创作的乐趣。	活动3：抓住古建筑特点，进行写生。	了解风景写生的题材，学会如何制作取景框，并能灵活地运用所学到的知识进行风景写生。能比较准确地画出古建筑的外形，用自己喜欢的方式表现古建筑。	积极参与课堂学习与创作；通过写生的训练，培养学生敏锐的观察能力和捕捉物象的能力，鼓励学生关注社会，关注生活。	1. 多媒体课件； 2. 风景图片若干、自制取景框若干。
4	围绕感兴趣的问题进行交流总结。	活动4：多角度交流家乡旅游资源。	在交流中从多角度丰富对家乡旅游资源的了解；感受古建筑的价值、历史、增强保护意义，分享有关成果。	能积极搜集资料分享，对家乡的旅游资源进行分享推广。	1. 课件、图片、视频； 2. 学习单。

四、学习过程

第1课时：旅游节
——收集莆阳宋城相关资料

本课时的目标主要是了解本地的旅游资源，包括自然旅游资源和人文旅游资源。参照莆阳宋城地图，以小组合作的方式搜集相关资料并分享。通过搜集资料，培养学生关注社会、关注生活，增加对本地风土人情的了解，增强对家乡的热爱之情。

学习活动 1：引导学生收集莆阳宋城相关资料

建议学生通过实地考察，社区走访，网上查找等方法收集资料。

第 2 课时：旅游节
——参观莆阳宋城

本课时的目标主要是了解本地的旅游资源，包括自然旅游资源和人文旅游资源。参照莆阳宋城地图，以小组合作的方式收集相关资料并分享。通过参观能抓住古建筑特点进行取景写生，培养学生敏锐的观察能力和捕捉物象的能力，鼓励学生关注社会，关注生活，增加对本地风土人情的了解，增强对家乡的热爱之情。

学习活动 2：带领学生参观莆阳宋城

1. 激趣导入，同学们，通过课前预习与收集资料你们了解了哪些本地的旅游资源，包括自然旅游资源和人文旅游资源？

2. 组织学生带着问题调查当地的旅游资源，采用速写、照相等方式记录，收集莆阳宋城相关文字、图片资料。

3. 课件展示各类旅游节海报、宣传手册、旅游地图等参考资料。收集本地的旅游图片，了解本地的人文、自然旅游资源，设计莆阳宋城旅游路线图。

第 3 课时：旅游节
——写生莆阳宋城

学习活动 3：写生莆阳宋城古建筑

活动思路：

本课首先展示几幅古建筑的线描风景写生作品，然后引导学生探讨如何进行景物的选取，出示学习要求和学习提示。在课后拓展中，展示学生创作的作品，意在激发学生的创作热情。

教师在授课中激发学生的兴趣和绘画热情，同时展示几幅线描风景写生的作品，让学生对线描风景写生绘画有一个初步的认识，自然地引出课题。在新课讲授中，教师要充分发挥学生的自主学习能力，首先让学生带着问题思考，理解在风景写生绘画中，应通过线的长短、粗细、曲直疏密、轻重、刚柔的变化来处理画面，其次安排小组合作，共同研究取景框的制作方法以及在风景写生过程中取景框的使用方法，同时引导学生利用取景框，将自己喜欢的风景有主次地进行绘画，在绘画的过程中对于学生的取景以及线条的运用进行指导。在作品讲评中，主要通过学生的自评、学生之间的互评以及教师的点评，让学生找到需要修改的地方并进行修改，使作品更完美。课后拓展环节主要体现了学科整合的教学理念，对熟知的诗句、文学作品或者音乐进行联想，引导学生进行绘画。

教学过程：

（一）引导阶段

师：我们上节课已经参观了莆阳宋城，这节课我们要对景物进行取舍并用线描的方式写生莆阳宋城的古建筑。

（二）发展阶段

1. 师：下面请同学们分析资料、图片，找到古建筑特点。

生$_1$：我发现古建筑的屋顶都是用瓦片铺的，而且是斜屋顶。

生$_2$：我发现建筑上的门窗也有各种各样的形状，窗棂格也是各有不同。

生$_3$：建筑以低层为主，材料以砖木为主。

……

师小结，通过学生的回答，讲解在绘画时要灵活地运用线条，注意线条的轻重、疏密的排列，同时要注意物象的前后遮挡关系，对远处的景物要用较虚的线条，近处的景物线条则要实一些。

2. 小组合作：制作取景框。

教师出示莆阳宋城的建筑群图片，提出问题：当遇到这样多而繁杂的景物时，我们应如何绘画呢？

生：可以只画出其中的一部分。

师：面对很庞大很复杂的景物，我们绘画时，应对其进行取舍。今天老师带来了一件法宝，有了这件法宝，我们就可以很容易地选取我们需要的景物了。（教师出示取景框并将若干取景框分发到各小组）

师：下面请各小组成员研究一下取景框的制作方法，并进行制作，比一比哪个小组最快。

教师补充：如果在野外写生，没有取景框，我们可以拇指和食指交叉成一个四边形做一个临时取景框。

3. 师生共同研究取景框的使用方法。

教师小结：首先用取景框选出莆阳宋城中你最喜欢的一处风景，将最喜欢的建筑或者风景中的主要物体放在画面接近中间的位置，注意水平构图或者垂直构图时，景物的排列以及前后的遮挡关系。（教师展示建筑图片以及画好的写生作品）

师：太棒了！你们都观察得很到位，请你们用线描的方式将看见的莆阳宋城景物进行取舍，并写生出莆阳宋城的古建筑。

4. 学生作业。

作业要求：应用线条以简易几何图形概括写生莆阳宋城建筑物，主体突出。

学生作业，教师巡视指导。

5. 展示评价。

展示欣赏、交流评价。

［设计意图：通过调查当地的旅游资源增进学生对当地风土人情的了解，从而更加热爱自己的家乡。学生参观莆阳宋城后，能发现其建筑特点，寻找解决问题的方法，归结出建筑的几何造型，融入数学情境教学，使学生的空间感得以展开，从而学会运用线描进行风景写生，抓住重点，突出主体建筑特色，分清层次，独立完成作品，为下一课时的古建筑保护做好铺垫。］

附：学生作品

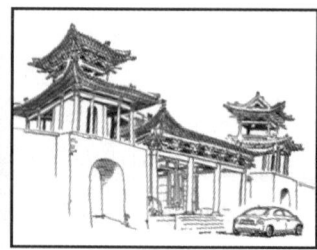

第4课时：古建筑的保护

本课时的教学目标是欣赏了解古建筑，正确认识古建筑的价值，整理本地区古建筑资料，用自己喜欢的方法表现古建筑。培养热爱家乡的自豪感，树立保护身边古建筑的意识。

学习活动4：古建筑的保护

激趣交流

师：以莆阳宋城为例，欣赏、分析古建筑的历史价值与艺术价值。考察了解身边的人文古迹，观察其特点，了解其建筑背景和意义，体会古建筑的艺术价值，深入思考保护人文古迹的方法。

根据实际情况实地观察或收集相关图片、影像资料，观察古建筑，提出不同的保护方法，用宣传面、手抄报、建筑剪纸、文创作品等形式表现出来。根据建筑目前情况写简单的调查报告，并提出合理的保护措施。教师也可根据学生提出的方案适当地拓展延伸。

生$_1$：很多古建筑现在不一定是文物，但是成为文物的可能性极大，而能否成为文物绝对离不开合理的保护。但是，不管身边的古建筑是不是文物，它们都有一个重要的功能——不仅可以把它的历史写在书上，还能通过古建筑告诉世人，并流传后世。所以"历史"是本课的一个关键词。

生$_2$：正因为需要"历史"，所以就需要认真了解古建筑的过去，写调查报告也是体会古建筑"历史"很有益且重要的方法。

生$_3$：古建筑的保护方法多种多样，我们力所能及的形式有宣传画、手抄报、古建筑模型、剪纸、文创作品等展现。

师：建筑是人类文明的重要组成部分，是珍贵的文化遗产，一旦毁坏就不可能复原，要重视对古建筑的保护，因为它们是古代文明幸存的见证，我们有责任将它们尽可能完整地保存下来，留给我们的子孙后代。

[设计意图：与家人旅游时注意观察古建筑，将本课所学的保护方法应用于实践，爱护古建筑，培养学生热爱家乡、热爱祖国的情怀。]

五、教学反思

本课教学以设置旅游节为框架，通过逛莆阳宋城，使学生在真实情境中流连，见识古建筑的古朴风貌、特色，视频的欣赏、教师的示范讲解，让学生开阔了视野、拓展了思维，见识到建筑中融合的几何图形、诗词楹联等，视频制作体现古建筑的壮观，令学生迫不及待地想将古建筑体现在作品中，层层递进，环环相扣。学习用写生的方法表现古建筑，再教育学生热爱家乡、学会保护古建筑，教育学生为家乡做力所能及的事，多途径宣传家乡，并能以所学知识本领为莆阳宋城做宣传，展现莆阳宋城魅力等，学生在玩中学，乐中体验，画出了自己喜欢的古建筑一隅，表现古建筑的特色，并进行了德育教育：爱家乡，保护家乡古建筑，制作文创作品宣传家乡，学生学得开心，掌握得扎实。本课也存在一定的不足，今后将重视并完善，如在真实情境中逛莆阳宋城，教师的话筒音量在实地显得较小，导致部分学生没能及时跟上队伍，需要教师反复强调，浪费了一定的时间；第三课时学生写生练习时间较仓促；如怕时间不够，可将学生尝试小黑板进行小老师示范概括古建筑的环节给省略了，导致教师纠错示范评价没能呈现，单一的教师示范显得互动不够。总之，今后将设计更为精彩、学生更感兴趣的教学环节，以适应新时代新课标要求的教学，培养全面发展的高素质学生。

超级造船师

跨学科主题活动"超级造船师"在五年级开展，结合福建船政文化背景，设计了认识舰船、设计舰船、制作舰船、测试改进、分享总结五个主要环节。

学生在实践中综合运用科学、数学、美术、信息技术等学科知识。在实际情境中，学生对造船材料、内外部构造、动力装置等分项进行实践性探究，经历"产生问题—设计作品—完成项目"的基本活动过程，在"做中学""做中悟"，体验"做"的成功和乐趣，体会科学技术对个人生活和社会发展的影响。

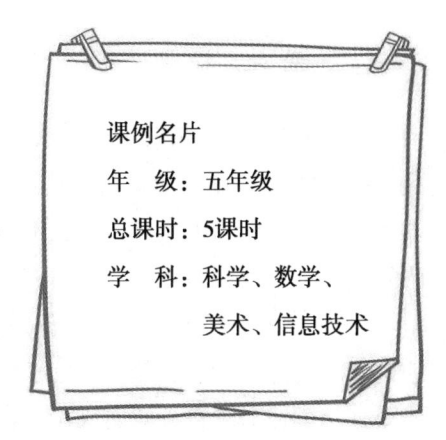

课例名片
年　级：五年级
总课时：5课时
学　科：科学、数学、
　　　　美术、信息技术

一、主题分析

该主题来自教科版小学科学五年级下册第二单元"船的研究"。本主题所涉及的科学核心大概念源自《船的研究》单元概念目标，对于此主题活动的"学业要求"为"能提出满足一定限制条件的简单工程问题，知道船的验收标准，了解船的设计方案中各种因素间的关系；能基于所学科学知识，应用创造性思维的基本方法提出多种设计方案，基于批判性思维评价并优化设计方案；通过相关知识的学习，能动手制作船的实物模型，并基于证据改进实物模型的设计和制作；乐于尝试多种设计方案，初步具有质疑、创新的态度和实事求是的精神"。第三学段的"教学提示"中对活动过程提出了具体建议，这是本课例设计的参照和依据。

五年级的学生已经有一定的生活经验，对船的了解也有一定的积累，他们已经知道造船技术的发展和社会发展的历史一样久远，但是这些认识是零散的、浅显的，需要进一步梳理，进行系统学习和深入研究，使其系统化、明确化。本课例在设计与实施中重点关注了"设计舰船""测试改进"这两个操作环节，培养学生"问题—改进—新问题—再改进"的实践习惯。培养工程实践能力对当前我国的技术与工程教学有着十分重要的意义和价值。因此，在活动中教师要帮助学生养成用图形表达设计思路的习惯，要注重统筹规划、设计、优化、实施、检验和迭代改进等环节。通过体验和实践操作，学生在发现和解决问题的过程中理解学科概念，更好地领会和理解跨学科概念的内涵，丰富经验，提升素养。

二、学习目标

1. 通过学习船舶发展史，认识船只在体积、材料、构造、动力等方面的科学技术演化特点；知道船由船舱、船舵、龙骨等多个系统组成；感受船的发明和技术革新给人类社会发展带来的深远影响；知道技术与工程在人类文明发展史上的巨大贡献。

2. 用多种沉浮材料造船，认识到改变船的结构和形状可以改变载重量和稳定性；通过实验认识船的形状、结构与阻力、载重量、稳定性之间的关系，能根据问题或需求设计方案来制作或改进小船。

3. 通过设计和制作一艘小船，建立质量和成本等意识，提出验收标准；实验经历了"问题—设计—制作—测试—分析改进—再设计"的工程设计的典型过程。

4. 设计和制作一艘符合标准的小船，根据任务要求，从资源可行性、社会环境效益等方面开展评估活动。

5. 乐于尝试多种设计方案，初步具有质疑、创新的态度；知道技术与工程需要实事求是，能如实记录相关信息和正确对待作品的缺陷。

三、学习规划

"超级造船师"的学习结构图和规划表如下。

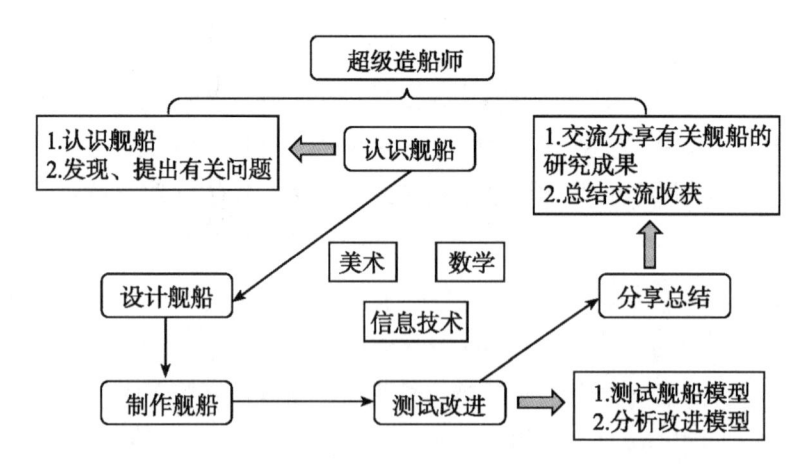

四、学习过程

课时	任务	学习活动	课时目标	学习评价	学习资源
1	认识舰船	活动1：开展船政格致园、船政博物馆研学活动及观看纪录片认识舰船 活动2：发现、提出有关舰船的问题	1. 通过福建船政文化研学和讲解活动，初步了解部分中国近代史，进行爱国主义教育 2. 经历认识舰船的过程，能发现、提出自己感兴趣的有关舰船的问题	1. 了解船种类以及船的构件 2. 能提出自己感兴趣的有关舰船的问题 3. 体会科技创新的重要性，能简要说明技术与工程对科学发展的促进作用	1. 纪录片《中国船谱》 2. 活动记录单
2	设计舰船	活动3：小组讨论图纸设计、材料选择、成本计算	1. 培养立体感，初步认识设计方案中各影响因素间的关系 2. 培养审美能力及动手操作的能力	能定义简单工程问题，包括材料、时间或成本等限制条件，提出验收标准	1. 活动记录单 2. 材料清单
3	制作舰船	活动4：根据设计图纸制造小船	尝试应用所学科学原理设计并制作简单的装置	能按照设计图制作并阐明自己的创意	1. 造船材料 2. 活动评价单
4	测试改进	活动5：根据模型实际反馈结果改进设计	感受动力学、电能转化成动能、平衡原理；初步理解风能转化成动能，弹性势能转化为动能等科学知识	1. 能积极投入活动，清晰表达和交流创意 2. 能如实记录相关信息和正确对待作品的缺陷	1. 测试记录单 2. 活动评价单 3. 造船材料

续表

课时	任务	学习活动	课时目标	学习评价	学习资源
5	分享总结	活动6：小船博览会	1. 能对自己参与此次实践活动的情况进行评价 2. 能与他人表达和交流实践活动收获	1. 能积极、合理地对自己参与活动的情况进行评价 2. 能清晰表达和交流自己的收获和反思	活动评价单

第1课时：认识舰船

本课时的目标主要是激发学生参与活动的兴趣，结合福建船政文化背景和学生已有的经验认识舰船，并发现、提出感兴趣的问题。

学习活动1：认识舰船

前置任务：

组织学生开展船政格致园、船政博物馆研学活动及观看纪录片《中国船谱》，并整合学生实践中收集到的图片、视频材料。

师：各位造船师们对于"船"已经知道了哪些知识？还想知道哪些知识？

学生思考后，小组讨论并举手发言。

师：最近我们要举办"小船博览会"，每个小组制作一艘小船参与活动。要想成为一名优秀的造船师，我们需要从了解船的历史开始。

教师组织学生讨论具有典型功能的船的特点。学生通过不同类型船的对比，发现船的外形结构、大小、船体材料、动力系统的相同点和不同点。

学习活动2：发现、提出有关舰船的问题

师：同学们已经认识了舰船，请你们仔细看一看这些船，想一想关于船你有哪些好奇、想问的问题？

学生认真观察、思考、提问，将问题聚焦在了船的载重量、稳定性、外形结构、动力装置等方面。

生$_1$：我发现体积越大的船载重越大，我猜船的载重和体积有关系。

生$_2$：我发现船由船舱、船舵、龙骨等多个系统组成。

生$_3$：我发现能稳定航行的船都有精密的动力系统，我们制作小船时要用什么来提供动力呢？

生$_4$：我发现船首都是尖型的，这样可以减少船在水中的阻力，加快行驶速度。

……

师：同学们都很会思考，提出了这么多有意思的问题。请同学们小组合作，想办法获得问题的答案。同时，收集生活中可以用来制造小船的材料。

[设计意图：布置前置任务，学生研讨有依据，实现课堂的真探深究。创设造船师的情境，激发学生研究的兴趣，学生自行比较、思考、交流对船的认识和疑惑，暴露学生的前概念，建立分享支架，提升学生的科学表达习惯。]

第2课时：设计舰船

本课时中，师生将共同交流讨论造船所需要做的准备工作，各小组成员讨论分工，在交流中确定研究内容以及活动步骤等，开启造船之旅。

学习活动 3：小组讨论图纸设计、材料选择、成本计算

师：同学们，我们已经认识了舰船，可以开始筹备"造船"活动了。想一想，你们的小船要怎么设计呢？

学生讨论造船需要考虑的因素。

教师明确设计要求：设计一艘能承载 200 克重物、有自己的动力系统，并能把货物运输到目的地的小船。根据造船材料参考价格表，造船时尽可能控制成本。

了解材料的名称和价格（参考价格：造船币）

一些材料的参考价格			
材料名称	参考价格	材料名称	参考价格
泡沫板		电池	
木板		导线	
铝箔		开关	
泡沫胶		喷气装置	
小电动机		纸张	
小风扇		木条	

教师组织学生讨论：设计图要怎样画能更清楚地表达设计理念？引导学生利用网格纸来画设计图，画出小船的主要结构，标注使用的材料和结构。

同时，在材料清单上标注使用的材料及数量，方便计算成本。

＿＿＿＿＿＿号设计图		
		＿＿班＿＿组
我们的小船设计图（图文相结合）		
所用材料：		
经费预算：		

学生分组设计小船，教师巡视指导并关注小组的分工是否合理。

教师组织学生交流设计图：采用"画廊漫步"的交流方式，每组派几名学生按照固定的走向观摩其他组的设计，学习别人设计的优点，也可以给对方小组提建议。与此同时，每组要有一名方案解说员，介绍设计思路及细节并记录其他小组提出的建议。

学生按小组进行组内讨论：其他组提出的建议是否合理，是否要采纳，修改完善设计图。

[设计意图：学生通过交流梳理造船的材料、船的结构特点、船的载重量、船的动力系统等知识。在明确造船要求和材料后，学生能充分调动已有的认知和技能进行方案设计，再通过小组合作与组间交流等方式对设计方案不断修正与完善。通过提供可参考的价格表，让工程设计更有真实体验感。]

第3课时：制作舰船

学习活动4：根据设计图纸制造小船

师：小造船师们，现在我们有了船的设计图纸，接下来就可以根据设计图开始制作小船了。在制作前，请小组讨论、思考：怎样的制作步骤比较合理？

生₁：我认为要按照设计图纸制作。

生₂：我认为在制作前要先分工再制作，制作时要先分装再组装。

生₃：如果在制作过程中发现新的问题，需要改进设计，要及时在原设计图和经费预算上做出调整。

……

小组合作，开始制作小船，教师巡视指导。

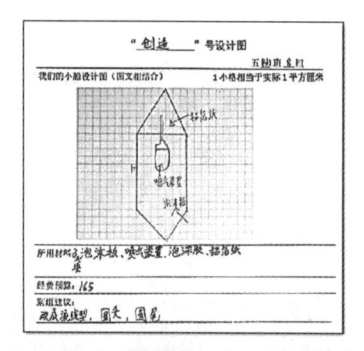

［设计意图：合理的制作步骤和分工合作的方法是小船制作高效进行的前提，因此在制作之前，引导学生对这些方面进行思考和讨论很有必要。通过动手制作舰船，加深学生对舰船构造的认识。］

第4课时：测试改进

本课时需要学生根据发现的问题，不断调整、改进和优化小船，培养学生如实记录相关信息的习惯和树立正确对待作品缺陷的观念。

学习活动 5：根据模型实际反馈结果改进设计

师：我们的小船已经制造好了，它们符合验收标准吗？我们一起来测试一下吧！

教师再次明确测试要求，分发船的测试记录单，让学生将测试中发现的问题都及时记录下来。

测试记录单

测试次数	发现的问题	可能的原因	改进方案
1			
2			
3			

各小组有序进行实地测试。

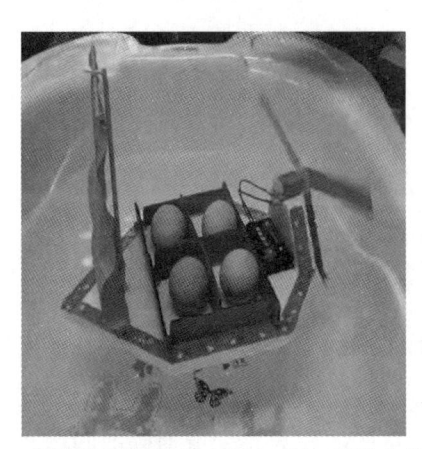

教师组织学生交流：针对刚才测试发现的问题，我们的船还可以怎么改进？

生$_1$：我认为可以把船身再做大一点来提高承重。

生$_2$：我认为可以换一下动力来增加航行距离。

……

小组根据测试环节发现的问题改进设计图和制作工艺。

各小组再次进行实地测试。

组织学生回顾造船活动的过程。师小结："问题—设计—制作—测试—完善"的过程，其实就是工程设计的一般过程。

[设计意图：再次强调测试要求，使学生明确测试的标准，为接下来的公平测试做铺垫。通过评估和改进环节，学生发现问题、解决问题并改进自己的作品。在经历了整个活动后，引导学生总结出工程设计的一般过程，为日后进行新的工程设计活动打下基础。]

第5课时：交流展评

本课时中，通过举办"小船博览会"，教师引导学生共同讨论、交流、收获，分享造船中的所学所得。

学习活动6：小船博览会

师：小船做好了，你们想知道其他小组的船是什么样的吗？我们一起到"小船博览会"现场去看一看吧！

学生汇报展示作品，教师采用"画廊式"的交流方式，学生大方地展示自己的创意设计和制作说明，分享造船项目化学习带来的特别体验和别样收获。学生可以到其他小组观摩学习，提出自己的建议，交流遇到的问题及解决的方法。

［设计意图：促进学生核心素养发展的教学，要为学生深度学习和应用知识解决问题创造适宜的学习环境。在科学课堂中，教师要尽可能创设促进学生深度学习的真实情境与开放性的学习环境，让学生在有趣的活动中不断提升科学思维、创造能力、实践能力。］

五、教学反思

教科版小学科学五年级下册第二单元"船的研究"通过认识船作为日常生活中常见的重要交通运输工具，体现人们发现问题、解决问题的过程。距离莆田不远的福建福州是中国近代造船工业的发祥地、中国近代海军的摇篮，因此结合"船的研究"单元学习内容，制订"超级造船师"单元教学主题。基于生活情境创设问题，符合五年级学生的兴趣和能力水平，处于学生的最近发展区。此外，本单元内容涉及的实验资源丰富，材料易得易用，适合学生亲手操作，便于教师组织学生开展活动。本单元以船的发展史为逻辑线索，利用大项目构建、小项目推进，展示一个产品从产生到发展的完整过程。在进行本单元学习时，学生对造船材料、内外部构造、动力装置等分项进行实践性探究，教师把技术与工程的思想和方法渗透在每个项目的实施中，结合学生的学习基础、学习发展点、学习兴趣设计出一系列具有深度学习特点的挑战性任务。

本课在实施过程中仍存在一些挑战与不足，这些方面值得我们深入反思与改进。五年级学生虽已具备一定的科学素养和动手能力，但个体间仍存在显著差异，部分学生在材料理解、设计创新或实验操作上可能表现出较大差异，这要求教师在教学设计中需更加细致地考虑分层教学策略，为不同水平的学生提供适宜的支持与挑战，确保每位学生都能在原有基础上获得成长。大项目构建与小项目推进的教学模式虽然能够系统展现产品发展的全过程，但也可能导致单个项目的探究时间相对紧张。如何在有限的时间内既保证学生有充足的时间进行深入探究，又能确保项目按计划有序进行，是教师需要精细规划并灵活调整的问题。

争做优秀小战士
——操控性技能跨学科主题学习

本课以《义务教育体育与健康课程标准（2022年版）》为依据，坚持"健康第一"的指导思想，落实"教会、勤练、常赛"的课程理念，注重学生核心素养的发展。通过创设"争当优秀小战士"情境，借助小战士紧急行军、准备弹药、运输弹药、抢占领地、躲避袭击、穿越敌军封锁线、吹响胜利号角等情境，帮助学生学会篮球运球技术，发展移动性技能、操控性技能，培养学生的国防意识和爱国主义精神。

课例名片
年　级：二年级
总课时：1课时
学　科：体育与健康、国防教育、音乐、数学

一、主题分析

本课的授课对象是小学二年级学生。这一年龄段学生天性好动，兴趣广泛，但存在任性、娇气、依赖性强、缺乏合作精神等不良心理倾向。因此，本节课以篮球运球为教学内容，创设军旅情景，引入军事题材，借助小战士紧急行军、准备弹药、运输弹药、抢占领地、躲避袭击、穿越敌军封锁线、吹响胜利号角等情境，采用情景教学、主题教学、问题式教学等方法，诱导学生在探究和快乐中学习。

二、学习目标

1. 学生能说出行进间运球的动作名称，理解正确手型和按拍的部位。

2. 通过学练，80%的学生能完成行进间运球，做到连续运球不掉球，30%学生能在游戏中运用跑动与运球协调配合。懂得在运动中穿合适的服装，并在运球中保持安全距离。

3. 通过创设"争做优秀小战士"的情境游戏活动，发展学生的协调、灵敏、速度、力量等体能。

4. 在学习中敢于展现自己，积极与同伴合作，鼓励和帮助同学，促进集体主义精神的养成。

三、学习规划

"争当优秀小战士"的学习结构图和规划表如下。

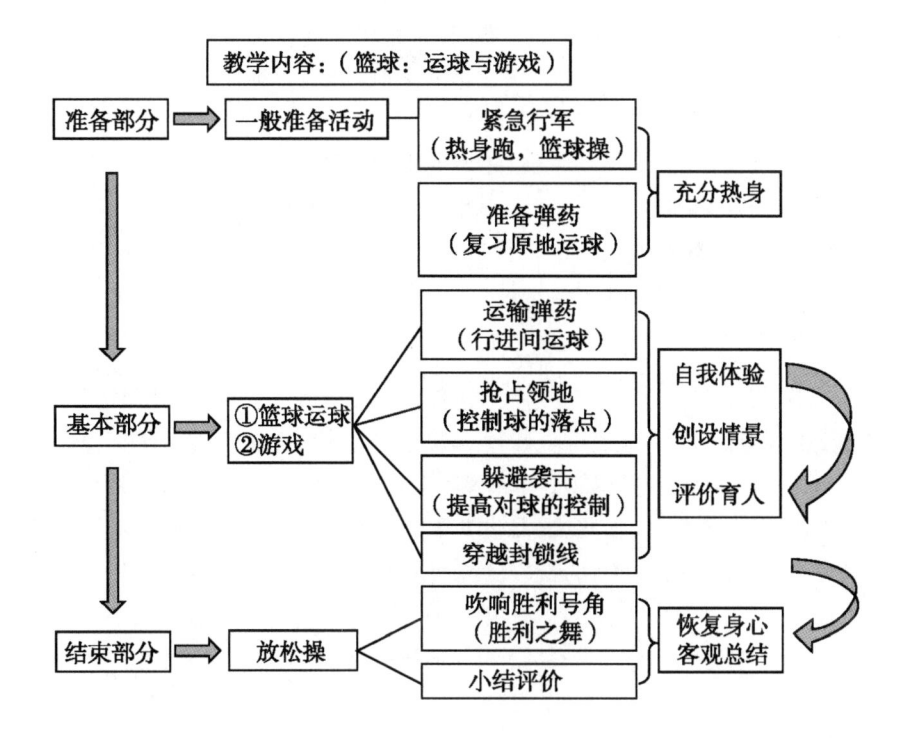

任务	学习活动	学习目标	学习评价	学习资源
准备部分	一、"整装待发" 1. 集合整队，点名报数。 2. 师生相互问好、检查着装。 3. 宣布课的内容、目的。 4. 强调注意事项与安全问题。 5. 安排见习生。 二、"紧急行军" 1. 绕篮球场慢跑3圈（并跟随老师做动作）。 动作： （1）上下拍手 （2）左右拍手 （3）纵跳 （4）小碎步 2. "篮球操" （1）胯下绕球 （2）原地体前变向 （3）持球交替跳碰膝盖 （4）持球交替跳碰脚内侧 （5）持球交替跳碰脚外侧 （6）持球开合跳	一、"整装待发" 1. 教师加强对学生的课堂管理。 2. 教师营造"争做优秀小战士，整装待发"氛围。 3. 宣布课的内容和要求。 二、"紧急行军" 1. 教师用语言营造氛围："前方出现战役，需紧急行军"。 2. 教师带领学生慢跑并做动作。 3. 学生认真观看教师动作。 4. 教师用语言营造氛围"正式战斗之前，准备好弹药"。 5. 教师带领学生做热身操。 6. 学生认真观看教师动作。	小组之间相互学习、相互评价。每个小组展示完成任务的方式，组间互评"整装待发"。"紧急行军"动作。	音乐，篮球场
基本部分	一、"准备弹药" 复习原地运球： 动作要领：双脚张开与肩同宽，膝盖微曲，目视前方，五指张开，掌心不触球，按拍球的正上方。 二、"运输弹药" 学生在篮球场体验按拍球。	一、"准备弹药" 1. 教师营造氛围："将准备好的弹药运输到前线"。 2. 组织学生复习原地运球。 3. 教师提出要求。 4. 学生认真练习。 5. 教师巡回指导，纠正学生错误。	现在我们在指定位置进行演练，演练过程中不掉球的小战士加5分。演练过程中注意安全！	音乐，篮球

续表

任务	学习活动	学习目标	学习评价	学习资源
	运球走动作要领： 向前运球时，目视前方，上体稍前倾，以肘为轴，用力按拍球的后上方，同时后脚蹬地运球行进，球的落点在同侧脚的侧前方，跑动的步伐与球弹起的节奏协调一致。手、臂动作与原地运球相同，随前动作。 重点：手控制球时的部位与运球方向，按拍球的力量与身体协调配合。 难点：跑动与运球的协调配合。 三、"抢占领地" 练习方法：各排到达指定地点，分为"1，2，3，4"四个小队。第1，2小队走两边边线，第3，4小队走三分线。 四、"躲避袭击" 方法：在规定的地点进行行进间运球，听到信号后原地运球。 五、"穿越封锁线" 游戏方法：分为4组，两组进攻，两组防守。进攻方在底线原地运球，听指挥进攻，防守方在指定位置分为两条封锁线原地运球，挥动另一只手阻止进攻方经过。进攻方冲过两条封锁线后，到达敌方大本营投放手榴弹（投篮）。	二、"运输弹药" 1. 教师营造氛围"小战士们苦学本领，为最后的战斗做好准备"。 2. 教师组织学生在指定场地体验练习并提出要求，明确规则。 3. 学生体验按拍球时不掉球加5分。 4. 教师提出两个问题：①按拍球时拍球的什么位置；②用手的什么部位拍球。 5. 学生体验练习过程中思考问题。 6. 学生回答问题，教师总结。 7. 教师讲解示范，学生认真观看示范。 8. 学生继续练习。 9. 教师巡回指导，纠正学生错误。 三、"抢占领地" 1. 教师营造氛围："兵分四路，分别从内部和外部占领敌方领地"。 2. 教师讲解示范练习方法，要求学生人球不同线。 3. 学生融入情景，进行行进间运球练习。	学生自主尝试各种行进间运球的方法。对运球较好的同学及时进行表扬。 问题回答正确，说明小战士们在演练过程中注意思考。 动作是否符合标准，动作是否熟练，是否能够准确快速辨认危险信号，是否能够安全、有序、积极参与，是否协同完成各种任务。 在进攻方完成进攻后，防守方迅速到达底线准备进攻，进	

263

续表

任务	学习活动	学习目标	学习评价	学习资源
	进攻方完成进攻后，两组进行对换。 游戏规则： ①必须根据指挥统一进行； ②防守方必须站在原地进行防守。	4. 学生运球时球运在线上的加5分。 5. 教师巡回指导，纠正学生错误。 四、"躲避袭击" 1. 教师营造氛围："成功占领敌方领地，但敌方马上就要卷土重来，向小战士们发动袭击，注意躲避"。 2. 教师讲解方法。 3. 学生认真听讲。 4. 学生在练习中扮演小战士躲避袭击，充分融入情景。 5. 学生有序进行练习。 6. 学生在行进间运球和原地运球的转化中不掉球的加5分。 7. 教师巡回指导，纠正学生错误。 五、"穿越封锁线" 1. 教师营造氛围："穿越敌军的封锁线，对敌军大本营发动进攻"。 2. 教师讲解游戏方法与规则。 3. 学生认真听讲。 4. 学生进行游戏。	攻方马上到达第一、二道防线做好防守。进攻的小战士不掉球加5分，防守小战士成功阻止对方的进攻加5分，注意安全！	

续表

任务	学习活动	学习目标	学习评价	学习资源
		5. 进攻方成功冲破防线且不掉球的加 5 分，防守方成功阻止进攻的加 5 分。 6. 教师总结。		
结束部分	一、吹响胜利号角 跳起胜利之舞 ①深呼吸 ②手臂拉伸 ③侧腰拉伸 ④腿部拉伸 二、学习评价 三、教师总结 三、布置课后作业 四、整理场地器材 五、师生再见	1. 教师带领学生放松。 2. 进行课后总结。	体会：学生谈一谈本节课的学习收获与体会。引导学生体验战争胜利后的喜悦，感受解放军战士在面对各种困难时坚持不懈、顽强拼搏、团结协作的精神。	评价单

四、教学准备

1. 学习材料

音乐，视频。

2. 活动器材

篮球 41 个，标志桶 8 个，音箱 1 个，黄色胶带 1 卷，地贴 10 副，评价展示牌 1 个。

五、学习过程

（一）准备部分

"紧急行军"

师：前方阵地面临着紧急战斗，红军战士需要听从指挥紧急行军，下面我们将体验红军战斗的场景。请小战士们跟着老师做好行军前的准备。全体向左转，请小战士们跟着老师一起出发，跑步走。（前方有障碍物，我们一起绕过去）小战士们绕过最后一个篮架回到指定位置。在正式战斗之前，我们需要准备弹药，请小战士们跟着老师一起准备。

1. 队形

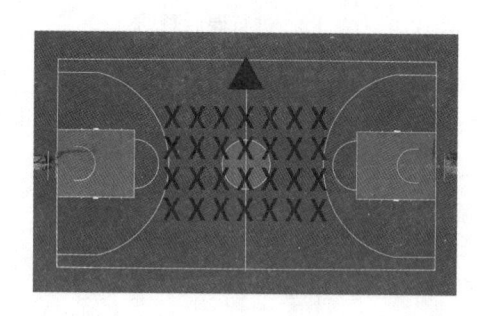

[设计意图：先进行慢跑热身，增加皮肤血流量，提高运动表现。增加一些动作变化，有助于提高协调性和集中注意力，目的是充分拉伸肌肉，降低肌肉粘滞度，可以预防运动损伤。]

（二）基本部分

"准备弹药"

师："弹药"（篮球）需要我们马上准备，现在请"小战士"们就地准备好弹药，准备过程中需要抬头往前看，两脚张开与肩同宽。

1. 组织。

师：播放音乐，引导学生复习原地运球，教师营造氛围，"将准备好的弹药运输到前线"。

动作要领：双脚张开与肩同宽，膝盖微曲，目视前方，五指张开，掌心不触球，按拍球的正上方。

生复习原地运球练习。

2. 小组评价。

小组间相互学习、相互评价，是否有序进行练习。

3. 活动路线。

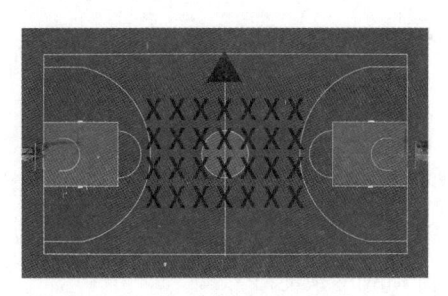

[设计意图：复习原地运球动作，协调完整。]

"运输弹药"

因为路途艰险，需要跋山涉水把"弹药"安全送到前线，小战士们有没有信心？在运输练习过程中大家思考两个问题：1. 用手的哪个位置触球；2. 触球的什么位置。现在我们在指定位置先练技术。练习过程中不掉球的小战士加 5 分。练习过程中注意安全！

行进间运球动作要领：

向前运球时，目视前方，上体稍前倾，以肘为轴，用力按拍球的后上方，同时后脚蹬地运球行进，球的落点在同侧脚的侧前方，跑动的步伐与球弹起的节奏协调一致。手、臂动作与原地运球相同，随前动作。

1. 组织。

师：创设情境，布置任务要求。引导学生尝试完成"演练"任务。

（1）问题：用手的哪个位置触球？

（2）触球的什么位置？

生根据老师的要求进行演练。演练过程中不掉球的小战士加 5 分。

2. 评价。

学生体验练习过程中思考问题，回答正确，说明小战士们在演练过程中注意思考。

3. 活动路线。

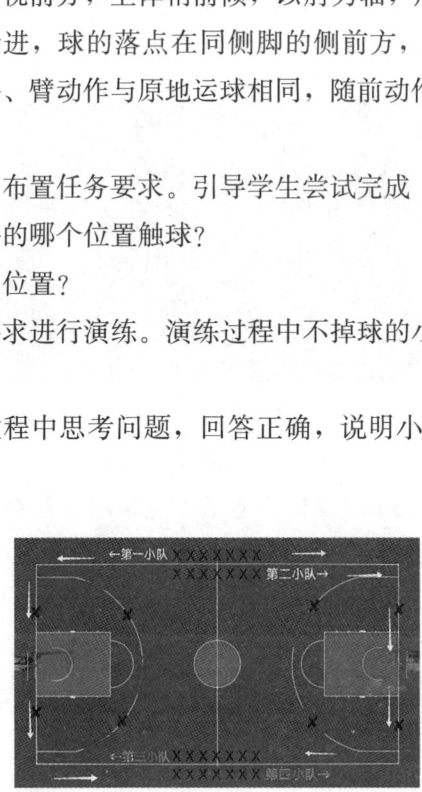

[设计意图：学生探索如何将球控制好。通过讲解示范使学生了解运球前进的技术动作。]

"抢占领地"

师：我们的小战士们非常厉害，现在敌情复杂，需要红军"兵分四路，分别从内部和外部占领敌方领地"，所以下面大家将分为"1、2、3、4"四个小队，从内部和外部占领敌军领地。

1、2小队到老师左手边边线，3、4小队到老师右手边边线待命。1、2小队走边线从外部占领敌军领地，3、4小队走三分线占领敌军领地。

1. 组织。

师：教师营造氛围："兵分四路，分别从内部和外部占领敌方领地"。

生在规定的时间内，每个小组练习5次，采用直线运球，练习过程中根据自己能力，适当增减难度，强调安全有序、运球动作规范。

2. 评价。

小战士们有信心完成此次任务，执行任务过程中球在线上加5分。

3. 活动路线。

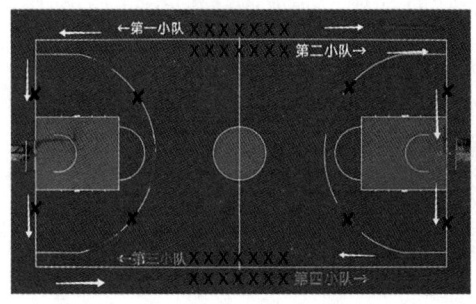

[设计意图：通过这个练习，让学生体会人行进的路线和球的正确落点。]

"躲避袭击"

师：我们已经成功占领敌军领地了，但是敌军还会卷土重来进行反击，小战士们注意听指挥进行躲避。一声哨为安全可以出发，两声哨为危险注意原地隐蔽。

1. 组织。

师：我们已经成功占领敌方领地，但敌方马上就要卷土重来，向小战士们发动袭击，注意躲避。

生：注意听指挥进行躲避。一声哨为安全可以出发，两声哨为危险注意原地隐蔽。

2. 评价。

听指挥成功控制球的加 5 分，与对向来的小战士们要错肩绕过，注意安全！

3. 活动路线。

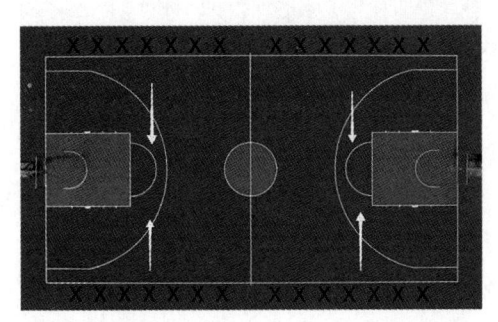

[设计意图：在练习一的基础上，进一步加强学生对篮球的控制能力，进行行进间和原地运球的变化。]

"穿越封锁线"

师：红军已成功躲避反击，但是前方还有封锁线，需要快速穿越过去，小战士们继续加油呀！下面依旧分为 4 组，两组进攻，两组防守。进攻方在底线原地运球准备进攻，听指挥进攻。防守方在指定位置分为两条封锁线一手原地运球，挥动另一只手阻止进攻方经过。进攻方冲过两条封锁线后，到达敌方大本营投放手榴弹（投篮）。进攻方完成进攻后，两组进行对换。

1. 组织。

1、2 小队到老师指定位置进行防守，3、4 小队到前面底线准备进攻。侧平举，左右距离拉开。防守的小战士两脚与肩同宽原地做好准备，一只手左右挥动，阻止进攻方经过。进攻方原地运球做好准备，听老师指挥进攻，绕过防守方，到达敌军大本营投放手榴弹（篮球）。进攻方完成进攻后，防守方迅速到达底线准备进攻，进攻方马上到达第一、二道防守线做好防守。

2. 评价。

进攻方成功冲破防线且不掉球的加 5 分，防守方成功阻止进攻的加 5 分。

3. 活动路线。

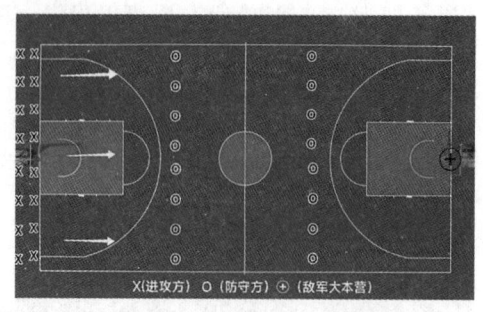

[设计意图：锻炼对球的控制，对护球手的使用。]

（三）结束部分

吹响胜利号角

师：小战士们，红军战斗胜利了，让我们吹响胜利的号角吧（播放胜利之歌，带领学生跟随音乐节奏进行身体各部分的拉伸放松）。

[设计意图：利用舞蹈的方式让学生迅速放松身心，使机体得到恢复。]

2. 小结与作业

体会：学生谈一谈本节课的学习收获与体会。

讨论：如何掌握更多技能，为国防做贡献。

[设计意图：引导学生体会战争胜利后的喜悦，感受解放军战士面临各种困难时坚持不懈、顽强拼搏、团队协作的爱国情怀。]

拓展作业

请结合所学技能，在家练习：

1. 复习原地运球 100 次×2 组
2. 行进间运球 50 次×2 组

五、教学反思

本次课以新课标"健康第一""激发学生运动兴趣，重视学生的主体地位"的理念为指导，采用"体验式教学"的模式来设计本节课，在设计中以学生现有的知识和技术经验为辅，在课堂上进行自主学习、合作学习、探究学习和自我展示，教师适当做语言、技术的引导，让学生在练习中体验技术动作的要领，充分发挥学生在课堂中的主体地位，发挥自己的潜能，体会合作、探究学习的乐趣。在愉快练习的同时掌握技术动作，促进学生身体素质、运动技能的提高，发展学生个性，培养学生互相学习、团结协作的优良品质，达到身心、技术和谐地发展。本节课从教学目标来看，达到了课前预想的效果，学生能够在学习新知识的同时达到锻炼身心的目的，下面我对本节课做一下小结。

该课将国防教育与篮球行进间运球进行了融合教学。课堂中创设了"争当优秀小战士"情境，借助小战士紧急行军、准备弹药、运输弹药、抢占领地、躲避袭击、穿越敌军封锁线、吹响胜利号角等情境教学，引导学生在不同情境下熟练掌握篮球专项技术动作。通过创设各种复杂场景，将篮球教学中基本的移动技术、防守、进攻等动作与不同的"作战任务"进行有机结合，引导学生尝试自主、合作、探究学习，提高技术应用水平。"学、练、赛、评"贯穿课堂始终，将"教会、勤练、常赛"落实到位，引导学生在"争当优秀小战士"情境，借助小战士紧急行军、准备弹药、运输弹药、抢占领地、躲避袭击、穿越敌军封锁线等学练过程，逐步掌握行进间运球的知识和技能。通过以小组为单位进行学习，让学生在情感交流中发展人际关系。教师把评价权交给学生，组织学生互评，激发学生的积极性，提高了学生上课的积极性。教师积极融入学生的"作战任务"，"零距离"接触让师生之间产生很好的教学互动效果。

存在的不足和改进部分：

1. 在教学中学生的水平存在一定的差距，在教学中要讲究因材施教，女生的篮球技术相对于男生来说会比较差，在教学中注意男女生的配合，让好的带动不好的，争取取得共同进步。要遵循循序渐进的过程，技术的教学更应该如此，对一部分学生要有耐心。

2. 小组合作游戏时，安排的小组长发挥的作用并不是很大，在今后的教学中还需加强小干部的能力培养。

3. 要将队列的练习潜移默化地贯穿其中，让学生养成良好的行为习惯。

图书在版编目（CIP）数据

跨学科主题学习的实践探索/莆田市荔城区梅峰小学编写. —福州：福建教育出版社，2025.1.
（"新时代课堂教学深化改革"丛书/余文森，陈国文主编）. —ISBN 978-7-5758-0229-1

Ⅰ.G622.421

中国国家版本馆 CIP 数据核字第 2024S0Y104 号

"新时代课堂教学深化改革"丛书

丛书主编　余文森　陈国文

Kua Xueke Zhuti Xuexi De Shijian Tansuo

跨学科主题学习的实践探索

莆田市荔城区梅峰小学　编写

出版发行	福建教育出版社
	（福州市梦山路 27 号　邮编：350025　网址：www.fep.com.cn
	编辑部电话：0591-83726908
	发行部电话：0591-83721876　87115073　010-62024258）
出 版 人	江金辉
印　　刷	福建东南彩色印刷有限公司
	（福州市金山工业区　邮编：350002）
开　　本	710 毫米×1000 毫米　1/16
印　　张	17.75
字　　数	272 千字
插　　页	1
版　　次	2025 年 1 月第 1 版　2025 年 1 月第 1 次印刷
书　　号	ISBN 978-7-5758-0229-1
定　　价	49.00 元

如发现本书印装质量问题，请向本社出版科（电话：0591-83726019）调换。